天下·文化

BELIEVE IN READING

工作生活 083

最強大腦學習法
不專心，學更好

How We Learn
The Surprising Truth About When, Where, and Why It Happens

凱瑞 Benedict Carey ——— 著

楊玉齡——譯

最強大腦學習法

不專心，學更好

How We Learn

The Surprising Truth About When, Where, and Why It Happens

你知不知道，
傳統的苦學方法都錯了

我是個苦讀的學生。

那是當年的用詞，形容的是一個不放過所有細節的小孩，一個會自己做閃卡的小孩，埋頭苦幹、斤斤計較分數，是一隻勤快的小蜜蜂。

我就是那種小孩。事隔近四十年，現在我依然可以清楚看見他，拱著身子，在廉價的桌燈下，瞇著眼睛拚命K書。

我可以看見他，一大早，五點鐘就起床讀書；升上高二，他的肚子裡總是有一把小火在悶燒，只因他沒辦法充分掌握。掌握什麼呢？一元二次方程式？「路易斯安納購地」的條件？租借政策？均值定理？艾略特對於……什麼鬼東西的反諷譬喻？

甭管它們了。

這些課程，早已成為過去式。殘留下來的，只有一股擔憂。擔憂時間不夠用，有太多東西要學習，而且有些恐怕再怎麼努力都學不會。但是，這裡頭還有一點別的東西，一種頻率比較低、久不久才會冒出頭來的信號，就像浴室裡緩慢漏水的水龍頭。這冒出頭來的信號，就是懷疑。

每當看到天分很高的孩子一派輕鬆的踏進校門，我心底就有一股自己可能偏離正道的不安感覺。和許多孩子一樣，我從小就相信，學習最重要的是自律：它是一條艱辛、孤獨的知識攀岩之旅，通往聰明人的居所。鞭策我往上爬的，比較是害怕摔下來的心理，而非好奇心或疑惑。

那股擔憂造就出一種古怪的學生類型。在弟妹眼中，我是完美先生，每一科幾乎都拿「優」的大哥；而在同學眼中，我是隱形人，因為對自己所理解的知識沒把握，所以不敢開口。對於

我這種看似人格分裂的個性，我不怪自己，不怪父母，也不怪老師。我怎能責怪任何人？當時的我們全都認定，要加深知識，只有一種策略，就是鞭策自己，像鞭策雪撬狗一樣，你務必要用功到某個程度。唯有努力，是學業成功最重要的因素。

然而那個策略我早就用過了。我需要再加點別的，不一樣的東西——而且我覺得它一定存在。

對我來說，它存在的第一個暗示，就是其他的學生，譬如在數學課或歷史課堂上的兩、三個孩子，他們擁有——該怎麼說呢？他們擁有冷靜的腦袋，不必誠惶誠恐，就能展現最佳身手的能力。就好像有人告訴他們，沒有馬上了解一切，也沒關係，時候到了，自然就會知道；他們那顆常保疑惑之心，本身就是寶貴的工具。

但是真正改變我的經驗，是後來才發生的，是直到我申請大學的時候才發生的。當然，上大學一直是我的目標。結果我卻失敗了。我送出十幾份入學申請，全都遭回絕。那麼多年的苦工，到頭來，我卻落得兩手空空，只有一把薄薄的回絕信，以及一個候補名額——那所大學，我讀一年就退學了。

我們都需要改變！

到底哪裡出了差錯？

我完全沒概念。我目標太高了，我不夠完美，我入學考試失常。不論如何，我忙著感受自己的挫折，沒功夫思考別的。不，比挫折更慘，我覺得自己像個大傻瓜，就像是受到了詐騙，被某

個冒牌的「自我超越」教派給騙了，付錢給一個自稱大師的斂財騙子。於是在退學後，我調整自己的態度。不再逼自己了，我停止只在狹隘的學業路上衝刺。我開始擴展我的邊界，採取梭羅的人生哲學。那不算什麼偉大的策略，畢竟我當時僅是個青少年，目光只看得到眼前三尺遠；我只是依循一種簡單的本能，設法抬起頭來，張望一下周遭。

我哀求科羅拉多大學讓我入學，我寄了一份入學申請和一封懇求信。科羅拉多大學是一所州立大學，那個年代，大家的心思都比較單純，於是我沒經過太多折騰，就獲准入學了。在博爾德分校，我開始活在當下。常常去爬山，偶爾滑個雪，幾乎什麼活動都參一腳。能晚起就盡量晚起，有機會打盹，絕不放過。至於讀書嘛，就東讀一點、西讀一點，期間還穿插所有大學生都理直氣壯在進行的合法活動。我可沒說我主修的是飲酒作樂；我從沒放棄學業，我只是讓課業成為生活的一部分，而非生活的核心。

然後，在這亂糟糟的起伏生活之中的某個時間點，我變成了自得自在的大學生——不是一個隨隨便便的大學生，而是沒有什麼包袱，主修數學和物理，甘願冒失敗風險去選讀困難課程的大學生。

改變不是突然或戲劇性發生的，既沒有靈機一動，也沒有聽到天使高歌。改變是漸進的，這類事情總是如此。多年後，我猜我像很多人一樣，對大學時代的想法是：我表現得還不錯，儘管生活方式散亂，又有一堆壞習慣，但是我從未停下來自問，那些真的是壞習慣嗎？

「學習科學」提供了更有效率的學習訣竅

　　2000年代初，我以記者身分，開始報導「學習與記憶的科學」，起初是幫《洛杉磯時報》，後來幫《紐約時報》。這個科學主題，尤其是關於「大腦如何最有效率的學習」，原本並不是我主跑路線的焦點。我大部分時間都花在與行為相關的領域，像是精神病以及腦生物學。但我總是會繞回學習領域，因為這些故事很有意思，可是似乎不太可靠。

　　學習領域裡有一群正統科學家，專門研究一堆顯然很瑣碎的小事對於學習與記憶力的影響，像是背景音樂、研讀的場所（也就是你讀書的地方）、電玩、休息時間等。說真的，這些無足輕重的小事，在你應試的時候，對於成績的實際表現真的管用嗎？

　　如果管用，又是為什麼？

　　每個發現都有一套理由，而每套理由似乎都講到一些和腦袋不是很明顯相關的瑣事。我檢視得愈深入，愈覺得那些結果很奇怪。例如：分心有助於學習；打盹也一樣；在一項研讀計畫完成之前先中輟，不完全是壞事，因為受干擾而未完成的計畫逗留在腦中的時間，遠比已經完成的計畫來得持久；在你對某個主題有任何了解之前，先接受該主題的測驗，有助於日後學習該主題。

　　在專家學者的這些發現裡面，某些東西一直糾纏著我。它們乍看並不可信，但卻值得一試，因為都是很簡單、很容易做到的事，沒有藉口忽視。過去幾年當中，每當我接下一個新計畫，不論是基於工作或趣味，每當我想要重溫一項很久沒碰的老技術，像是古典吉他，或是說西班牙語，我總是會自我質疑：

「有沒有更好的方法？」

「我是否該試試那個……？」

於是我果真嘗試了那些雕蟲小技。親身試驗過那些研究成果裡的小技巧之後，我開始感到心底有一股令人發毛的熟悉感，過沒多久我就找出了它的源頭：大學時期！

倒不是說，我就讀科羅拉多大學時期那種混亂的學習方式，完全體現了最新的**認知科學**原理。但是那種韻律，感覺很熟悉。當年我所研讀的東西和技術，就以那種方式滲入我的日常生活，滲入我的交談，滲入我的胡思亂想、甚至我的睡夢之中。（在現實世界裡，本來就沒有任何事物完全嚴守規矩、乾淨俐落。）

這種連結的體驗是很個人的，而且它也令我從整體的角度來思考**學習科學**（science of learning），而非只是羅列一長串自助小點子的名單。這些小點子或是小技巧，每一個都很合理——這一點倒是無庸置疑。比較困難的部分，在於如何把它們兜合起來。它們一定得以某種方式相互吻合才行。最後，我終於看出它們唯一能相互吻合的情況，就是這些小點子本身即為「活生生運作的大腦」這個基本系統的古怪癖性！

換個方式來說，現代「學習科學」的整體發現所提供的，不只是「如何學習會更有效率」的訣竅，它們還描述了一種生活方式。一旦了解這點，我就能以嶄新的眼光，回顧我的大學經驗。沒錯，我那時沒有太把讀書當一回事，但是我那樣做，卻讓那些科目以我從未經歷過的方式，流入我的非課業生活中。而且，就在大腦與研讀的資料共同生活之際，大腦揭露了它做為一具學習機器的長處與弱點——它擁有極大的可能性，也有它的局限。

　　大腦不像肌肉，至少就直接的角度來看。大腦是完全不一樣的東西，大腦對氣氛、對時機、對晝夜節律都很敏感，同時也對地點和環境很敏感。大腦記錄的東西，遠超過我們意識到的，而且常常會在重溫一個記憶或學習一項事實的時候，添加一些你先前沒注意的細節。大腦在夜裡，在你入睡時，仍然會辛苦工作，努力搜尋白天發生事件中所隱藏的連結，以及更深刻的意義。大腦具有很強的傾向：偏愛「意義」勝過「偶然」，而且它對「無意義」很反感。此外，就像你我都經歷過的，大腦也不太服從命令：它會忘記應考所需的重要知識、忘記生活中與工作中的某些不該忘記的事情；但不知怎的，大腦卻能記得電影「教父」裡的每一個場景，或是1986年波士頓紅襪隊的打線。

　　如果大腦真的是一臺學習機器，那麼它也是一臺非常古怪的機器。唯有知曉與利用大腦的怪癖，才能讓它端出最佳的表現。

出了科學界，這些技巧大都不為人知

　　過去幾十年來，科學家發現而且實地測試了一大堆能夠加深學習的技巧。然而，出了科學界，這些技巧大都不為人知。這些技巧並不需要電腦軟體、精密器械或是仙丹妙藥，才能讓人變聰明。這些技巧也沒有以堂皇的教學哲學做為依據，企圖提高整班學生的成績表現（這一點，從來沒有人能穩定的做到）。剛剛相反，它們都是小改變，都是關於我們如何讀書或練習的改變，是每個人都可以應用的，是我們馬上就可以在日常生活裡運用的。但是最困難的部分，可能在於相信這些技巧有用。要做到這點，

我們得暫時把懷疑放下，因為這些技巧與我們素來被告知的最佳學習方法，完全相反。

想想看，師長總是一成不變的建議，要我們找個「安靜的地方」，做為專門讀書的場域。這聽起來似乎再明白不過了：沒有噪音，比較能夠專心，而固定在同一張桌子前，也是一個信號，告訴大腦，**讀書的時間到了**。然而，科學家卻發現，當我們不斷改換讀書的慣例，放棄任何專門用來研讀的空間場域，改為變換不同的地點，我們的學習會更有效率。換句話說，採取一套固定的學習儀式，反而會拖累我們的學習成效。

另一個常見的假設是，若要專精某項技能，譬如說長除法、或是彈奏某段旋律，最好的辦法是騰出一段時間，反覆練習。這又錯了！研究發現，大腦在面對一群混合交錯的相關任務時，從中找出模式的效率，會高過填鴨式只學習一種任務；不論學生的年齡大小，也不論學習的主題是什麼，是義大利文的片語還是化學鍵的種類，結果都一樣。我忍不住再次想起我那零亂的大學生活方式，很多時候徹夜不眠，然後下午睡大覺，全然不理會任何時刻表。我不會說，那種自由不羈的生活方式可以造就出專精。但是我會主張，在很多情況下，將學習融入隨遇而安的生活中，可以增強記憶；而那些看起來像是耽擱或分心的事務，往往完全不會有負面效果。

對於當前大家愈來愈擔心的，我們對數位媒體的執迷與分神，「學習科學」投下了不同的看法。許多人擔心：離不開電子裝置的小朋友和大孩子，同時被簡訊、推特、臉書牽著走，必定沒有辦法專心吸收課業上的資訊；更糟糕的是，所有這些散亂的

思想，假以時日，將來可能會讓他們的腦力下降。手機、電腦、電動玩具都是讓人分心的東西。當然，對於某些種類的學習，分心確實會造成干擾，特別是需要吸收或持續專注的那種，像是閱讀一篇故事、或是聽一堂課。而且，常常在社群網站上聊八卦，也會偷走你的時間。但是我們現在知道，當我們困在一道數學難題中，或是困在一個創作的死結裡，短暫的分心反而對我們有所助益。

　　簡單來說，並沒有一個所謂正確的學習方法，或是錯誤的學習方法。而是有許多不同的策略，每一種都有各自最適合捕捉的資訊種類。一名好獵人，會針對獵物來打造陷阱。

讓學習不再是苦差事

　　在這本書中，我不會假裝我們已經了解「學習科學」。我們還沒有，而且這個研究領域依然不斷製造出新想法，讓局面更加複雜。譬如說：閱讀障礙能增強圖形識別和模式識別、說雙語的孩子學習能力較強、數學焦慮是一種腦部疾病、遊戲是最佳的學習工具、學音樂能增進科學才能……諸如此類。但是，這些新說法大都是背景雜訊，是風吹樹葉發出的沙沙聲。本書的目的，在於勾勒這棵大樹的樹幹，也就是禁得起詳盡檢視的基本理論與發現。而我們的學習成效，可以藉由這些基本論點和技巧，確實獲得改善。

　　這麼說吧，這本書分成四個部分，從下往上展開。一開始要介紹的，是科學界已知關於腦細胞如何組成網路、如何保住新資

訊的關鍵。了解這方面的基礎生物學，可以替所謂「學習過程的認知基礎」，提供堅實的生理對照。認知科學比生物學又高了一階，而且對我們來說最重要的是，它釐清了記憶、遺忘以及學習之間如何產生關聯。第1章〈左腦是編故事高手〉和第2章〈遺忘的力量〉將為本書接下來的內容，奠定理論基礎。

　　第二部分將會詳細介紹：增強我們腦袋保住事實的技巧，不論我們想記住的是阿拉伯文字、週期表元素，還是絲絨革命裡的重要人物。第3章〈破除所謂的好習慣〉、第4章〈留間隔〉以及第5章〈突擊測驗的威力〉要談論的，也就是**記憶力工具**。

　　第三部分——第6章〈分心的好處〉、第7章〈前進之前，先暫停〉以及第8章〈交錯練習〉，將會聚焦在**增進理解力**的技巧，也就是我們解數學和科學問題時，所需要的那種技巧，這是我們在進行較長程而複雜的任務時（像是期末專題報告、業務簡報、規劃藍圖、文章寫作等）所需要的方法。了解這些方法如何運作（或至少是科學家認為它們如何運作），將能幫助我們熟悉這些可增進理解力的技巧；而且更重要的是，運用到我們的日常生活中。

　　本書最後的第四部分，第9章〈不需思考的學習〉和第10章〈小睡一下，你就贏了〉將探討兩種方法，用來吸收潛意識，以增強前面描述的記憶技巧與理解技巧。我把這兩種方法，統稱為**不用思考的學習**，這聽起來很令人欣慰——我在寫作這兩章的時候，也是頗覺得欣慰：這兩種方法真棒！

　　但是在這道彩虹盡頭的寶藏，不盡然就是**卓越**。

　　追求卓越，是很好的抱負，對於那些擁有天分、動機、運氣以及關係，而能贏得大獎的人，我祝福他們一帆風順。但是，瞄準這麼模糊的目標，有可能讓人掉進膜拜烏托邦的陷阱，反而沒有擊中目標。不，這本書所講的，既是更卑微，也是更宏偉的東西：如何將新主題的新內容，以一種讓它們能潛入我們骨子裡的方式，整合到我們的日常生活中；如何讓學習更像是生活的一部分，而非一樁獨立的苦差事。

　　我們會挖掘最新的科學，找出達成上述目標所需的工具，而且在這麼做的同時，不會覺得受到壓迫。此外，我們還將證明，以前被告知的某些妨礙學習的最大敵人，例如偷懶、無知、不專心等等，可能反而對我們有益。

第1章

左腦是編故事高手

記憶力的腦科學基礎

　　學習的科學，基本上就是在研究心智肌肉，也就是研究活生生的大腦——研究它如何做工，以及如何處理日常生活中成串的景象、聲音與氣味。大腦能做到這一點，已經是奇蹟了，它能做得像家常便飯一樣，更是不尋常中的不尋常。

　　想想看，在每一個清醒時刻，一波又一波的資訊不斷湧入，水壺在爐上嘶吼，走廊有東西閃過，後背隱隱作痛，聞到菸的氣味……然後再加上典型的多重任務需求，像是一邊照顧學齡前的幼童，一邊煮飯燒菜，定期回覆工作電郵，還要偶爾拿起電話與老朋友敘舊。

　　這簡直是瘋狂！

　　能夠同時完成這些事情的「機器」，絕對不僅是複雜而已。它是一大鍋熱騰騰的活動，它也像是一團被捅開的馬蜂窩。

　　有幾個數字可供參考。人腦平均含有一千億個神經元（神經細胞），它們組成了大腦的灰質（gray matter）。這些神經元大部分都與其他數以千計個神經元相連，形成一團糾纏不清的神經網路宇宙。神經元彼此之間的交流，是在一場不間斷、靜悄悄的電子風暴中進行的；這場電子風暴所積聚的資訊儲存容量，高達一百萬GB（gigabyte，十億位元組）——這樣的資訊儲存容量足以容納三百萬齣電視劇。這一部生物機器不斷運轉著，不管是燃燒它百分之九十的能量來解決一道填字遊戲，或是在它「休息」的時候，例如瞪著籠中鳥發呆、或做白日夢，都不會停止運轉；大腦的某些部分甚至在睡眠期間，仍然十分活躍。

　　大腦是一顆照不到光亮、大部分區域都缺乏特色的星球，如果有一張簡明的地圖，對我們這些好奇的摸索者來說，將大有助

益。事實上，在認識大腦的起步階段，一張簡簡單單的地圖就
夠用了，譬如下面這張簡圖，標示了好幾個與學習有關的區域：
內嗅皮質（entorhinal cortex），功能好比過濾器，專門過濾輸入
的資訊；**海馬**（hippocampus）則是記憶開始形成的區域；**新皮質**
（neocortex），有意識的記憶一旦被標示為值得保存之後，就會
儲存在這裡。

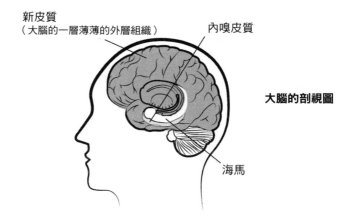

益。事實上，在認識大腦的起步階段，一張簡簡單單的地圖就

這張圖不只是一張構造簡介圖，它還暗示了腦袋如何運轉。
腦袋裡有不同模組，是能夠進行分工合作的特化元件。內嗅皮質
負責某類工作，海馬則負責另一類工作。右腦半球執行和左腦半
球不一樣的功能。另外還有專門的感覺區域，負責處理你看見、
聽見和感覺到的資訊。每一個模組只管自己的工作，但是它們合
起來卻形成了一個整體，不斷記錄和更新過去、現在、以及可能
的未來。

　　就某方面來說，腦袋裡的不同模組就好像電影製作團隊裡的各種專家：攝影師忙著取景拍攝，伸縮鏡頭、變換焦距，記錄各種角度的影像。錄音師忙著錄音，調整音量，消除背景雜音。還有編劇家、服裝設計師、道具製作人員，以及作曲家（忙著提供音樂來激發觀眾的情緒）。此外還有籌措拍片資本的製作人、記帳的會計、掌控預算開支的人。當然，還必須有一位導演，由他來決定如何安排所有細節，如何把所有這些元素編織起來，講一個說得通的故事——不是隨便一個故事，而是一個最能由這些場景、這些素材來烘托、詮釋的故事。

　　我們的大腦在電影的某個場景映入眼簾後，就會馬上加以詮釋，急忙注入評斷、賦予意義、描繪情境。而且還會在事後重建一番（例如，那位老闆說的那番話到底是什麼意思），會再仔細審察記憶中的片段，找出它在整部電影裡的位置。

　　大腦所記憶和理解的，是一則人生故事——那是每一個人的私人紀錄片。一旦你認識了電影製作小組的每一種幕後工作，大概就能夠了解：大腦的記憶是如何形成的？如何進行修正？為什麼記憶好像會隨著時光變淡、改變、或是變得更清晰？而我們又可能如何操控每一個步驟，好讓細節更豐富、更鮮明、更清楚？

　　別忘了，這部紀錄片的導演可不是什麼電影學院的畢業生，也不是眾人簇擁的好萊塢王子，而是你本人！

　　在開始進攻腦生物學之前，我想先談一談隱喻。可以說，根據定義，隱喻就是不精確的。隱喻所隱藏的，幾乎和它所透露的一樣多。而且隱喻通常是自利的，是為了有利於某個偏愛的目

的。（就像憂鬱症的「化學失衡」理論，可以支持病人服用抗憂
鬱症藥物。事實上，目前還沒人知道，是什麼原因造成憂鬱症，
或藥物為何對它們有效。）

　　好吧，我承認：「電影製作小組」這個隱喻，當然是不夠精
確。但是，說得婉轉些，腦科學家對於「記憶」的了解，也同樣
不夠精確。所以，如果我們想對「記憶」有初步的認識，借用一
下「電影製作小組」這個隱喻，還是頗有幫助。

捕捉到「記憶」的電光石火

　　且讓我們先來追蹤腦袋裡某個特定的記憶。

　　但是咱們也要顧及趣味，可不要追蹤那些很難記得的事情，
像是俄亥俄州首府是哪一座城市，或是某個朋友的電話號碼是幾
號，或是在電影「魔戒」裡飾演佛羅多的演員是誰。不，我們要
追蹤的是第一天上高中的日子。那些小心翼翼踏入走廊的腳步，
高年級生虎視眈眈的眼神，置物櫃砰然關上的巨響。每一個超過
十四歲的人，都會記得當天某些細節，而且通常包括一整段錄影
帶般的情景。

　　那份記憶是以一種「由許多神經元相連而成網路」的形式，
存在大腦裡。這些神經元會一起活化（或說觸發），就像百貨公
司在聖誕節布置的燈泡網路。當藍色燈泡亮起，就會出現一臺雪
橇的圖案；當紅色燈泡亮起，圖形又變成一片雪花。我們的神經
元網路也是以大致相同的方式，製作圖案，讓大腦解讀成影像、
思想及感情。

　　一個神經元基本上就是一個生物開關。神經元會從某一端接收訊號，然後當它「激動」或是觸發時，便將訊號從另一端傳遞出去，傳給另一個與它相連的神經元。

　　形成某個特定記憶的神經元網路，並不是隨機的集合體。它裡頭的許多神經元，是在該記憶最初形成時（譬如，我們第一次聽到置物櫃發出巨響時）產生觸發的同一群神經元。就好像這些神經元都因為集體目擊了那次經驗，而連結在一塊。這些神經元之間的連結處，叫做**突觸**（synapse），它們會因為反覆使用而變厚，讓信號更容易快速傳遞出去。

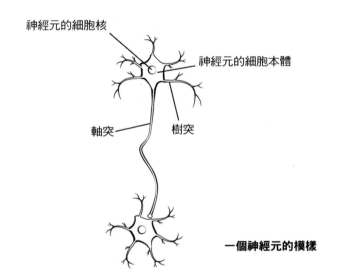

一個神經元的模樣

　　直覺來看，這滿合理的；許多記憶中的經驗，感覺起來好像是心理的重演。但是直到2008年，科學家方才直接捕捉到人腦細胞裡的記憶形成與重拾。

　　那年在一場實驗裡，加州大學洛杉磯分校的幾位醫師，將有如細線般的電極，扎進十三名病人的腦中，他們都是癲癇病人，正在等待接受腦部手術。這原本是例行步驟。

　　癲癇很難了解；造成癲癇的小型電子活動風暴，似乎是憑空出現。對於任何個人而言，這些騷亂通常源自腦內同一塊相鄰的區域，然而它們的位置又會因人而異。外科手術可以將這些小小的活動震央給切除，但是要這麼做，先得找到它們的正確位置，辦法是目擊並記錄一次癲癇發作。這也是為什麼那些電極會派上用場，那些電極是用來定位的。而這個過程也需要花一點時間，病人可能得帶著植入的電極，在醫院躺好幾天，才終於等到一次發作。加州大學洛杉磯分校的研究小組，利用病人手術前的等候時間，來尋求一個基本問題的答案。

　　每位病人都先觀賞一段五到十秒鐘的影片，像是廣為人知的電視節目「歡樂單身派對」以及「辛普森家庭」，或是赫赫有名的人物，例如貓王，或是知名的地標。在短暫休息後，研究人員要求每一位病人自由的盡情回想剛才看到的影片，當影像一出現在心裡，便馬上告訴研究人員。

　　在觀看這些影帶時，有一部電腦自動記錄了大約一百個神經元的觸發過程。病人觀看每段影片的觸發模式各不相同，有些神經元非常猛烈的觸發，有些就安靜得多。當某個病人事後回想其中一段影片時，譬如說想到辛普森，病人腦中顯現的觸發模式，和他最初觀賞那段影片時一樣，就好像重播了那次經驗。

　　「做一次試驗就看到這個，真是太驚人了。這個現象非常強烈，我們當時就知道自己找對了地方，」這項研究計畫的主持人

佛里德（Itzhak Fried）告訴我。佛里德是加州大學洛杉磯分校以及特拉維夫大學的神經外科教授。

　　然而，這場實驗就此打住，那些影帶的記憶經過一段時間後會發生什麼事，就不清楚了。如果有人觀看過一百集「辛普森家庭」，那麼主角辛普森這五秒鐘的影片，可能無法凸顯太久。但是它也可能可以——如果某些和實驗有關的元素特別令人難忘的話，譬如說，想到辛普森捧腹大笑時，一個身穿白袍的人正在調整你被打開的腦袋裡的電極，那麼這個記憶將會輕鬆躍上心頭，讓你一輩子記牢牢。

情節記憶 vs. 語意記憶

　　我第一天上高中是在1974年9月。直到現在，我依然記得第一堂課鈴聲響起時，我在走廊上碰到的一位老師的臉孔。我迷路了，走廊上到處都是人，我腦袋裡只想著可能會遲到，可能會漏聽一點課。我到現在還能看見那條走廊上一道道灰暗的晨光，那醜陋的藍綠色牆壁，一名年齡比我大的孩子站在置物櫃前，把一包雲斯頓香菸塞進櫃子。我轉向那位老師，說了一句「不好意思」，我的音量比我預備發出的大聲許多。他停下腳步，低頭看我的課表。他有一張慈祥的臉，金屬框眼鏡，纖細的紅頭髮。

　　「你可以隨我來，」他說，帶著淡淡的微笑。「你是我班上的學生。」

　　這件事，我已經超過三十五年都沒有去想了，然而現在卻能想起來。不只想起來，而且變得更詳盡，我回想那一刻愈久，就

有愈多細節跑出來：例如當我拿出課表時，背包滑落我肩膀的感
覺；然後，我的腳步有點猶豫，我不想和老師走在一起，我刻意
落後幾步，跟在他後面。

這類時光旅行，科學家稱做情節記憶（episodic memory），
或是自傳式記憶（autobiographical memory），理由很明顯，不用
解釋。這種記憶，具有和最初經驗發生時相同的感官結構、相同
的敘述結構。

但是，俄亥俄州的首府，或是友人的電話號碼，卻沒有這種
現象，因為我們不會記得何時何地得知這些資訊。這些是研究人
員口中的語意記憶（semantic memory），它們不是埋藏在敘事場
景中，而是存在一個聯想網路中。俄亥俄州的首府哥倫布市，出
現在我們心裡的管道，可能是某次前往該處的影像，可能是某一
位搬到該地的友人的臉孔，或是小學時課堂上的謎語：「什麼東
西是兩頭圓圓的，中央高起來？」

這個聯想網路是由事實組成，而非場景。不過，還是一樣，
當我們腦袋回想記憶中的「哥倫布市」時，它就會自動「填進
來」。

在一個充滿驚奇的世界裡，候選名單上應該有這一項：某些
分子書籤一輩子都能夠讓這些神經元隨傳隨到，讓我們擁有所謂
的個人經歷，也就是我們的身分。

科學家還不了解這樣的分子書籤到底如何運作。它一點都不
像電腦螢幕上的數位連結網路。神經元網路不斷在變化之中，在
我1974年形成的神經元網路，和我現在擁有的神經元網路，差
異可大了。其間，我失去一些細節與色彩，但是無疑的，我事後

做了一些小修正，甚至是滿大的修正。

　　這好比要你寫發生在初中二年級時，可怕的夏令營探險記，事發第二天早晨，要你寫一篇，然後在六年後，等你進入大學，再重寫一篇。第二篇文章一定會有很多出入，因為你的人已經改變了，你的腦袋也是。這項變化的生物學，依然籠罩在神祕的迷霧之中，而且也會受個人經歷的影響。然而，情節本身基本上還是沒有變，而科學家也大概知道這份記憶可能寄居何處，以及為何如此。奇妙的是，記憶藏身之處也很牢靠。如果你覺得高中生涯的第一天好像「就在你頭頂上」（on the top of your head），這種想法還真是文字上的巧合。因為就某方面來說，它的確就在你的頭頂上。

「海馬」執掌有意識的記憶

　　二十世紀大部分時候，科學家都相信記憶是瀰散性的，分布在所有與思考有關的腦部區域裡，就像橘子裡的果肉，不會局限在某個角落。因為任何兩個神經元，看起來多少都很相像，例如它們要不是正在觸發，就是不觸發。沒有哪一個腦部區域看起來專門負責記憶的形成。

　　科學家從十九世紀開始，就知道某些技巧（像是語言），集中在特定的腦部區域。然而那些似乎是例外。在1940年代，神經科學家雷須利（Karl Lashley）證明，學會走迷宮的老鼠在手術切除不同的腦部區域後，走迷宮的能力大都不受影響。如果真有所謂單一記憶中心，那麼至少其中某一個手術切口，會讓老鼠的

記憶力嚴重受損。雷須利的結論是，事實上，會思考的腦袋裡每一個區域都有能力支撐記憶；如果某個區域受傷，另一個區域就會接管它的工作。

然而，在1950年代，雷須利的假說開始瓦解。首先，腦科學發現，那些正在發育的神經細胞，也就是所謂的神經元寶寶，會被編碼前往腦部某個特定地點集結，彷彿預先就派定了任務。「你是視覺細胞，到腦袋後部。」「你，去那邊，你是運動神經元，直接去運動區域。」這項發現動搖了雷須利「可互換零件」的假說。

致命一擊終於出現了，那是在英國心理學家密爾娜（Brenda Milner）遇見來自美國康乃狄克州哈特福市的莫萊森（Henry Molaison）的時候。莫萊森是修補鍋子和機器的技工，但是很難保住飯碗，因為他患有嚴重的痙攣，一天可以發作兩、三次，在發作前沒有什麼警訊，而且通常會讓他昏倒，不省人事。這種生活簡直沒辦法過下去，每天都有可能踩到地雷。1953年，當時二十七歲的莫萊森，來到哈特福醫院神經外科醫師史考維爾（William B. Scoville）的辦公室，希望能獲得解脫。

莫萊森有可能罹患某種類型的癲癇，但是他對癲癇藥物沒有什麼反應，而那是當年唯一的癲癇標準療法。史考維爾是一位技術高超的知名外科醫師，他懷疑莫萊森的癲癇病因位在內側顳葉。每一個內側顳葉（兩個半腦各有一個），彼此好像照鏡子，就像被切開的蘋果核：每個內側顳葉都有一個叫做海馬的構造，許多癲癇病症都與海馬有關。

史考維爾判定，最理想的手術是切除莫萊森腦中兩小塊手指

形狀的組織，每一塊都包括海馬在內。這是一場賭注；在那個時代，許多醫師（史考維爾是裡頭很知名的一位）都認為，腦外科手術能治療許多不同的精神疾病，包括精神分裂症以及嚴重的憂鬱症。果不其然，動完手術後，莫萊森的癲癇發作大大減少了。

然而，莫萊森也失去了形成新記憶的能力。

每一次他吃早餐，每一次他碰到某位新朋友，每一次他到公園遛狗，對他都好像是生平第一次這麼做。莫萊森還是保有某些動手術之前的記憶，記得他父母、他童年時期的家，記得小時候在森林裡健行。他有著絕佳的短期記憶，能藉由在心裡演練，記得某個電話號碼或是名字達三十秒鐘左右，而且他也有能力與人閒聊。莫萊森的警覺度和敏感度，更是不輸給其他的青年。然而他沒有辦法從事任何職業，而且遠比任何神祕主義者更為「活在當下」。

1953年，史考維爾描述他這位病人的狀況，給兩名來自蒙特婁的醫師聽，潘菲爾德（Wilder Penfield）和密爾娜，後者是一名年輕的研究員，當時正跟隨史考維爾做研究。密爾娜很快就開始每隔幾個月，搭乘夜間火車前往哈特福市，與莫萊森相處一段時間，研究他的記憶。於是，一段長達十年、最不平凡的合作關係就此展開。這段期間，密爾娜不斷引導莫萊森進行各種新實驗，而他也很合作，總是點頭同意，完全了解他們的目的——就莫萊森短期記憶所能維持的時間內，他完全了解。密爾娜指出，在那些短暫的時刻中，他們是合作者，而這種合作也很快、而且永遠改變了世人對於學習和記憶的了解。

當她第一次在史考維爾的辦公室裡，對莫萊森進行實驗時，

密爾娜要莫萊森努力記住5、8、4這三個數字。然後她離開辦公室去喝一杯咖啡，二十分鐘後回來，問道「是哪幾個數字？」莫萊森在她離開時，心裡一直演練，所以記住了。

　　「嗯，非常好，」密爾娜說：「你記得我的名字嗎？」
　　「對不起，我不記得了，」他說：「我的記憶有毛病。」
　　「我是密爾娜醫師，我來自蒙特婁。」
　　「蒙特婁在加拿大。我去過加拿大一次，我去過多倫多。」
　　「是哦。你還記得數字嗎？」
　　「數字？」莫萊森問道：「有什麼數字嗎？」

　　「他是個很親切的人，非常有耐心，總是願意嘗試我交給他的任務，」密爾娜目前已經是蒙特婁神經科學研究所及麥吉爾大學認知神經科學教授，她告訴我說：「然而每一次我走進房間，他都好像是我們第一次見面。」

「動作學習」也是一種記憶能力

　　到了1962年，密爾娜發表了一項劃時代的研究成果。在這項研究中，她和莫萊森（當時採用 H. M. 做為代號，以維護他的隱私）證明他某一部分的記憶完好無缺。在一系統試驗中，她要 H. M. 在一張紙上畫五角星，但是在畫的同時，眼睛必須注視鏡中在畫圖的手。這樣做很不方便，而密爾娜讓這動作更加困難。她要 H. M. 練習在邊線之間描繪星星的圖案，就好比在走星形迷

宮。每一次 H. M. 嘗試這麼做時，都會覺得是一次嶄新的經驗。他對於之前做過這件事毫無記憶。然而，經過練習，他變得愈來愈熟練。密爾娜說：「經過許多次練習後，有一次，他對我說，『哈，這比我想像中來得容易。』」

密爾娜這項實驗的含意，經過一段時間才獲得世人的理解。莫萊森無法記得新名字、新面孔、新的事實或經驗。他的腦袋能夠登記這些新資訊，但是少了海馬，莫萊森無法保存它們。這個被外科手術切除的構造及其周邊部分，顯然是形成這類記憶所必須的。

然而，莫萊森卻能發展新的肢體技能，例如描星星，以及在他老年時學習使用助行器。這種能力稱為**動作學習**（motor learning），不需要依賴海馬。密爾娜的研究證明，人腦中至少有兩種系統在負責處理記憶，一種是有意識的，另一種是無意識的。我們能回想並寫下今天在歷史課或幾何課堂上學到的東西，但是，對於今天練習的足球或體操，就沒有辦法這麼做。這些肢體技能是在我們想都沒有想的情況下，漸漸累積起來的。我們或許能夠說出自己六歲時，第一次騎單車是在星期幾，但是我們沒有辦法指出，是哪一些肢體技巧讓我們學會了騎單車。那些技巧（包括平衡、轉向、踩踏的動作）會自我琢磨，直到突然間整合在一起，而不需要回想或深究。

因此，有關記憶是平均分散在腦中的理論，是錯誤的。腦袋具有一些特定區域，負責處理不同類型的記憶。

新皮質相當於電腦的硬碟

　　莫萊森的故事還沒有結束。

　　密爾娜有一位學生寇津（Suzanne Corkin），後來在麻省理工學院繼續和莫萊森合作研究。在超過四十年的研究期間，寇津證明莫萊森還保有許多手術前的記憶，他記得世界大戰、記得羅斯福總統、也記得童年期家中的擺設。

　　「我們稱這些為**要旨記憶**（gist memory），」寇津醫師告訴我：「他擁有這些記憶，但是他無法把它們擺進確切的時間點，他無法用敘述方式說出來。」

　　針對腦部同個區域受傷的其他人所進行的研究，也得到類似的受傷前後變化模式。缺少正常運作的海馬，我們將無法形成新的、有意識的記憶。所有他們記得的名字、事實、臉孔以及經驗，幾乎都是受傷之前就記得的。因此，那些記憶一旦成形，必定存放在其他地方，存放在海馬以外的地方。

　　科學家知道，唯一可能的候選者，是大腦那片薄薄的外層，叫做**新皮質**。新皮質是人類意識所在之處，是一層很複雜的組織，每一塊都有它特化的目的。視覺區塊位於後方。運動控制區域位於側邊，靠近耳朵的地方。在新皮質的左側有一塊區域能幫助詮釋語言，附近另一塊則負責口語和書寫。

　　這一層新皮質（堪稱大腦的「頭頂」，因為它就位於那裡）是腦部唯一擁有適當工具的區域，能夠重現一個情節記憶中的豐富感官質地，或是重現「俄亥俄州」這個詞或是數字12所引發的事實聯想的分類。第一天上高中的那個網路（或那群網路，因

為很可能有好幾個）必定就是存在那裡，就算不是全部，也是大部分。我對第一天上高中的記憶，絕大部分是視覺上的（紅頭髮、眼鏡、藍綠色牆壁）以及聽覺上的（走廊的噪音、置物櫃門砰然關上、老師的聲音），所以這種記憶網路含有許多位於視覺及聽覺皮質的神經元。你的高中第一天記憶，可能包括自助餐廳的氣味、背包沉重壓在肩頭的感覺等等，參與這種記憶網路的神經元，當然也是位在新皮質上面。

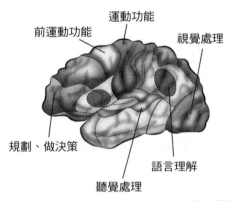

新皮質的各種功能區域

　　就某個程度而言，我們有可能找出某個記憶在大腦中的確切位置，也就是它定居的地方：新皮質的某一帶，但不是某個單一住址。

　　對我們大部分人來說，「回憶」可以毫不困難的立刻實現，而且情感及諸多細節一應俱全。然而，對於大腦竟能如此快速的

找到某個記憶、並將它重現，科學界很難提出一個簡單的解釋。
沒有人知道這是怎麼發生的。而且也因為這種即刻存取的特性，
創造出我認為關於頭腦最大的錯覺：記憶是被歸檔處理的，就像
錄影帶裡的場景，可以用一個神經開關，把它打開或關上。

　　真相比這個奇怪得多，也有用得多！

裂腦手術的大發現

　　太近距離窺視腦袋內部，有一個風險：你可能會失去外部的
線索，例如：個人。這裡並不是泛指人類，而是指某一個活生生
的人。這個人會直接拿起紙盒喝牛奶，會忘記朋友的生日，老是
找不到家裡的鑰匙，也不怕去計算金字塔的表面積。

　　讓我們先停下來，回顧一下。腦袋的特寫能讓我們稍微瞥見
神經元如何形成記憶：神經元在某個經驗發生時，會一起觸發；
然後它們就在海馬中穩定下來，形成一個神經元網路；最後，它
們會透過一種能保留基本情節點的移位方式，在新皮質裡固定下
來。

　　至於想了解我們如何提取（回想）某一個記憶，那就需要往
後退，取一張遠景。就像使用 Google 地圖，我們會推進到街景
程度，去觀看神經元；現在到了拉開鏡頭的時候了，讓我們來看
一眼較大的生物體：觀看個人！個人的知覺會揭露「記憶提取」
的祕密。

　　這一次，我們要觀察的個人，又是癲癇病人（腦科學實在是
虧欠他們太多了）。

在某些癲癇案例，腦部活動會像化學野火般擴散，橫掃大片腦部區域，使得患者眼前發黑，造成全身性的發作，就像 H. M. 年輕時的大發作。這類癲癇是這麼難以忍受，而且通常對藥物也能頑強抵抗，因此許多患者會考慮接受腦部手術。當然，沒有人經歷和 H. M. 一模一樣的外科手術，但是還有其他幾種選擇。其中一種叫做**裂腦手術**（split brain surgery），外科醫師會將病人左腦與右腦相連的部分切開，以便將腦部風暴局限在某一邊。

這樣做確實能讓癲癇平息下來。但是，代價呢？左腦和右腦將完全無法與對方「交談」。裂腦手術想必一定會造成嚴重的損傷，劇烈改變當事人的個性，或至少改變他們的知覺。

然而，結果竟然沒有這樣的改變。事實上，當事人的改變很微妙，在1950年代最早的研究，沒有發現裂腦病人的思想或知覺有任何改變。智商也沒有下降，分析性思維也沒有缺陷。

改變一定是有的，畢竟腦袋真的被切成了兩半！但是，必須靠一些非常聰明的研究，才找得出來。

1960年代初，三名加州理工學院的科學家終於這麼做了，他們的方法是，一次只對一個半腦閃現圖片。**中獎了！**當裂腦病人只有右腦看見一支叉子的圖片時，他們無法說出那是什麼，他們說不出它的名稱。由於左右半腦之間的連結被切斷了，他們的左腦，也就是語言中心所在之處，沒有辦法接收來自右腦的資訊。而右腦半球，也就是看到「叉子」的大腦半球，缺乏語言來表達它。

但這裡有一個陷阱：右腦半球可以指使它所控制的左手，去畫一支叉子。

加州理工學院這三名科學家並沒有就此打住。他們對這些病人又進行了一系列的實驗，證明右腦半球也能藉由觸摸，來辨識物體，在看過一個影像之後，藉由手的感覺，正確選出一個杯子或是一把剪刀。

這裡頭的暗示很明顯：左腦半球是掌理智能的、玩文字的，而且它與右腦被分割開之後，也不會導致智商顯著下滑。右腦半球是藝術家，是視覺專家。這兩位會一起合作，就像兩名副駕駛一起合作開飛機。

這項研究很快就滲透到社會大眾的言談中，成為描述人的性格才華的簡略分類法，例如「他是右腦型的人，她更偏向左腦型的人。」這些話聽起來也滿合理的：我們的感性與美感，源頭一定不同於冷靜的理性才對。

左腦會編故事

但這些和記憶又有什麼關係？

這一點，又等了四分之一個世紀之後，才被發現。而且它之所以被發現，還是多虧科學家先提出了一個更基本的問題：如果我們真的擁有兩個副駕駛，為何我們不會覺得自己擁有兩個腦？

那是最終極的問題，葛詹尼加（Michael Gazzaniga）指出：「如果我們真的擁有分開的系統，為何我們的腦袋會有這種整體感？」葛詹尼加是1960年代加州理工學院三人小組的一員，另兩位分別是史培利（Roger Sperry）和伯根（Joseph Bogen）。

這個問題在學界懸而未決，長達幾十年。科學家探究得愈

深，這祕密似乎就愈令人困惑。左腦與右腦的差異，揭露了一種很清楚、也很迷人的分工方式。然而，科學家持續發現更多更迷人的分工。腦袋裡有數千、甚至數百萬個特化的模組，每一個模組都能執行一項特殊技能。譬如說，有一個模組在估算光線的變化，另一個模組在分析聲音的語氣，第三個模組在偵測別人的臉部表情。科學家進行的實驗愈多，發現的特化模組也愈多，這些迷你程式全都在同時運轉，而且通常是橫跨兩個半腦。也就是說，是整個大腦具有這種整體感，而不是左腦與右腦這兩位副駕駛各自具有整體感。

在面對腦內各區域競相發出的無數吶喊時，大腦就彷彿是芝加哥期貨交易所，裡頭的喊價聲此起彼落，卻仍然能展現出一體感。

怎麼辦到的？

再一次，裂腦手術可以提供答案。

在1980年代初，葛詹尼加針對裂腦病人，進行了更多他的招牌實驗，但這回多加了一點轉折。譬如說，在其中一個實驗，他對一名病人閃現兩張圖片：那人的左腦看見一隻雞腳，但是他的右腦看見一幅雪景。（別忘了，左腦是語言技巧的大本營，右腦則是感官的，它沒有語言能形容自己看見的東西。）然後，葛詹尼加要該名病人從一堆兩個半腦都能看見的圖片中（例如一支叉子、一把鏟子、一隻雞、一支牙刷等等），為每一張圖片選出與它相關的圖片。這病人選擇了一隻雞來搭配腳，另外也選了一把鏟子來搭配雪景。到目前為止，一切順利。

接著，葛詹尼加問他為何這樣選擇，結果得到意外的答案。

這病人對每一項選擇都準備了理由：那隻雞要用腳走路。他的左腦看過腳。左腦有文字來描述，而且左腦也有很好的推理能力，有辦法把腳和雞連結在一起。

但是他的左腦並沒有看到雪景，只有看到鏟子。他憑本能選了鏟子，但是沒有辦法解釋自己為何如此做。現在，被要求解釋兩者的關聯時，他的左腦開始搜尋雪的象徵性符號，但是想不出來。低頭看了一下鏟子的圖片後，這病人說道：「你需要鏟子來清理雞舍。」

左腦就這樣丟出一個解釋，根據它能看見的東西：一把鏟子。「左腦會編出任何鬼話，」葛詹尼加告訴我，一邊大笑這場記憶實驗，「左腦會編故事。」

在後續研究中，葛詹尼加和其他科學家證明了這個模式是一致的。左腦會收下任何它能取得的資訊，然後說出一個滿像一回事的故事。左腦在日常生活中早就不斷這麼做了，而我們都瞧見過左腦的作為。譬如說，無意間聽到有人低聲提及我們的名字，我們就會自動填入假設，認為別人必定在講我們的閒話。

利用我們的記憶，來改變我們的記憶

腦袋裡眾多雜音之所以感覺起來很一致，是因為某些模組或網路提供了連貫的敘述。「我花了二十五年才提出正確的問題，來釐清這些疑點，」葛詹尼加說：「那就是為什麼——你為什麼要選鏟子？」

對於這個模組，我們只知道它位於左腦半球的某個地方。但

是沒有人知道它如何運作，或是它如何將這麼多資訊、這麼快速的串連起來。它確實有一個名字。葛詹尼加決定把左腦這個說故事的系統稱作「詮釋者」。

就電影製作小組的比喻來說，這一位相當於我們的導演。是它讓每個場景合理，根據材料來尋找模式，並加入它的判斷；是它把鬆散的事實兜合成一個更大的整體，以理解某個主題。就像葛詹尼加描述的，詮釋者不只讓事情合理化，還會編故事，詮釋者會創造意義、敘述以及因果關係。

它不只是一位詮釋者，它還是編故事的人。

這個模組對於記憶最初的形成，非常關鍵。它會忙著回答各種問題，隨時在問「剛剛發生了什麼事？」而那些判斷，也透過海馬來編碼。然而，這只是部分的工作。詮釋者還會回答問題，像是「昨天發生了什麼事？」「我昨天晚餐做了什麼菜？」以及世界宗教課堂上，「佛教的四聖諦是什麼？」

然後，它會蒐集已有的證據，只不過，這次它是從腦袋內部取得感覺或事實的線索，而不是從外部。用力想吧！回想佛教的四聖諦，先從苦諦開始，佛陀談到苦，有生苦、老苦、病苦、死苦……等八苦。要去了解苦。沒錯，那是第一真諦。第二真諦是集諦，集是所有關於苦的原因。要放下苦？沒錯，就是要放下產生痛苦的原因，即貪、嗔、癡，這就需要第三真諦：滅諦。而第四真諦是道諦，讓人聯想到一條小徑，一名和尚穿著道袍行走其間。走上道路？還是修築道路？去修八正道：正見、正思惟、正語、正業、正命、正精進、正念、正定。

腦袋的思考就這樣進行著。每當我們倒帶回去，一個新細節

似乎就會浮現出來，譬如廚房裡的煙味、電話行銷員的來電。在讀到「要放下痛苦」時的那股平靜感——不對，應該是「要放下產生痛苦的原因」。接下來，不是走上道路，而是修築道路。

這些細節部分似乎很新穎，因為腦袋當下吸收的資訊遠多於我們意識到的，而那些感覺可以在我們回想的時候，浮現出來。也就是說：腦袋儲存事實、想法以及經驗的方式，並不像電腦那樣，不是點擊一個檔案，永遠跑出一模一樣的影像。腦袋是把它們埋藏在知覺、事實以及思想的網路中，而它們每一次冒出來的時候，都會有一點點組合上的差異。而且，每想起一個記憶，並不會把前一個記憶覆蓋掉，而是與它交織後，一起覆蓋上去。沒有什麼東西會完全喪失，只是記憶的軌跡稍微改變了，而且是永久性的改變。

就像科學家所說的，利用我們的記憶，來改變我們的記憶。

在討論過神經元以及神經網路之後；討論過雷須利的老鼠實驗以及H. M.之後；討論過海馬、裂腦病人以及編故事的人之後；這些看起來似乎都顯得很基本，甚至很平凡。

其實不然。

第 **2** 章

遺忘的力量

這是嶄新的學習理論

　　記憶比賽是會誤導人的大場面，尤其是在總決賽。

　　到了這個時候，臺上只剩下幾個參賽者，他們的臉上反映出各種表情——疲憊、害怕以及專注。賭注這麼高，他們熬了這麼久，但是只要一個小閃失，一切就將化為烏有。

　　在一部記錄施貴寶全美「拼字大賽」的影片中，有一幕場景尤其令人緊張：一個十二歲的男孩栽在「opsimath」（晚年開始學習者）這個單字上頭，他好像知道這個單字，他仔細想，有那麼一刻，他似乎想到了；但是，他多加了一個其實不存在的「o」。

　　鈴！

　　鈴聲響起，意思是答錯了。男孩的眼睛睜得老大，一臉不可置信。觀眾席上傳來一片吸氣聲，然後響起安慰的掌聲。他悄悄溜下臺，神情木然。同樣的場景再次上演，另一位有備而來的參賽者也拼錯了一個字。他們在麥克風前垂頭喪氣，或是茫然眨著眼睛，然後沐浴在同樣淡漠的掌聲中。相反的，那些晉級下一輪的孩子，一臉自信，神情專注。當勝利者聽到她最後一題的單字時，不禁露出微笑——logorrhea（多言癖），她正確拼了出來。

　　這些比賽往往留給我們兩個印象。第一，參賽者、尤其是勝利者，一定是超人。他們怎麼做到的？他們的腦袋一定不只比較大、比較快，而且不同於普通的腦袋（例如我們的）。也許他們甚至可以「過目不忘」。

　　其實不然。沒錯，有些人在記憶量和處理速度上，享有天生的遺傳優勢（雖說還沒有人找到所謂的「智力基因」，或是確知這樣的基因要如何運作）。而且也沒錯，這些參賽者多半來自智力光譜上較高的那一端，來自對於累積事實感興趣的書呆子。但

還是一樣，腦袋就只是腦袋，而健康的腦袋，運作方式根本大同小異。只要準備得夠充分，而且夠專心，每顆腦袋都有辦法展現魔法般的記憶神技。至於過目不忘的記憶，就科學家目前所知，並不存在，或說至少不是我們所想像的那樣。

另一個印象比較陰沉，因為它強化了一般常見的自我挫敗假設：忘記，就是失敗！

這一點好像不證自明。世界上到處都有心不在焉的青少年、不知放哪裡去的鑰匙、以及對於痴呆症的恐懼，因為健忘感覺就像是失能或惡兆。如果說，學習是建立技能與知識，那麼遺忘就是失去一部分我們已經得到的。遺忘似乎是學習的敵人。

大自然最智慧的垃圾郵件過濾器

其實不然。真相幾乎剛好相反。

當然，在女兒生日那天恍神，或是忘記返回高地避難山屋的路徑，或是在考試時腦中一片空白，都是大災難。但是，遺忘也有它的大優點。其中之一是，它是大自然最智慧的垃圾郵件過濾器。遺忘讓大腦專注，以便讓需要的事實躍上心頭。

要讓這一點更戲劇化，不妨請那些拼字天才重新回到臺上，進行另一種比賽，一種回答明顯事實的快節奏比賽——要快速回答：你上一本看的書、最近看的一部電影、住家附近的藥局、美國現任國務卿是誰、職棒大聯盟世界大賽的冠軍隊伍⋯⋯然後，再快一點回答：你的電子郵件密碼、你姊姊的英文「中名」、美國現任副總統是誰。

在這場假想的競賽中，那些高度專注的心靈，將會經常一片空白。為什麼會這樣？可不只是因為健忘或心不在焉。不是的，這些孩子的警覺性都非常高，而且高度專注。事實上，就因為太過專注，他們的大腦把瑣碎的資訊擋掉了。

想想看，要把這麼多艱澀難懂的單字記在心裡，而且直接拼出來，腦袋絕對需要一個過濾器。換個方式來說，腦袋一定得壓抑（也就是忘記）相競爭的資訊，如此，apathetic（冷淡的）才不會拼錯為apothecary（藥劑師），或是penumbra（半影）不會拼錯為penultimate（倒數第二），如此，才能阻擋所有令人分心的小事，不讓它們浮上心頭，不論那些小事是歌詞、書名，還是電影明星的名字。

我們經常在做這種專注的遺忘，多到往往不假思索。譬如說要鎖定一個新的電腦密碼，我們必須把舊密碼擋下來，不要讓它自動浮上心頭；要學習一種新語言，我們必須抵抗那自動躍上舌尖的母語字彙。當我們全心投注在某個議題，或是全神貫注閱讀小說，或是專心一意在進行驗算時，甚至連日常的名詞都會想不起來——「麻煩你遞給我那個，叫什麼來著，你用來吃東西的玩意？」

叉子！

遺忘其實是學習的朋友

十九世紀時，美國心理學家威廉‧詹姆士（William James）觀察到，「如果我們什麼都記得，那麼在大部分情況下，我們的

日子將會和什麼都不記得一樣悽慘。」

　　有關遺忘的研究，在過去幾十年來，迫使我們盤根問底，重新考量學習是如何產生作用的。就某方面而言，這也改變了「記得」和「遺忘」的意義。「學習與遺忘之間的關係，並沒有那麼單純，而且在某些重要層面上，甚至和人們以為的剛好相反，」加州大學洛杉磯分校心理學家畢約克（Robert Bjork）指出：「我們以為遺忘是不好的，是系統失靈。但是更多時候，遺忘其實是學習的朋友。」

　　這項研究顯示，記憶比賽裡的那些「失敗者」，不是因為記得的東西太少而栽跟頭。他們研讀了幾萬、甚至幾十萬個單字，而且他們通常很熟悉最後拼錯的單字。在很多案例，他們之所以栽跟頭，是因為記得的單字太多了。如果「回想」就只是「重新集結散布在腦袋黑色風暴裡交纏的神經網路中的知覺、事實以及想法」，那麼遺忘的作用，就在於阻擋背景雜訊和靜電干擾，好讓正確的訊號凸顯出來。而這個訊號要清晰，得靠遺忘的強度。

　　遺忘還有一個大優點，與它相當活躍的過濾特質無關。正常的遺忘（也就是我們經常哀嘆的那種記憶力的衰減），對於後續的學習，其實也有助益。我把它視為遺忘的「建構肌肉」性質：某些「崩解」必須發生，我們才能在重新訪視那些素材時，強化學習。沒有一些些遺忘，你將不會從更進一步的研讀中獲益。正是因為遺忘，學習得以建構，有如肌肉愈鍛鍊愈強健。

　　這個系統離完美還差得很遠。沒錯，我們可以即時並正確無誤的想起許多獨立的事實，例如：首爾是南韓首都，3 是 9 的平方根，羅琳是《哈利波特》的作者。然而，沒有任何複雜的記憶

會出現兩次一模一樣的內容，部分是因為遺忘過濾器在阻擋許多不相關的細節時，也阻擋了某些相關的細節。最讓人啼笑皆非的是，先前遭阻擋或忘記的細節，往往後來又會重新現身。當我們在敘述並美化童年經驗時，像這樣的記憶漂流，可能最是明顯。我們在十四歲的時候，第一次偷騎家裡的機車；我們第一次進天龍國的時候，在捷運系統裡迷了路。在滔滔不絕講述那些奇遇很多很多次之後，我們自己可能都無法分辨，其中哪些是真的，哪些是加油添醋的。

重點並不在於，記憶只是一堆鬆散的事實以及一份吹牛事蹟的目錄。重點在於，回想任何記憶，都會改變它的存取，而且通常也會改變它的內容。

「忘」以致「學」理論

有一個新興理論，專門解釋這些事以及相關的想法。它叫做「新失用說」（New Theory of Disuse），以便和舊的「失用說」區隔。舊失用說宣稱，記憶如果沒有被使用，會隨著時間從腦中完全蒸發掉。不過，新失用說可不只是一個更新版。它是一場徹底的檢修，重新塑造了「遺忘」的角色，把它變成「學習」最要好的朋友，而非對手。因此，更適合新失用說的名字，或許應該叫做「忘」以致「學」理論（Forget to Learn theory）。

這個名詞捕捉到它的真實含意、它大致的精神，以及它那令人安慰的見解。譬如說，遺忘一大塊剛學到的東西，尤其是全新的議題，不見得就是怠惰、缺乏注意力、或是性格有缺陷的明

證。相反的，它是一個信號，顯示腦袋正在做它該做的事。

　　沒有人知道，我們為何如此不識貨，不懂得欣賞遺忘或其他心智技能，這些技能是這麼不可或缺，這麼自動自發，令人深感熟悉。但我們過去就是這麼不識貨。因此，探討遺忘的本質，將對我們大有幫助。

　　且讓我們從頭說起。

　　我們先回顧最早的那一間學習實驗室，回顧裡頭那一位專家，以及他最重大的貢獻——遺忘曲線（Forgetting Curve）。遺忘曲線正如它的名稱所顯示的，是一個記憶隨著時間遞減的作圖。更重要的是，它畫出了新學習的資訊在記憶中衰減的速率。倒過來看，它就是一條學習曲線：

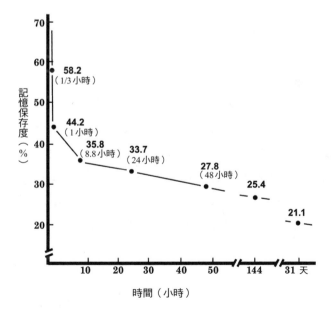

這條遺忘曲線最早是在1880年代末發表的，當時並沒能引起太多驚嘆。一般人被要求去猜測記憶隨著時間發生的變化時，大概都畫得出類似的圖形。然而這條遺忘曲線的創造者艾賓浩斯（Hermann Ebbinghaus）可不是隨便揣測的人。他天性嚴謹，對證據的要求極其強烈。考量他的抱負，他也必須如此。

1870年代末，身為年輕哲學博士的艾賓浩斯，在歐洲四處遊走，懷抱著偉大的夢想。他期望能搭起哲學與科學的橋樑，把嚴謹的科學量測方法，應用到某些與人性或哲學有關的事務上。唯一的問題在於，他不曉得可從哪裡著手。

一天下午，艾賓浩斯在巴黎某家二手書店閒逛，從架上翻出一本書，叫做《心理物理學綱要》（Elements of Psychophysics），作者是費希納（Gustav Fechner）。在費希納這位喜愛神祕事物的科學家看來，內在心靈世界與外在自然世界之間，存在了一致的數學聯絡關係。費希納主張，每一個人類經驗，即便是短暫如記憶，應該都能轉化為可量測的單位，而且這種單位還能夠置入某種方程式裡。費希納的科學家名聲（他曾經做過一些很精緻的觸覺感官實驗），也替這些天馬行空的想法，增添了幾許分量。

艾賓浩斯一邊讀這本書，一邊感覺心裡有些東西正在醞釀。多年後，他對一名學生描述當年這份感覺。當時，就在當下，他一定也瞥見了自己的未來，因為他後來將自己最偉大的著作《記憶：對實驗心理學的一大貢獻》（Memory: A Contribution to Experimental Psychology）獻給費希納。

好一個記憶方程式！真的存在嗎？如果真的存在，可以用紙筆寫出來嗎？

　　記憶會以多變的形式與尺度來呈現。有一小時的記憶，也有一輩子的記憶；有日期和數字的記憶，也有食譜和文章的記憶；更不必說還有一堆故事、情緒的感知，第一天上學的孩子在公車站下車時的表情，兩名友人以為沒旁人看到時所交換的會心微笑……正是這些狂歡與心碎的織錦，編織出我們的一生。

　　我們每個人回想特殊事實的能耐，也是天差地遠。有些人特別擅長記住名字和面孔；有些人則擅長記憶數字、日期和公式。面對這麼一個變化多端的「記憶」幽靈，我們要怎樣度量它，又該怎樣研究它？

艾賓浩斯開創了遺忘曲線

　　在艾賓浩斯之前的科學家，基本上，等於是打了退堂鼓，放棄這個議題。因為太過困難，變化實在多得令人受不了。

　　然而，某些人眼中合理的謹慎，在艾賓浩斯看來，卻是缺乏膽識。「我們應當寧願看到，在熱心研究之後的失敗認輸，也不願意在面對困難時，始終只能無助的表示驚訝，」艾賓浩斯這樣寫道，以此解釋他尋求記憶方程式的動機。他會接下挑戰，如果沒有其他人願意挑戰的話。他先從首要原理（first principle，又稱為第一原理）開始推論。

　　要研究腦袋如何儲存新資料，艾賓浩斯需要找到真正的新資料才行。一份充滿名詞、或名字、或數字的名單，是沒有用的；因為這些東西都能引發聯想、勾起塵封的記憶。即便是像羅夏克墨漬測驗那樣的抽象素描，也具有喚起記憶的性質。只要瞪得夠

久，一片雲就會開始顯得像是一顆狗頭，然後它又活化了腦袋裡數以百計與狗有關的迴路。我們的腦袋自有辦法把意義注入幾乎是任何事物中。

艾賓浩斯是怎樣想出他的解決方案？至今仍然是謎。「這難道是，就一般人定義的，該怎麼說呢，一個經過深思熟慮的新發明嗎？」很久之後，美國心理學家夏柯（David Shakow）在一篇傳記文章裡寫道：「又或者，它是一個發現？在這裡頭，嬰兒的咯咯聲、朗讀《愛麗絲漫遊奇境》裡的無聊詩、或是巴黎馬車夫對倫敦計程車司機的咒罵，可有扮演什麼角色嗎？」

艾賓浩斯創造出一份毫無意義的目錄，裡頭都是單音節、全都由兩個子音夾著一個母音所組成的字母串，例如RUR、HAL、MEK、BES、SOK、DUS。總的說來，它們都是沒有字義的字母串，不能稱為單字。

艾賓浩斯終於找到了他的通用記憶「單位」了。他創造出大約二、三百個這種單位，幾乎是所有可能存在的單音節字母串，或說至少是他能想像的。他把這些單音節字母串隨機湊合成一份份的名單，每份名單的音節數目從七到三十六不等。然後他開始每次記憶一份名單，大聲朗讀上面的音節，還用節拍器來掌握自己的節奏，而且記錄下他需要重複多少次，才能得到完美的背誦測試分數。

1880年，當艾賓浩斯在柏林大學找到一份講師的工作時，他已經累積了超過八百小時的無意義語音練習時數。他繼續進行這項研究，在他那小小的辦公室裡踱步。這名身材結實、蓄著一蓬富蘭克林般的大鬍子的男子，以每分鐘吐出一百五十個音節的速

度，持續進行練習。換成在別的國家，他可能早就被抓出辦公室，套上瘋人院病服了。

艾賓浩斯在不同的間隔期，測試自己：研讀後二十分鐘、研讀後一個小時、研讀後一天，然後是一星期以後。同時，他也變換練習時間的長短，然後（很驚訝的）發現，練習時段愈多，通常考試分數愈高，而且遺忘速度也愈慢。

1885年，艾賓浩斯把研究結果發表在《記憶：對實驗心理學的一項貢獻》中，描述一種很簡單的方法，可以在學習後估算遺忘的速度。方程式本身不算什麼，但它是新興的「學習科學」領域中，第一條嚴謹的原理，而且也正是十年前他在巴黎二手書店閒逛時，矢志要發現的。

艾賓浩斯終於有了他的方程式（其他人可能會把它看成一張圖表）。

我們也很容易記起曾經遺忘的事

艾賓浩斯並沒有改變世界，但他確實開創了學習科學。「借助無意義音節，做為研究聯想的手段，是自從亞里斯多德以來，心理學中這個部分最顯著的進步，這樣說應該不算過分，」英國科學家鐵欽納（Edward Titchener）在一個世代之後這樣評論。

艾賓浩斯的遺忘曲線抓住了許多理論專家的心，從此再也放不下。1914年，深具影響力的美國教育研究者桑代克（Edward Thorndike），把艾賓浩斯的曲線變成了一條學習律法。他把它稱做**失用律**（Law of Disuse），這條律法聲稱，習得的資訊如果沒

有持續使用，會自記憶中衰退——也就是，不用則廢退。

　　這條律法看起來滿正確的，似乎也和經驗相符，它定義出大部分人對學習的看法，而且直到今天還是這樣。然而，這份定義所隱藏的，比它揭露的還多。

　　以下是一個可以在家裡進行的練習，一點都不痛苦，而且充滿了文學養分。請各位花五分鐘時間研讀下面這首詩。仔細唸，並試著把它背下來。它摘自詩人朗費羅的作品〈金星號的殘骸〉（The Wreck of the Hesperus）：

　　　黎明時分，荒涼的海灘上，
　　　一名漁夫驚呆佇立，
　　　只見眼前有一位美少女，
　　　被拍擊向一根漂浮的桅杆。

　　　鹹海水凍結在她胸口，
　　　鹹淚水在她眼眶；
　　　而她的長髮，如褐色海草，
　　　在巨浪之中，載浮載沉。

　　　這，就是金星號的殘骸，
　　　在子夜的大雪中！
　　　耶穌基督保佑我們不要像這樣死去，
　　　死在諾曼斯歐的礁岩上！

好啦，現在請把書本合起來，泡杯咖啡，散個小步，聽聽新聞。讓自己分心大約五分鐘，和你剛剛研讀這首詩的時間一樣長。然後，請坐下來，盡可能寫下你記得的詩句。把結果儲存起來（稍後你會需要它）。

以上這個測驗，正是一名英文老師兼研究者巴拉德（Philip B. Ballard）在1900年代，為居住在東倫敦工人社區的學童所設計的。這些孩子被認為學習不良，而巴拉德很想知道為什麼。是因為最初的學習不夠？還是後來發生了什麼事影響到記憶？為了找出原因，他讓孩子研讀各種文章，包括朗費羅的敘事詩，想看看能否點出造成他們學習問題的根源。

然而，巴拉德並沒有發現這些孩子具有明顯的學習不足。剛好相反。

他們在研讀過後五分鐘的測驗分數，並無特殊之處。有些表現好，有些表現差。不過，巴拉德的實驗還沒結束。他想知道，過了一段時間之後，這些先前讀過的詩句會成為過眼雲煙嗎？孩子在研讀過後幾天，記憶就會不知怎的衰減下來嗎？為了找出答案，巴拉德在兩天後，又對孩子做了一次測驗。學生事先都不知道要重考，但是他們的平均成績卻提高了百分之十。幾天後，巴拉德又再測驗了一次，同樣是沒有預先告知。

「J. T. 在三天內，由十五行改進為二十一行，」巴拉德這樣描述其中一名學生，「想像她自己看見詩句浮現在眼前。」對於另一名學生，在七天內，由三行改進到十一行，他評論道：「想像文字在黑板上的樣子（在這個案例，當事人是從黑板上學得這首詩）。」第三名學生，在第一次測驗時記得九行，幾天後記得

十三行，這個學生告訴巴拉德，「當我開始寫時，我能夠想像它出現在面前紙張上的樣子。」

這些進步不僅是奇怪，結果竟和艾賓浩斯的理論完全相反！

巴拉德對自己的實驗結果感到懷疑，於是在接下來的幾年，又多做了幾百個試驗，測試上萬名受測者。結果還是一樣：即使沒有更進一步的研讀，平均而言，記憶在頭幾天會改進；唯有超過四天左右，才會逐漸減弱。

巴拉德在1913年發表一篇論文，報告他的發現，但這篇論文似乎也沒有受到注意。只有少數科學家欣賞他的研究，甚至直到今天，巴拉德仍然只是心理學論文上的注腳，名氣遠遜於艾賓浩斯。但還是一樣，巴拉德知道自己做出了什麼。「我們不只容易遺忘曾經記得的東西，」巴拉德寫道：「我們也容易記起曾經遺忘的東西。」

隨著時光流逝，記憶不是只有一種衰減的傾向，它有兩種傾向。另一種傾向，巴拉德稱之為回憶（reminiscence），是成長的傾向，一些我們起初不記得曾經學到的事實或字彙，竟然會冒出頭來。在我們試著記得一首詩或一份字彙表之後那幾天，這兩種傾向都會發生。

那麼到底是哪一種傾向比較容易發生呢？

其中一條線索來自艾賓浩斯。他在測試記憶時，只採用無意義的單音節。大腦沒有地方來「安置」這些三字母串。它們彼此毫無關聯，它們與其他任何東西也毫無關聯；它們不屬於某種結構語言或模式的一部分。大腦沒有辦法長時間抓住這些無意義的單音節，因為它們是無意義的！艾賓浩斯自己也承認這一點，他

曾寫道,他那著名的遺忘曲線,有可能只適用於他直接研究的那些東西。

遺忘,記得,不只是被動的衰減過程,它同時也是主動的過濾過程。它會去阻擋令人分心的資訊,去清除無用的雜亂之物。無意義音節屬於雜亂之物;朗費羅的〈金星號的殘骸〉則不。這首詩在我們有生之年,對我們可能有用,也可能沒有用,但它至少會存放在一大片神經元網路中,以我們能夠認得的字彙及模式來呈現。而這一點能夠解釋,為什麼我們對無意義音節的記憶,和我們對詩文、短篇故事或其他有意涵的資料的記憶,會出現差異。然而,它還是沒有解釋,在兩天都沒有復習的情況下,「鹹淚水」和「長髮如褐色海草」為何會從大腦深處浮起,變得更加清楚?那些「遲緩的」東倫敦孩童,向巴拉德證明了,記憶和遺忘之間的關係並不像世人先前所假設的。

遺忘曲線會誤導人,就算不是錯的,至少它不夠完整。它甚至需要被整個更換。

讓記憶力自動進步

在巴拉德發表他的發現之後幾十年,記性的這種「自發性進步」還是能引起相當程度的興趣。科學家推論,這種效果應該可以在所有學習領域輕易發現才對。

然而卻沒有。科學家做了很多實驗,但什麼樣的結果都有。在1924年的一場大規模試驗中,人們研讀一份字彙名單,然後立即接受測驗。接下來,他們在不同的間隔期接受第二次測驗:

八分鐘之後，十六分鐘之後，三天之後，以及一星期之後。結果平均而言，時間愈長，他們的表現也愈差，而非愈好。

在1937年的一場實驗，受測者研讀了無意義音節。在第一次測驗後，顯示出一些自發性的進步；但是間隔期只有大約五分鐘，之後他們的分數就急速下降。

1940年有一項實驗結果被引用得很廣，該實驗發現，當受測者受命回想一組字彙、一組短句、以及散文中的一個段落，他們的表現在二十四小時之後，全都會下降。研究人員即便在某種素材（例如詩）中，發現自發性的進步，他們在其他素材（例如字彙表）中，卻發現相反的結果。「實驗心理學家開始修改巴拉德的研究方法，然而，彷彿陷入流沙之中，愈來愈困惑和懷疑，」布魯克林學院的埃爾迪（Matthew Erdelyi）在他的著作《無意識的記憶之重現》中，這樣寫道。

這些混雜不一的結果，無可避免的，導致大家質疑巴拉德的研究方法。他所測試的孩子真的是時間愈久、記得愈多，還是他們的進步其實來自實驗設計中的某些缺陷？這並不是一個修辭上的反問。譬如說，那些孩子會不會在兩次測驗之間，私底下復習過那首詩？果真如此，巴拉德的研究結果根本不算數。

在一篇深具影響力，針對1943年之前所有發表過的相關研究的評論文章中，英國學習理論專家巴克斯頓（C. E. Buxton）結論道，巴拉德的自發性進步效果，屬於「一會兒你能看到，一會兒你不能看到」的那一種；換句話說，它像一個幽靈。

沒多久之後，許多科學家便跟隨巴克斯頓的引導，退出這方面的追尋。有了心理學工具，值得去做的事太多了，勝過追逐幽

靈，而且也更符合文化潮流。

　　佛洛伊德療法當時正在興起，它的「恢復記憶」的想法，輕易壓倒巴拉德的朗費羅片段詩文，因為佛洛伊德的說法總是比較有人「性」。這兩人對於恢復記憶的觀念其實是一樣的，只除了佛洛伊德講的是被壓抑的情緒創傷。佛洛伊德宣稱，挖掘這些記憶並加以「面對和處理」，可以舒緩長期的、令人無力的焦慮，這樣做可以改變人生。就算這些也是幽靈，它們至少比一堆詩詞來得逼真。

　　此外，在二十世紀中期，學習之科學的真正意旨在於「增強學習效果」。那是行為主義的全盛時期。美國心理學家史金納（B. F. Skinner）證明了，在許多情況下，獎賞和處罰會如何改變行為，並加快學習的腳步。史金納讓各式各樣的獎賞計畫彼此競爭，得到驚人的結果：對於正確答案的自動獎賞，只能造成有限的學習；偶爾、不定期的獎賞，反而更有效。史金納的研究，對於教育界人士極具影響力，但其焦點擺在改進教學上，而不在於記憶的奇特性質。

巴拉德效應一直是真的

　　然而，巴拉德的發現並沒有完全消失，依然存在一小群心理學家的心底，這些人硬是無法擺脫一個想法：有些重要的東西，可能遭到忽略了。在1960和1970年代，這些好奇的少數，開始把詩和無意義音節區隔開。

　　巴拉德效應過去是真的，現在也還是真的。它並不是因為實

驗設計有缺陷才產生的；他所研究的孩子不可能復習他們第一次
測驗時不記得的詩句。科學家在分離巴拉德所謂的「回憶」時，
之所以會遇到這麼多困難，原因在於，這種效果高度仰賴所採用
的素材。對於無意義音節，以及大部分字彙表或是隨機的句子來
說，效果為零：在一天或兩天後，考試成績沒有自發性的進步。
相反的，對於意象、照片、素描、繪畫、以及詩詞，回憶效果就
很強了，而且它需要時間來醞釀。巴拉德發現在研讀過後幾天回
憶出更多詩句，因為那是它強度最大之時。其他科學家，要不是
搜尋得太早（研讀之後幾分鐘），就是太晚（一週或更久之後）。

　　埃爾迪也是幫忙釐清「回憶」的人士之一，而他剛開始是測
驗一名新進的同事克蘭巴德（Jeff Kleinbard），當時他們都在史
丹佛大學。埃爾迪拿了四十張照片給克蘭巴德，要他一次把這堆
照片全部看完，藉口說他在進行自己的實驗之前，「應該要體驗
一下，身為受測者的感覺」。事實上，克蘭巴德就是受測者！

　　在接下來那一星期裡，埃爾迪反覆測驗他，而且事先都沒有
警告。由於測驗結果是這麼清楚和可靠（在頭一、兩天，克蘭巴
德測試時記得的東西變多了），他們又設計了規模更大的實驗。
其中一項實驗，他們找來一群年輕人，要他們記憶六十張素描。
參加者一次觀看一張投影在銀幕上的素描，每隔五秒換一張。素
描主題都很單純，像是一隻靴子、一張椅子、一臺電視等等。

這組人看完後,馬上接受測試,嘗試在七分鐘內回想全部六十張素描,寫下一個名詞來描述每一張圖(素描在放映時,旁邊並沒有附上文字)。平均分數是27。然而,十個小時之後,平均分數變成32;一天後變成34分;四天後,更是上升到38分,而這就到了高原期,以後不再進步。

反觀對照組,研讀了以幻燈片呈現的六十個單字,他們的成績在頭十個小時內,由27分進步到30分,然後就不再動了。在接下來幾天內,他們的分數甚至稍稍降低。很快,情勢就已明朗,不需要再爭辯,正如埃爾迪在最近一篇論文中所說的,記憶「是不純粹、非均質的系統,既能隨著時間增強,也能減低。」

這留給理論專家一個更大的謎團。為什麼圖畫的記憶會進步,但是字彙表的記憶卻不會?

應用機會愈多,記憶的存儲強度愈大

科學家一直在猜測這個問題的答案。或許是因為,間隔期等於提供了更多時間來搜尋記憶。又或者,面對第二次同樣性質的測試,受測者駕輕就熟,因此情緒放鬆了,身心較為舒暢。然而直到1980年代,心理學家才擁有夠多的扎實證據,來建構一個更完整的模型,解釋巴拉德效應,以及記憶的一些奇怪特性。這個新出現的理論,不能算是關於頭腦如何運作的偉大藍圖,而比較是一組根據研究而得到的原理,這個理論包含了艾賓浩斯與巴拉德,也包含了其他許多看似相反的想法與特性。一路引介這個理論、並將它的特性說得最清楚的科學家,是加州大學洛杉

磯分校的畢約克（見第45頁），以及同樣任職該校的妻子伊莉莎白・畢約克（Elizabeth Ligon Bjork）。這個新的失用理論（也就是我們所謂的「忘以致學理論」）主要是他倆的結晶。

　　這個理論的首要原理是：任何記憶都擁有兩種強度：

　　第一種是**存儲強度**（storage strength）；

　　第二種是**提取強度**（retrieval strength）。

　　存儲強度一如字面的意思，就是衡量某件事物學習得有多好，記得有多牢靠。它會隨著研讀而穩定增強，隨著應用而更加鋒利。九九乘法表就是一個很好的例子。九九乘法表在我們讀小學的時候，鑽進我們的腦袋，而且我們這輩子在各種不同情境下經常會用到它，從結算銀行存款、到計算該給多少小費、到指導家裡的小朋友做功課。應用機會超多，它的存儲強度就極大。

　　根據畢約克的理論，存儲強度可能會增加，但是從來不會減少。這並不表示，所有我們見過、聽過或說過的事情，都能永遠存儲到我們死去為止。超過百分之九十九的經驗都是短暫的，轉眼即逝。我們的腦袋只記得重要的、有用的、或是有趣的東西，或者是未來可能重要、有用或有趣的東西。但它確實意味著，所有我們蓄意記得的東西，包括九九乘法表、童年時的一個電話號碼、生平第一個寄物櫃門鎖的密碼，全都在那兒了，而且是永遠在那兒。

　　乍看之下，這似乎難以置信。想想看，我們吸收過的資訊量有多大，其中又有多少雞毛蒜皮的尋常瑣事。但是別忘了，我們在第1章〈左腦是編故事高手〉曾經提過，就生物學而言，燒錄的空間確實存在：以數位資訊儲存容量的角度而言，我們的腦袋

可以儲存三百萬齣電視劇。這個容量,遠超過記錄我們一輩子,
從出生到死亡的分分秒秒所需要的容量。所以容量不是問題。

　　至於那些日常的瑣事,要證明它們全都在那兒,每一件無意
義的細節都在那兒,是不可能的。但還是一樣,久不久,大腦就
會送出一聲耳語,扔出一件令人驚愕的瑣事。它在每個人的一生
中,不時出現;現在,且讓我來提供幾個親身的案例。

　　在研究本書的寫作資料時,我在哥倫比亞大學圖書館裡待
了一陣子,是那種老式的圖書館,有地下一樓和地下二樓,一排
排塞滿書架的舊書,營造出些微彷彿置身於考古挖掘場的感覺。
有一天下午,我想,大概是那股霉味,令我想起1982年我在科
羅拉多大學圖書館打工一個月的那段歲月。那天下午,我正在哥
倫比亞大學圖書館某個冷清的角落,搜尋一本老書,感覺有點迷
失,有點彷彿患了幽閉恐懼症似的。突然間,腦裡蹦出一個名
字:賴利‧夏彤。我猜,他是我在圖書館打工時的上司。我見過
他一次,老好人一個,只是我甚至不曉得自己知道他的名字。但
還是一樣,當時在我的心眼裡,我看到他在我們那一次見面後走
開的背影,我甚至看見他的帆船鞋後跟已經磨損了。

愈常提取記憶,記得愈牢

　　見過一面、一雙破鞋,完全沒有意義!但是我必定知道他
的名字,而且我必定是把看他離開的印象儲存起來了。天曉得我
為什麼要記得那項資料?因為在我的生命中,曾經有一度它很重
要。而忘以致學理論告訴我:如果我把它存儲起來,它永遠都會

在那兒。沒錯，記憶是永遠不會「遺失」的，沒有所謂淡忘了、消失了。應該說，它只是目前無法提取。它的提取強度很低，或甚至是接近零。

從另一方面來看，提取強度所計算的是「某件資料有多容易浮現在腦裡」。同樣的，它也會因為研讀及應用而增強。然而，如果沒有加強，提取強度會很快下降，而且它的容量也相對較小（與存儲相比）。任何一個時間點，對於任何線索或提醒的相關事物，我們能記得的數量都很有限。

譬如說，在公車上聽到呱呱叫的電話鈴聲，我們心中不由就會想起也有同樣電話鈴聲的朋友，以及好幾位應該要回電話的朋友。呱呱叫的電話鈴聲也可能讓人想起更早以前，家裡的小狗在湖邊追逐一隊小鴨的情景；或是想起你生平第一件雨衣，亮黃色的，帽兜上帶著一片鴨嘴板。成千上萬個與呱呱聲有關的聯想，有些在形成時是有意義的，但現在完全不知去向。

與存儲相比，提取強度更容易改變。它可以快速建立，但也可以快速減弱。

我們不妨以下面這種方式來思考存儲與提取：想像有一場大派對，裡頭的賓客都是你在這輩子見過的人（他們的年齡停留在你最後一次見到他們時），包括：媽媽和爸爸、小學一年級的導師、隔壁的新鄰居、大二教你駕駛課的教練，他們齊聚一堂，打成一片。提取的意思是，你能多快想到他們的名字。存儲則相反，意思是他們對你來說有多熟悉。媽媽和爸爸，那自然是忘不了的（提取強度高，存儲強度也高）。小學一年級的老師，她的名字一時想不起來（提取強度低），但是站在門邊的那人絕

對是她，錯不了（存儲強度高）。相反的，剛剛自我介紹過的新鄰居（賈斯丁和瑪利亞，提取強度高），但是他們對你來說還不熟（存儲強度低），明天早晨，他倆的名字將會比較難想起來。至於那名駕駛課教練，名字不容易想起來，而且他如果混在人群裡，也不容易認出來。駕駛課只上了兩個月（提取強度低，存儲強度也低）。

別忘了，單是「搜尋並叫出每個人的名字」這個動作，便可以增加兩者的強度。小學一年級的老師，一旦經過重新介紹，現在就變得很容易提取了。這是因為遺忘的「被動衰減」那一面，提取強度會隨著時間而減弱。（再幫讀者提取一下記憶：遺忘還有主動的那一面，是在主動過濾資訊。）忘以致學理論說，只要該項事實或記憶被重新提取，將有助於更深刻的學習。再一次，我們不妨從建構肌肉的觀點，來思考忘以致學理論。做引體向上的動作，會引發肌肉裡的組織崩解，經過一天的休息後，肌肉組織會強化，讓你在下一次做這個動作時，更為有力。

騰籠換鳥，轉換技能

還不只是這樣。你愈是費力提取一個記憶，後續的提取強度及存儲強度（也就是學習）就會愈高。畢約克將這個原理，稱做**有益的困難**（desirable difficulty），而它的重要性，在接下來要討論的部分會變得更明顯。那位駕駛課教練，一旦被你認出之後，就遠比先前熟悉多了，而你可能會記起一些關於他的事，一些你忘記你曉得的事：不只是他的名字和綽號，還包括他那扭曲的微

笑，他最喜歡用的字眼。

　　畢約克主張，大腦發展出這個系統是有原因的。在大腦的年輕時代，也就是人類老祖先還在狩獵採集的時候，大腦就在不斷更新它的心智地圖，以適應變遷的氣候、地形以及天敵。大腦演化出提取強度，是為了快速更新資料，讓我們隨時取得最重要的細節。大腦必須活在當下。反觀大腦演化出存儲強度，是為了在需要時，能夠重溫老把戲，而且速度要快。季節會過去，但是明年還會再來臨；天敵與地形也是一樣，都會再出現。存儲強度是在替未來做準備。

　　「穩定的存儲」與「反覆無常的提取」的組合（有如龜兔賽跑），對於現代人的生存，同等重要。譬如說，生長在北美地區的小孩，從小就要學會說話時直視對方的眼睛，尤其是對師長或父母。但是成長在日本的小孩完全相反：眼光要往下看，尤其是面對權威人士。想要成功轉換文化，我們必須阻擋（或是遺忘）原本的習俗，快速吸收並演練新的習俗。原本的做法幾乎是忘不掉的；它們的存儲強度極高。但是阻擋它們，以過渡到一個新文化，可以降低它們的提取強度。

　　這種轉換，甚至有可能攸關生死。舉個例子，一名澳洲人搬到美國去，一定得學會靠右邊開車，而不是靠左邊，這和他原本的駕駛本能完全顛倒。這裡沒有容許犯錯的空間；做一場墨爾本的白日夢，醒來車子可能已經摔進了水溝。還是一樣，記憶系統必須忘記舊日的本能，以挪出空間，容納新的本能。

　　而且還不只這樣。如果二十年後，我們這位澳洲人開始想家，又搬回澳洲，他將必須再轉換回靠左開車。不過，這次轉

換將比第一次容易。老的本能全都在，而它們的存儲強度依然很高。老狗可以很快重新學會舊把戲。

「就好像某些能覆蓋或擦掉過時記憶的系統，」畢約克寫道：「擁有這些無法提取、但依然儲存著的記憶，有很重大的益處。由於這些記憶目前不能提取，所以它們不會干擾當下的資訊與程序。但是因為它們依然存在，所以在某些情況下，仍然能夠重新學習。」

於是，對於「學習新技能」以及「保存並重新習得舊技能」來說，遺忘都是很關鍵的。

遺忘能深化學習效果

現在，讓我們再回頭來看看巴拉德這位老朋友。他的學生所接受的第一次測驗，不只衡量他們記得多少〈金星號的殘骸〉那首詩，同時也增強了他們所記得詩句的存儲強度和提取強度，讓它更扎實固著在記憶中，而且也比測驗前更容易提取。

兩天後，突然又被考一次同樣的測驗，他們在第一次測驗中記得的句子，大部分都很清楚而且很快就想起來，結果是：他們的大腦有時間去搜尋更多的字彙，利用已記得的詩句做為梗概，做為半完成的拼圖，做為抽出更多詩句的一團線索。畢竟這是一首詩，裡頭充滿了意象和含意，正是能展現最強勁的「回憶」效果的素材。

瞧！他們表現得更好了。

沒錯，金星號最終將沉沒，如果大腦不再去想它，而且它的

提取強度也將趨近於零。但是第三次測驗，以及第四次測驗，將
會讓這首詩更豐富的固定在記憶中，因為大腦被定期要求去使用
這首詩，大腦會繼續在這首詩裡搜索模式，每次測驗可能又會多
抽出一句或半句來。如果一直這樣考下去，最後是否會全都記起
來（即使第一次測驗時只記得一半詩句）？不太可能。你能多想
起一些，但不是全部。

　　你不妨自己試試看，在一、兩天之後，在不要偷看詩句的情
況下，盡可能寫下〈金星號的殘骸〉。讓這次的測驗時間和第一
次測驗一樣長，然後比較結果。如果你和大部分人一樣，那麼你
第二次測驗的成績肯定會略微進步。

　　使用記憶，能夠改變記憶，而且會讓記性變好。遺忘能促進
並深化學習，藉由過濾令人分心的資訊，同時也藉由讓某些東西
崩解，在重新使用之後，會使得提取強度及存儲強度都比原來更
高。這些是從大腦生物學與認知科學中浮現的基本原理，它們是
接下來各種即將登場的學習技巧的基礎，而且還能幫助我們了解
那些學習技巧。

第 3 章

破除所謂的好習慣

學習過程中的情境效應

　　別忘了補充大腦維他命。

　　讀大學的時候，這是大家流行的考前叮嚀，至少我們這一群經常光顧城中那家嬉皮藥店的人是如此。你瞧，櫃檯後面架子上，排在小瓶褐色漿液、蓮子和大麻膏之間的，是一些標示著「念書大補丸」（Study Aid）的小瓶子，它背面的標籤上，列出一堆藥草、植物根莖、纖維、以及天然萃取物的名字。

　　這裡頭比較沒有那麼神祕的成分，就是「速率」了。

　　一劑藥可以讓人信心與動機爆衝，支撐起一個晚上的專注苦讀。這是它有利的一面。不利的是，連續服用幾個劑量，會出現精力大退縮，陷入一場突然的、無夢的熟睡。這時，如果你正在操作重機械，或是進行一場時間很長的考試，可就不妙了。原本你只打算瞇一瞇眼睛，不料卻睡昏了，鉛筆掉到地上，最後可能會在「時間到，請交卷」的聲音中驚醒。

　　講到底，「別忘了補充大腦維他命」的叮嚀，意思是要保持清醒。如果沒把握，那就在終點衝刺前，再補它一劑。然而，隨著青春歲月逐漸耗去，我開始好奇這裡頭是不是還有些別的。當我服用大腦維他命來讀書時，我會出現一些傻兮兮的狂放，我會自言自語、來回踱步。等到快要考試前，我想要重拾那種瘋狂的精力，我想要聽見內心的自我對話，想要和那些考試內容產生連結。我開始想（我們全都在想），考前服用「念書大補丸」可以促進那種連結。它不只能讓我們保持清醒，它還讓我們感覺心裡更接近先前所苦讀的東西，因此讓我們覺得自己記得更多。

　　我們確定這是真的嗎？當然不是，我們從未嚴謹測試過──即使我們想測試，也不知道該如何去測試。然而我們卻覺得自己

握有一個幸運符，有辦法讓我們的腦袋在應考時，境況和我們苦
讀時一樣。而且它也是不可或缺的，尤其是在大考週，往往兩、
三科考試的時間落在同一天。那樣的壓力，會讓人更容易陷入最
壞的習慣，不論那是巧克力或香菸，大腦維他命或咬指甲，狂飲
健怡可樂或更烈的飲料。當我們以這種心理上的求生模式，來認
真準備考試時，深信「來一劑心愛的念書大補丸，能改進考試成
績」，可以令人深感安慰。而我們也確實如此。

　　「頭腦的化學環境，」我們這樣推理：「我們要的是同樣的
頭腦化學環境。」

所謂讀書的好習慣

　　在那之後好長一段時間，我回顧那個所謂的補腦理論，總把
它視為純粹是腦袋在進行合理化的詮釋，是大學生心裡的自圓其
說發揮到了極致。在那段歲月，我們的荒誕理論可多了，關於約
會的、關於發財的、關於讀書的，如今我已經把整份名單都丟掉
了。但至今還是一樣，數以百萬計的學生，發展出同樣版本的腦
袋化學理論，而我認為它的吸引力之所以歷久不衰，根源應該不
只是學生一廂情願的想法。這個理論其實也非常吻合我們打從入
學第一天，就被告知的「讀書的好習慣」：要保持恆定性。

　　自1900年代起，恆定性始終是教育手冊裡的要旨，而這條
原理也已建構到我們所有關於優良讀書習慣的假設中。例如，我
們應該發展出一套儀式，一份每日讀書計畫，一個專門用來讀書
的場所和時段。換句話說，你得在家中或圖書館裡，安排一處安

靜的角落，以及一天當中某個安靜的時段，不管是早或晚。這些想法，至少可以回溯到清教徒以及他們在研讀經文時所抱持的態度——虔誠，而且這種要求迄今一點都沒有改變。

「選一個安靜、不會讓人分心的地方，」全世界最大的浸信會大學貝勒大學，它的學習手冊一開頭就這樣寫道，雖說任何一家機構的手冊都可能這樣寫。接下來，它又說：

「發展一套讀書的儀式，讓你在每次讀書時採用。」

「利用耳塞或耳機來阻擋噪音。」

「對任何試圖改變你讀書時段的人事物，說不。」

差不多就是這些內容，其實全都在講恆定性。

你若仔細想一想，念書大補丸的腦袋化學理論又何嘗不是如此？服用相同的維他命、或改變精神狀態的藥物，再來K書，然後應試，或許不怎麼像是清教徒，但它講求的也是恆定性。

這很合理，因為就很多方面來說，讀書過程如果被拆解得七零八落，的確只是浪費時間。這是無數學生吃盡了苦頭，才學到的教訓。此外，一般說來，我們應試時的精神狀態，如果和我們備考時一樣（沒錯，包括受到酒精或大麻影響的精神狀態，以及服用興奮劑的激動狀態），我們的考試成績也會比較好。

情緒、全神貫注、以及感覺，似乎真的很重要。譬如讀書時我們的感覺如何，身在何處，看見和聽見了什麼。關於這些影響的科學研究——所謂的內在情境與外在情境的科學研究，已經揭露了一些很微妙的學習面向，那是我們過去很少注意、甚至不曾注意過的事。我們可以擷取這些研究成果來利用，以便完善運用時間。而且隨著這類研究的進行，它也有效駁倒了恆定性教條。

測驗成績強烈取決於考試地點

故事的源頭，要從蘇格蘭小鎮奧本（Oban）外海海面下方二十英尺說起。

奧本位在馬爾海峽上，面對南赫布里底群島，是一處頂級的潛水地點。那兒很靠近美國輪船「朗多號」的沉船地點，朗多號在1934年沉沒，船頭朝下，坐落在一百五十英尺深的海底，吸引了眾多水肺潛水者來探險。另外，還有五、六艘沉船也在附近，像是1889年失蹤的愛爾蘭「賽西斯號」、1954年沉沒的瑞典船「西班牙號」。而且水道中還可以看到角鯊、烏賊、以及歸為裸鰓類的迷幻海蛞蝓。

1975年，就在這個地點，附近的史德林大學有兩位心理學家找來一批潛水人員，接受一項很不尋常的學習實驗。

心理學家哥登（D.R. Godden）和貝德禮（A.D. Baddeley），想要測試許多學習理論學家偏愛的一個假說：當我們回到先前研讀的環境，對於當時所研讀的內容，會記得比較多。這個想法和偵探小說裡常常出現的某些對話，意思其實差不多，例如「希金斯太太，讓我們回到命案發生的夜晚。現在請告訴我，你真正看到、聽到了什麼。」和這位偵探一樣，心理學家假設，研讀地點的特性，包括燈光、壁紙、背景音樂等等，能提供大腦線索，釋放出更多的資訊。差別只在於，希金斯太太想要重回的是一個戲劇性的場景，屬於「情節記憶」，而科學家則是把同樣的想法應用在事實上，應用在心理學家涂爾文（Endel Tulving）所謂的「語意記憶」上；這想法稱為**重建**（reinstatement），

　　「重建」的想法似乎有點牽強。誰會記得自己在研讀等邊三角形、或是離子鍵、或是《第十二夜》裡的主角薇奧拉時，耳機裡播放的是什麼音樂？而且當哥登和貝德禮審視心理學家的實驗時，發現「重建」的證據充其量只能說是薄弱。譬如說，有一個實驗要求受測者試著記憶耳機傳來的一份字彙表，當時他們站立著，把頭伸進一個箱子，箱子裡不斷閃現多重彩色光線（其中兩人因為出現噁心症狀，退出實驗）。另一個實驗，受測者遭捆綁在一片板子上，一邊研讀無意義音節；那塊板子像翹翹板似的，軸心有一點傾斜，看起來就像殘酷的校園惡作劇。

　　重建似乎有助於增強記憶，但哥登與貝德禮還是不能信服。他們想要更嚴謹的測試重建理論，希望能在一個不尋常、但是天然存在的環境裡做實驗，而不是由充滿想像力的心理學家所營造出來的環境。因此他們找來十八名水肺潛水者，要他們在水面下二十英尺處，研讀一份有三十六個單字的字彙表。研究人員將潛水者分為兩組。研讀後一小時，一組潛水者在陸地上接受測驗，另一組則穿戴裝備回到水底接受測驗，利用防水麥克風，和陸地上的評分人員溝通。

　　結果顯示，測驗成績強烈取決於考試的地點。在水底接受測驗的人，比起在陸地測驗的人，記得的單字量多出百分之三十。這個差距算是相當大，於是哥登和貝德禮結論道：「如果能重建當初學習時的環境，在那環境下應試，會記得比較多。」

　　在這個實驗裡，發揮提示功能的，或許是通過潛水面罩的連串氣泡，它們凸顯了研讀字彙的重音。或許是咬嘴裡有韻律的低沉呼吸聲，或是氣瓶重量，加上周邊游來游去的海蛞蝓。又

或是，因為那些語意記憶變成了情節記憶的一部分（在潛水時學習）。也可能以上皆正確。總之，重建似乎很管用：至少對於在水底學習很管用。

原本看起來頗為雜亂的「情境對記憶之影響」，好在有奧本實驗適時提供了一些安慰與鼓舞。這類實驗採用的研讀材料，幾乎總是字彙表或字詞對，而測驗也總是採取自由回憶的方式。譬如說，在某次研究調查時，受測者研讀一份寫在藍灰色紙片上的無意義音節，結果當受測者考試時，如果紙卡也是藍灰色，他們記得的數量（比考試紙卡非藍灰色者，例如紅色）多出了百分之二十。在另一個實驗，學生接受測驗時，主考官如果就是當初教導考試素材的人，成績比主考官沒有特定屬性的學生群，高出百分之十。

太安靜的讀書環境，未必有利

心理學家史密斯（Steven M. Smith）做了一些堪稱這個領域最有趣的實驗，其中一個實驗的細節，頗值得我們注意，因為那些細節顯示了科學家如何衡量和思考所謂的情境線索。

1985年，德州農工大學的史密斯聚集了五十四名心理學概論課堂上的學生（他們是心理學家最常用的「實驗動物」），要他們研讀一張由40個字組成的單字表。史密斯將學生分成三組：一組在安靜的環境下研讀，一組則播放傑克遜（Milt Jackson）的爵士樂〈人讓世界運轉〉做為背景音樂，第三組聽的是莫札特C小調二十四號協奏曲。當受測者進入指定教室時，音樂已經在播

放了，而他們也沒有理由認為音樂和實驗有關。他們花了十分鐘記憶單字表，然後就離開了。

兩天後，學生回到教室，在事先沒有預警的情況下，接受測驗，看他們能自由記憶多少單字。但這次，史密斯幫許多人的背景音樂做了調整。他將三組學生再細分成更多組。先前聽爵士樂的人，某些還是在爵士樂相伴之下接受考試；另外一些改聽莫札特；還有一些則是在安靜的環境下考試。原先聽莫札特或是安靜環境下的學生，也是一樣：部分在相同背景下應試，部分改在其他兩種背景下應試。其他一切不變。

一切不變，只除了分數。

史密斯發現，那些在研讀時聆聽傑克遜爵士樂，而且考試時也是同樣背景音樂的人，平均記得21個字彙。這個數值，是研讀時聆聽傑克遜，但考試時改聽莫札特或不聽音樂的人的兩倍。類似的情況，研讀時聆聽莫札特的人，在莫札特音樂背景下考試所記得的單字，幾乎是在爵士樂或安靜背景下考試的人的兩倍。

關鍵句在這裡：對於所有在相同環境背景下研讀和考試的人，「安靜—安靜」組的成績最差。平均而言，他們記得的字彙大約只有「爵士—爵士」組或「古典—古典」組的一半（11比20）。

這真是奇怪，而且它引發了另一個意外的問題：安靜，是否會以某種不明方式妨礙記憶？答案是否定的。如果真是這樣，那些在研讀時聆聽爵士樂的人，如果在安靜背景下考試，成績應該會比研讀時聆聽莫札特的人差。但是他們並沒有。

那麼，這又該如何解釋呢？

　　考試成績較高的，和重建理論相一致：背景音樂會在不知不覺當中，把自己編織到存儲的記憶中。用同樣的音樂來提示，更多的字彙可能浮現出來。但是，「安靜—安靜」組的較低成績，就比較難解釋了。史密斯主張，它們可能是因為**缺乏**提示線索來重建。

　　「那些缺乏背景音樂的學生，就像缺乏其他刺激，比如說痛苦或食物，他們並沒有特別將缺乏背景音樂編入記憶中，」他這樣寫道。也因此，和在音樂背景下研讀相比，他們的研讀背景很貧乏。

每個人都有獨特的情境線索

　　當然，史密斯及其他人的這類實驗本身，並沒有告訴我們如何研讀。我們無法在考試時播放個人的提示音樂，我們更不可能跑去翻修考場，換上和我們研讀時同樣的家具、壁紙或氣氛。而且就算可以這麼做，我們也不清楚，哪些線索是重要的。但還是一樣，這項研究建立了幾個觀點，有助於發展一項研讀策略。

　　首先，我們以前對於學習環境的假設就算不是錯誤的，也值得懷疑。在研讀時，讓背景裡有些東西，例如音樂，好過沒有東西。（以後別再提什麼讀書的房間必須很安靜、不能有音樂。）

　　第二個重點，研讀經驗具有更多的面向，多於我們注意到的，其中有些可能對記憶具有衝擊。科學家描述的情境線索，諸如音樂、燈光、背景顏色等等，經常含糊得令人氣惱。沒有錯，它們是潛意識的，通常難以追蹤。不過，當它們在我們的生活中

發揮功效時，還是有可能辨認出來。請試著回想一個例子，一個你**真正記得**在何時、何地學會某件事的例子。我指的可不是當你獲選為高中校隊或舞會皇后的事。我指的是一件有事實根據的語意記憶，例如，是誰暗殺了斐迪南大公，或是蘇格拉底是怎麼死的，以及為何會死。

對我來說，這樣一個例子發生在1982年的某個深夜，當時我在大學的數學館裡讀書，準備一場考試。在那個年代，數學館整夜開放，你可以隨意進出，選一間教室來用。你可以躺平，你可以用黑板，而且沒有室友會突然殺進來，帶著啤酒或其他誘人的東西來找你鬼混。我經常這樣做，而有時候，除我之外，那棟樓裡只有另一名老人在廳堂間閒逛，他雖蓬頭亂髮，但是人很和氣，以前是教物理的。他偶爾會逛到我的教室來，隨口說幾句類似這樣的話：「你知道石英為什麼會用在手錶裡？」我會說不知道，然後他就會解釋一番。他出身物理學界，他很有料，有一天晚上他又逛了進來，問我知不知道怎樣用幾何圖形推導出畢氏定理。我說不知道。畢氏定理是數學裡最有名的方程式，內容是：直角三角形的兩個短邊的平方相加後，等於斜邊的平方。它存在我腦袋裡的形式為 $a^2 + b^2 = c^2$，但是我對於自己在什麼地方學會了它，毫無頭緒。

然而，那天晚上我學會用一個簡單的方法，也是一個漂亮的方法，去導出這個定理。而我，直到現在還能看見當時那人的衣著（藍色休閒褲，腰帶拉得很高），聽見他的聲音（依稀聽見，因為他說話很含糊），以及清楚記得他把該圖形畫在黑板哪個位置上（左下方角落）。

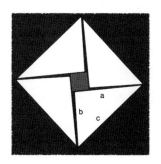

　　證明是這樣完成的：先計算大正方形的面積（c^2），讓它等於內部幾個小幾何圖形面積的總和，亦即4個三角形的面積（$1/2 \times b \times a \times 4$）加上內部小正方形的面積（$(a-b)^2$）。你來試試看。把等式右邊簡化之後，看看會得到什麼結果。任何時候，我只要獨自坐在某間燈光昏暗、類似教室或會議室的地方，我就會記起它。那些線索，把我對於那天晚上以及該項證明的記憶，統統帶了回來（雖說要把那幾個三角形放對位置，得費一番功夫）。

　　那些都是情境線索，尤其當你是有意識、而且可以看得到的時候。我之所以記得，是因為那也是某個場景（某種情節記憶）的一部分。科學告訴我們，至少在保存新事實方面，潛意識是很有價值的。雖然不一定總是如此，或不盡然全都如此，譬如當我們淹沒在分析工作中，它們就會小到可以忽略。但是那又怎樣？關於學習，我們能占多少優勢，就盡量去占吧。

　　對於那天晚上，我還記得另一些事。通常在這位物理世界裡的幽靈前來探訪時，我不見得都很有耐心。我要忙的事太多了。

關於石英特性的講解，聽不聽，對我都沒差別。然而那天晚上，我大部分要讀的書都已讀完，心情特別開朗。我很開心坐在那裡聽講，甚至連他的抱怨「現在的物理系學生，完全沒學過這類東西⋯⋯」也一併聽了進去。

那個情緒也是我當時的環境背景的一部分，不是嗎？它一定是！因為我記得。若非心情好，我不會乖乖坐在那裡聽講。如果心理學家對重建景象與聲音的理論是正確的，那麼他們必須去證明，重建理論也同樣適用於內心狀態（像是嫉妒、焦慮、暴躁、自信），適用於所有奔流過我們腦海的情緒。

問題是，如何證明？

當認真的科學家碰上認真的吸毒者

所有在學生時代經歷過慘烈分手的人，絕不會懷疑心情對學習的衝擊。心情會影響我們所做的每一件事，而且當情緒暴走的時候，更是能決定我們會記得什麼。

最清楚的證明來自精神病，以及與躁鬱症有關的研究。罹患這類病症的人，是情緒世界的極限運動員。他們的心情不斷在快活、狂熱的活動，以及黑暗、動彈不得的憂鬱症週期之間循環擺盪，而他們太了解這些週期會決定自己記得什麼、以及不記得什麼。「這種瘋狂，含有一種很特別的痛苦、狂喜、寂寞以及恐怖，」心理學家傑米森（Kay R. Jamison）寫道，她本人就被診斷出躁鬱症。「在你高昂時，一切妙不可言。點子和情感，又快又多，好像流星似的，於是你追著它們跑，直到發現更好、更亮

的。但是在某個時點，情況變了。快速的點子，太快速了，數量也未免太多了；這時，頭暈腦脹的困惑，取代了清明。記憶也消失了。」

事實上，科學家在1974年的一項研究中證明，躁鬱症的人具有依狀態而定的記憶：對於躁症週期發生的事，他們記得最清楚的時候，就是他們再度發生躁症時。反之亦然：在鬱症發作時，他們記得以前心情低落時的事件和學到的概念。正如該項研究計畫的主持人所說：「聯想或是情節事件……在類似的心情狀態下再生，可能會比在不同心情狀態下再生，更為完整。」

但躁鬱症是特殊狀況，學習科學家幾乎不能靠它來衡量情緒對一般人的影響。對大部分人來說，心情高高低低，會影響我們的經驗，而不是界定我們的經驗。心情起伏對記憶的衝擊，就算真的很顯著，也遠比它們對躁鬱症患者的衝擊來得小。想要嚴謹衡量這種衝擊，意味著必須以可靠且持續的方式，在好幾群人身上誘發出同樣的心情。這太困難了，因此學習科學家開始不再把焦點放在心情本身，而是放在不同的「內在精神狀態」的影響上，尤其是變異的意識狀態。

畢竟那是1970年代，當時幾十萬名年輕人都在嘗試改變意識的藥物，主要是LSD和大麻。這些為了好玩偶爾吸毒的人，許多都是大學生，他們的興趣並不在於這些藥物對成績的影響，他們只是沉迷於享樂。然而還是有各種謠傳，說這類藥物可能有助於學習。據說，致幻劑具有「心智擴張」的效果，能夠用新的思考方式來看世界；大麻可以讓大腦看見以前無法見到的關聯（通常太多了，結果導致午夜時分做出一堆蠢事）。很顯然，變異的

意識狀態會強化經驗；而它們是否也可能強化記憶？

　　關於「內心讀書環境」的嚴謹研究，是從藥物開始的，是那種為了好玩而服用的藥物。而它最主要的贊助者是美國政府，大約始於1970年代初，贊助了一系列的研究，名稱可能叫做「受到影響的研讀」。在那個時候，已有一些零散的研究報告認為，某些藥物，像是巴比妥鹽及酒精，能製造出適量的所謂「情境依賴的學習」（state-dependent learning），也就是「念書大補丸」效益。政府支持的科學家想要釐清這個狀況。

　　這些實驗通常遵循一份類似的藍圖：先讓受測者興奮起來，並要求他們研讀某些東西，然後要他們在幾個小時之後接受測驗──某些人是真的再度亢奮，某些人則只是攝取安慰劑。我們將會仔細審視其中一項研究，來顯示：當認真的科學家碰上認真的吸毒者，會激發出什麼樣的結果。

大腦就像一位眼神閃爍的餐友

　　1975年，一支研究小組在美國國家心理衛生研究院艾瑞克艾肯（James Eric Eich）的領導下，開始測試大麻對記憶保存的效應（又是採用字彙表），同時也想了解藥物如何改變大腦對新學到的資訊的處理。

　　研究人員徵召了三十名大學在校生和剛畢業的學生，把他們帶到實驗室，每人發一根大麻菸。其中半數人拿到的是真菸，半數人拿到的是「安慰劑大麻菸」──看起來和聞起來都很逼真，只是不含作用成分麻酚（THC）。

「受測者深深吸一口菸，維持十五秒鐘，然後每六十秒鐘重複一次這個動作，」論文作者寫道：「吸完整根菸，在菸嘴的輔助下通常需要大約八分鐘。」參加者可不是新手，平均說來，受測者每星期約吸食五次大麻。二十分鐘後，那些吸食純大麻的人產生中等程度的亢奮，這是根據他們自己的評估及生理數值，像是脈搏率。那些吸到安慰劑的人，則沒有顯示同樣的生理變化。

這時，所有三十名受測者都開始研讀。

他們領到好幾張字彙表，要在一分半鐘之內，嘗試記憶 48 個字彙。這些字是按照分類條目，一組一組出現的，例如「一種交通工具：街車、巴士、直升機、火車」，或是「一種樂器：大提琴、風琴、喇叭、班鳩琴」。這些條目也是該實驗操控的一部分。在試圖記憶一長串物品時，我們都會尋找箇中模式，把那些看起來或聽起來相似的東西，或是感覺有關聯的東西，集成一群。科學家想要觀察，吸食大麻是否會影響我們事後回想資訊的時候，所採用的這些高階線索，因此他們也提供條目。等到九十秒鐘的時限一到，字彙表就給收回去了。

四個小時之後，當藥效漸漸退去，受測者返回實驗室，又吸了一根菸。有些在第一次吸到真菸的人，這次吸到安慰劑，反之亦然。其他人則是兩次都吸食同類型的菸。二十分鐘之後，在沒有更進一步研讀的情況下，他們接受考試。

其中有些人接受**自由回憶測驗**，盡可能寫下他們想得起來的字彙。另外一些人則接受**線索回憶測驗**，考卷上可以看到線索條目，例如「一種交通工具」，然後在該條目下，盡可能寫出所有記得的字彙。果然，在自由回憶測驗，兩次都吸食真大麻的人記

得的字彙，比研讀時吸食真大麻但考試前吸食安慰劑的人，多出百分之四十。反過來也成立，只是程度比較輕：研讀時吸食安慰劑的人，若考前還是吸食安慰劑，成績會超過考前改吸真大麻的人。受測者的大腦在研讀和測驗時，如果處於相同狀況，他們的記憶會運作得最好，不論該狀況是亢奮，還是不亢奮。

　　怎麼會這樣呢？線索回憶測驗（列出條目的那種）可以幫忙提供答案。這項測驗的分數一律很高，不論學生是在何時抽何種菸。這項發現暗示，當大腦處在中等亢奮或是不亢奮時，儲存的差不多是同樣數目的字彙；但是大腦必須以不同的方式，組織那些字彙，以備事後提取。最能清楚想起提取關鍵（retrieval key）的時候，是大腦處於相同狀態的時候，不論是用藥狀態還是清醒狀態。然而，當目錄被印出來，白紙黑字擺在眼前時，提取關鍵就多餘了。它變得沒有必要，因為外界就有一個現成的。正如論文作者寫道：「是否方便取得提取線索（它們被編碼到與藥物相聯的狀態中，例如由適量大麻所造成的狀態），似乎部分取決於回復到那份記憶存儲時的狀態。」

　　此外，這項大麻安慰劑的研究也給了我們一個概念，關於這些藥物引發的內在記憶線索，到底有多強。其實並沒有多強。只要給一點真正的暗示，像是條目名稱，很容易就壓過內在線索。事實證明，眾多科學家日後陸續針對酒精及其他藥物所做的研究，此一結果同樣成立：內在線索與外在線索可能成為理想的提醒，但是一碰上強烈的暗示，它們就相形失色了。

　　從所有外在線索與內部線索的研究中，這個好學的大腦的個性，逐漸浮現出來了：大腦就像一位眼神閃爍、和你共進晚餐的

人。大腦會跟隨談話主軸（例如家庭作業、樂譜、客觀事實）的不同，有時會表現得非常投入。但在同時，大腦久不久便要快速的四處張望，觀察整個房間，概略整理一下周遭的景象、聲音、氣味，以及它自己的內在反應，它的感情和感覺。這些外在和內在的特徵（背景音樂、一根閃爍的蠟燭、一股饑餓感）能幫助我們的大腦事後回想交談的重點，尤其是針對新話題。但還是一樣，如果有強烈的暗示，效果會更好。

再一次，我從「利用幾何來證明畢氏定理」的角度，思考這一點。回想三十年前那天深夜數學館裡的情景，我可以開始重現這項證明，但是就像我說過的，我需要一番摸索，才能把幾個三角形的位置搞定。然而，如果有人畫出該圖的部分圖樣，這項記憶會立刻恢復。由部分線條所提供的強烈暗示，勝過重建當年學習環境所提供的比較弱的線索。

如果有這麼一個世界，在我們需要暗示時，就能提供強烈的線索，這個系統就太理想了。就好像每當我們必須參加考試時，如果我們能輕易把環境重建為我們研讀時的樣子，輸入相同的背景音樂，選擇相同的午后光線，以及相同的心理狀態──讓所有內在與外在特徵都回到大腦最初研讀考試材料的樣子，那就太好了。

這也可以用來形容那些「念書大補丸」：我能控制地點、時間和數量，而且我也相信這些大腦維他命能在我最需要的時刻，將更多資訊堆積到我脆弱的腦袋中。對於興奮劑及其他藥物會成為這麼多人的心理依靠，理由和科學家用它們來做實驗的原因相同：它們能快速、可靠的重建某個特定的心理狀態。

但是還有一個更好的方法。有一個辦法可以探討內在線索及外在線索的效應，但卻不需要賭上任何環境，或是仰賴任何藥物來加持。

史上記憶力最強的人

請看下面這張表，看你能否找出任何模式，讓這些數字與字母在記憶中歸屬不同的小組：

6	6	8	0
5	4	3	2
1	6	8	4
7	9	3	5
4	2	3	7
3	8	9	1
1	0	0	2
3	4	5	1
2	7	6	8
1	9	2	6
2	9	6	7
5	5	2	0
x	0	1	x

投降了嗎？應該的。這張表根本沒有任何存儲模式，因為寫出這張表的人，刻意要讓它不具備任何模式。他把它設計成這樣，為的就是要盡可能挑戰我們的記憶，它是一個隨機採樣。

　　1920年代中期，蘇聯莫斯科大學的神經心理學家魯利亞
（Alexander Luria）正在研究記憶時，遇到一位姓氏為舍雷舍夫斯
基（Solomon Shereshevsky）的新聞記者。舍雷舍夫斯基在一家報
社工作，而他的某些行為讓編輯起了疑心。每天早晨，編輯部都
要開會討論當天的行程，例如採訪重大事件、人物、以及編輯想
要追蹤的有潛力的新聞。記者全都仔細做筆記，只除了舍雷舍夫
斯基，他甚至連筆記本都沒帶。上司認定他是個懶骨頭，當面斥
責他。

　　我不需要寫筆記，舍雷舍夫斯基回答，我記得住。他把當天
上午分派的一長串工作細節都複誦了一遍，毫無差錯。而且不只
當天的會議，他也記得前一天的會議，乃至再前一天的會議。他
說，他就是會記得。編輯嚇了一跳，這種表現太不尋常了，因此
他建議舍雷舍夫斯基去找魯利亞。

　　於是，一段著名的合作關係就此展開。在接下來四十年中，
魯利亞一再測試舍雷舍夫斯基（為保護他的隱私，魯利亞簡稱他
為 S.），最後，針對這個世界上已知最強、最仔細的記憶之一，
進行了全面性的探討。S. 的記憶天分，似乎無法解釋。隨便給他
一個隨機的數字陣列，讓他研讀十五分鐘，過了一星期或是一個
月、甚至十年之後，他還能記得整個數字陣列。

　　他這種能力也適用於字彙、詩以及短篇閱讀選集，不論是以
母語俄文寫成，還是他完全陌生的外文，像是義大利文。魯利亞
對 S. 的記憶力的密集訪談，詳細記錄在他的著作《記憶大師的心
智》中，這本書揭露了 S. 有一種叫做聯覺（synesthesia）的狀況：
不同的知覺會互相混淆，而且異常鮮活。聲音有形狀、有顏色，

字母有味道、有香氣，「甚至連數字都能讓我想到影像，」S. 告訴魯利亞：「就拿數字1來說，這是一個驕傲的、健壯的男子。2是一個生氣蓬勃的女子，3是一個陰沉的人⋯⋯至於數字87，在我眼中，它是一個胖女人和一個正在捻鬍鬚的男人。」S. 會把一個不尋常的數字線索，加到每一個他所記憶的事物上，包括內心產生的影像與學習環境中的細節，像是魯利亞的聲音。

　　舍雷舍夫斯基對於字彙、數字以及聲音的記憶，是這麼的完整，事實上，某項表現往往會侵入另一項表現，尤其是當兩者發生在相同地點，沒有情境差異時。他必須努力阻擋相關的資料。「把某些東西寫下來，意味著我將知道我不必記得它，」他告訴魯利亞：「所以我開始這麼做，把一些小事寫下來，像是電話號碼、姓氏、小差事。但是沒有用，因為在我心裡，我依然持續看到我寫下的東西。」他缺乏一個遺忘過濾器，這經常令他感到懊惱。

　　1939年5月10日，魯利亞要舍雷舍夫斯基研讀他設計出來的一個數字字母陣列。S. 審視了三分鐘。經過短暫休息後，他完全無誤的將它背誦出來，一行一行的、一列一列的，甚至可沿著對角線背誦出來。幾個月後，魯利亞再度考他同一個陣列，沒有事先預警，「兩次表現唯一的差別，就只有第二次他需要比較長的時間，來『還原』最初進行這場實驗的情境，」魯利亞寫道：「來『看見』當初我們坐在裡面的房間，來『聽見』我的聲音，來『重製』一個他自己看著黑板的影像。」S. 重回5月10日研讀的那個時段，以便回想起那個陣列。

　　舍雷舍夫斯基是個奇人，而他的方法，我們大部分人是辦不

到的。我們無法讓當初的研讀環境還原到如此詳盡的程度，就算
我們可以，我們還是不可能讓整個陣列倒轉回第一次見到時那般
清楚。我們的腦袋是用不同的方式運行的。不過，像 S. 這樣利用
多重知覺（聽覺、視覺、感官），暗示我們可以怎樣利用情境。
我們能夠很輕易將多重感覺與某個特定記憶相連——最簡單的，
莫過於變換我們的研讀地點。

不要固定在同一地點研讀

單純改變地點，對回憶能產生多大幫助？

在1970年代中，三名心理學家做了一場實驗，回應這個問
題。史密斯、畢約克以及另外一位心理學家格倫柏格（Arthur
Glenberg），當時都任職於密西根大學，他們想知道，如果人們
研讀同樣的材料兩次，分別在不同地點，會產生什麼結果。

他們讓一群學生研讀一份字彙表，上面有40個單字，都是
由四個字母所組成，例如ball和fork。其中半數學生分兩個時段
研讀這份字彙表，兩個時段之間，隔了幾個小時，都是在同樣的
地點，要不是在一間狹小、凌亂的地下室，就是在另一間整潔、
有窗戶俯瞰庭院的房間裡。另外半數學生則在兩個不同地點研
讀：一次在狹小無窗的房間，另一次則在整潔有窗戶俯瞰庭院的
房間。兩組學生，同樣的字彙，同樣的順序，同樣長的時間。其
中一組兩次都在相同環境，另一組在兩個截然不同的環境。

「我把我自己，也就是主持實驗的人，也視為環境的一部
分，」史密斯告訴我：「在無窗的地下室裡，我的穿扮就像平常

的樣子，亂亂的長髮、法蘭絨襯衫、建築工人穿的靴子。換到現代會議室裡，我會把頭髮往後梳理整齊，打上領帶，穿上我爸爸參加我的成年禮時所穿的西裝。有些在兩個地點都研讀過的學生，竟然以為我是不同的人。」

在第二節研讀過後，學生幫每個字彙評分，看看它們能激起的正面或負面聯想有多強烈。這其實是一個詭計，要給他們一個印象：他們已經完成這場與字彙有關的實驗，以後沒有理由再去思考或練習這些字彙了。事實上，他們還沒完。在這個實驗的第三階段，也就是三小時過後，研究人員要求這些學生在十分鐘內，盡可能寫下他們記得的字彙表上的單字。這次測驗進行的地點，是在第三個、「中性的」房間，一間很普通的教室裡。這裡沒有任何重建，完全不同於之前的情境研究。第三個房間是受測者之前從未進入過的教室，而且和他們研讀過的兩個房間也一點都不相似。

考試成績的差異大得驚人。在同一個房間研讀的小組，平均記得40個單字中的16個。在兩個房間裡研讀的小組，平均記得24個字。只是一個單純的地點改變，就能改進提取強度百分之四十。又或者，正如史密斯的說法，這項實驗「證明回想能力的明確改善，伴隨環境情境的變動而來。」

沒有人確知為何換一個房間能夠回想得更好，勝過待在同一個房間。其中一個可能在於，大腦在一個房間幫某群字彙所編的子集，會稍微不同於在另一個房間所編的子集。這兩個子集會重疊，而兩個子集勝過只有一個子集。又或者，在兩個不同房間裡練習，會讓所有研讀過的單字、事實或概念的相關情境線索，變

成兩倍。譬如說，在某個房間裡，米色的牆壁、日光燈、以及成堆的書本，影響了fork這個單字；在另一個房間，fork則與窗外照進來的自然光、庭院中的老橡樹、以及空調發出的嗡嗡聲，纏繞在一塊。於是材料埋藏在兩個感官層次中，而這可能讓大腦至少多出一個機會，去還原研讀時的環境，以提取相關的字彙或概念。如果一號門不靈光，它能再試二號門。

我們平常就不斷在做這種事，譬如說，當我們試圖去回想某個明星的名字時，我們會找出他最新影片的場景：啊，那是他的臉，但是沒有名字。於是，我們又回想他的臉出現在報上的樣子，他在電視節目裡客串的樣子，甚至想到我們曾經看到他在舞臺上的樣子。我們利用好幾片「心理透鏡」，來找出他的名字，以及一般說來，更多的細節。

應當隨意變換讀書方式

在那之後，史密斯開始採用數位方式做研究。他改用很短的影帶片段來營造背景情境，而不再把學生從一間教室趕到另一間教室。

在一個典型的實驗中，史密斯把受測者分成兩組。第一組要研讀，譬如說，20個非洲斯瓦希理文（Swahili）的字彙，可以練習五節，每節十分鐘。字彙呈現在一片電影銀幕上，一次一個單字，背景永遠是同一個無聲的畫面，例如一座火車站，所有五節都是如此。這一組稱為「相同環境」條件。第二組也研讀同樣的字彙，而且也是五段十分鐘的小節，差別只在於，第二組每個練

習時段的影帶背景都不一樣，有時是暴風雨，有時是火車站，或沙漠風景，有時是交通阻塞，或客廳；但是只有視覺刺激，沒有別的。然而，兩天後考試，變更背景組的成績遙遙領先，平均記得16個斯瓦希里字，反觀單一背景組只記得9到10個字。

我得承認，我對這類東西很容易著迷。我最喜歡這類型的研究，因為我坐不住，沒有辦法坐定超過二十分鐘來讀書。我很想相信這類「躁動可以加深學習」的說法，而且我通常也希望情境變換的證據能夠更為……無懈可擊。

坦白說，這項研究給人一種懸而未決的感覺。科學家到現在仍然在爭辯哪些線索最重要，何時重要，以及有多強烈。因為情境效應太過微妙，幾乎沒有辦法在實驗中重現。就這一點來說，情境的定義是一個會移動的標靶，它包括情緒、動作、背景音樂等等。從這定義出發，我們也可以把情境延伸為：任何讀書方式的改變，不論我們在讀的是字彙表、歷史篇章、或是西班牙文家庭作業。譬如：不動筆，想想看，這是一種讀書方式；用手寫筆記，是另一種讀書方式；鍵入電腦，又是一種方式。同樣的，站著讀和坐著讀，以及在跑步機上邊跑邊讀，也不相同。

威靈漢（Daniel Willingham）是把學習技巧應用到課堂上的頂尖專家，他建議學生，準備考試時不要直接讀筆記。「我告訴他們，先把筆記放一邊，擬一份新的大綱，把內容重組一遍，」威靈漢告訴我：「這樣做，可以逼你再一次去思考內容，而且是用不同的方式。」

我們「如何」完成某件事，不也是「環境」的一部分？

面對生命的隨堂考

　　沒錯。但是情境研究中更大的信息是：到最後，我們改變了
環境中的哪個項目，並不重要，我們只要改變能夠改變的項目就
夠了。哲學家約翰‧洛克曾經描述一個案例，有一名男子採用一
套非常刻板的習慣來學跳舞，永遠在固定的一個房間，裡面永遠
擺著一口大皮箱。很不幸，洛克寫道：「這只搶眼的居家物品，
和他跳舞時的所有踏步、轉身都混合在一起了，以致於他雖然能
在那個房間裡翩翩起舞，但是旁邊必須有那口箱子才行；換到其
他任何地方，他都無法跳得那麼好，除非那只箱子或是另一口箱
子擺在房間固定的位置上。」

　　這項研究告訴我們，把箱子移出房間吧！既然我們沒有辦法
預測將來表演的環境，我們最好變換練習時的情境。我們需要面
對生命的隨堂考，面對它那天生的臨時比賽和即興演奏，而傳統
的建議，要我們建立一個嚴格的練習慣例，這並非良策。

　　所以，試著換一個全新的環境吧，在一天裡不同的時辰練習
吧。把吉他帶到戶外去，到公園裡，到樹林裡。換一家咖啡店，
轉換練習場地。播放藍調，取代原本的古典音樂。每一項慣例的
改變，都會讓演練的技巧更豐富，讓技藝更精湛，而且更容易重
拾，即使是在更久之後。

　　像這一類的變換實驗，本身就能強化學習，而且還會讓你學
到的東西愈來愈不依賴你的環境。

第**4**章

留間隔

打散用功時段好處多

在記憶科學裡，有一則最古老的學習技巧，同時也是最有力、最可靠、以及最容易採用的技巧。心理學家知道這技巧已經超過一百年了，而且也證明了它能深化某些需要死背的科目的學習，像是外文單字、科學術語和概念、方程式、或是音階。但是主流教育大多仍然漠視它，少有學校把它當成課程來教授。有些學生甚至根本不知道它——其實老媽都叮嚀過，只是你不予理會而已：

寶貝呀，你不覺得今晚讀一些，明天再讀一些，
會比較好一點，勝過一次讀完所有東西？

這種技巧叫做分散式學習（distributed learning），或是更常見的，稱做間隔效應（spacing effect）。我們如果把讀書時間分散開來，或說是「留間隔」，比起把讀書時間集中起來，所學到的東西至少一樣多，而且記得的時間更久。老媽是對的，今天讀一點，明天讀一點，會比一次讀完所有東西來得好。而且不只是好一點，是好很多！在某些情況下，分散式學習甚至能讓我們日後記得的東西加倍。

這倒不是說密集讀書沒有用。開夜車的效果早已通過時間考驗，擁有數不清的輝煌紀錄，證明能夠提升第二天的考試成績。雖然就可靠度而言，這種開夜車衝刺有一點兒像是把太多東西塞進一只廉價行李箱：剛開始還撐得住，但不久之後就整個散掉了。研究學習的科學家指出，習慣性開夜車，過了一個學期之後，可能會出現轉折大得驚人的戲劇性結果。「開夜車的學生第

二學期來上課時，完全不記得第一學期的東西了，」華盛頓大學
聖路易分校的心理學家羅迪格三世（Henry Roediger III）告訴我
說：「好像從沒修過那門課似的。」

　　間隔效應對於記憶新材料尤其管用。你可以自己試試看，譬
如說，準備兩份名單，每份包括十五則電話號碼或是俄文單字。
其中一份名單，今天讀十分鐘，明天再讀十分鐘。但是，另一份
名單，只有明天一口氣讀二十分鐘。一星期之後，測驗你自己對
這兩份名單能各記得多少。現在我們來談結果：你對這兩份名單
的記憶差別，應該是滿大的，而且沒有明顯的理由可以解釋為何
如此。

如此有力的準則，為何沒推廣？

　　我喜歡以照顧洛杉磯草地的角度，來思考間隔效應。洛杉
磯是一座海岸沙漠氣候的都市，但同時又有一種必須照顧好草坪
的文化。我在那裡住了七年，終於學會如何保養草坪。我學會每
星期澆三次水，每次三十分鐘，效果遠勝過每星期澆一次、一澆
就是一個半小時。沒錯，讓草地浸泡在水裡，第二天看起來會更
青翠，但是那份翠綠很快就會淡去。反觀每隔幾天給足健康的水
份，就可以讓你在鄰居面前抬頭挺胸，雖然用的水量加總起來是
一樣的，甚至更省。

　　分散式學習也是一樣。你並沒有花更多時間，你也沒有讀得
更辛苦；但是你的記憶卻更持久。

　　如此有力的準則，照理應該會很快從實驗室直衝教室。哪有

學生不希望在不需投入額外時間與精力的情況下，加強學習？

　　這個準則沒有直衝教室，是有理由的。

　　首先，正如天下為人父母者都了解的，要讓一群學生乖乖坐好聽一節課，已經夠累人了，更別提再細分成好幾節課。

　　另一個理由在於，過去一百年來，不知何故，大部分心理學家都把間隔研究限定在短期的實驗室研究，實在令人氣惱。這好比醫師發現一種糖尿病新藥，但是先花五十年來測定它的分子結構，之後才拿來治療病人。

　　直到最近幾年，科學家才把最佳讀書間隔制定出來。到底怎樣做比較有效率，是今天讀一點，明天再讀一點，或是每隔一天讀一次，又或是每星期讀一次？如果今天是星期二，歷史期末考在星期五，該怎麼辦呢？如果考試是一個月後呢？間隔的時間是否要依據考試日期而定？

　　我把分散式學習的發展史，看成一場如何詮釋科學研究活動的實物教學，尤其是本書所討論的那種。科學文化建基在先前的實驗證據上，過程總是這樣：去測試！去取代舊理論！而且如果可能的話，再加以延伸！

　　這項傳統很是寶貴，因為它讓科學家擁有共通的語言，擁有一組共通的工具，也因此，當美國印第安納波里斯市的J教授在論文中描述她的配對聯想測驗時，英國格拉斯哥市的S教授才能知道她在說什麼。若沒有共通語言，將沒有任何一個領域能建立大家都同意的發現的基礎。科學家會根據自己的直覺，發明自己的試驗和工具，創造出一群數據，但這些數據彼此可能相關，也可能不相關。

然而，那項傳統也可以形成很強大的約束力，它使得間隔效應遭遮掩了，幾十年來只有在晦澀的學術期刊中有少許人討論。最後衝破這項約束的，或多或少是靠著越戰引發的社會動亂，一名頑固的波蘭青年的研究，以及一名深感挫敗、自問「我怎樣才能把這個應用到自己的生活裡？」的資深科研人員。

這個問題，我們在面對所有旨在增進學習的科學時，都應當要提問，而它也幫忙轉換了間隔效應的角色──從實驗室裡的新玩意，轉變成我們真正能派上用場的東西。

喬斯特法則

我們已經談過艾賓浩斯，那位提供「學習科學」第一種語言的科學家。那種語言是無意義的音節，而且艾賓浩斯把大部分的成年時光都用來研發那些無意義的音節，重組成短名單、長名單，然後研讀這些名單十五分鐘、半個鐘頭、或是更長，再回過頭來測驗自己，每次測驗都要仔細核對原始名單及研讀時間。

艾賓浩斯保存這些複雜的紀錄，用這些數據推導出方程式，再反覆檢核那些方程式，然後重新嘗試不同的記憶時間表，包括間隔學習。艾賓浩斯發現，如果他在第一天研讀含有十二個音節的名單六十八次，第二天再讀七次，他就能記得這份名單。不過如果他分三天來研讀這份名單，總共只要重複三十八次，同樣可以記得。「對於相當數量的重複，」艾賓浩斯寫道：「適度將它們分散在一段時間裡，絕對比集中一次來研讀，更為有利。」

因此，艾賓浩斯可說是「分散式學習」這領域的奠基者，他

率先發現了間隔學習的威力。

　　接下來繼承這些研究的科學家，替下一個世代的研究，設定了一個幾乎完全沒有進步的基調。以提倡優生學著稱的奧地利心理學家喬斯特（Adolf Jost），也做了一些間隔研究，同樣是利用無意義音節，然後在1897年寫出一道公式，稱為**喬斯特法則**（Jost's Law）：「若兩聯想之強度相同，但年齡不同，新的那個比舊的更有價值。」翻成白話就是：當你學到一個新概念，馬上研讀它，你對它的記憶就算有加深，也不會加深太多；但是你若在一個小時之後，或是一天後再研讀，就可以加深。

　　基本上，喬斯特只是重複艾賓浩斯的某個實驗，發現一模一樣的東西，然後把它弄成一條法則，把自己的名字掛上去。這麼一來，他讓自己看起來好像延伸了該項研究，但其實沒有。

　　其他心理學家也有樣學樣，先測驗更多的無意義音節，然後漸漸發展出字彙名單或字對名單。就某方面來說，「學習科學」在二十世紀初是走了回頭路。跟隨喬斯特腳步的心理學家，做了許多只有一小群受測者的實驗，要他們以幾分鐘甚至幾秒鐘的間隔，來研讀「成組的」或是「分隔的」條目，結果迷失在細枝末節裡。到了1960年，這類研究最主要的成就只有：間隔效應在很短的期間內「有用」。如果你連續三次被告知，美國第五任總統是門羅，你會記得一陣子；如果你被告知三次，但是每次間隔十分鐘，你會記得更久。

　　要是你正準備和你那十歲大的小弟來比一場小考試，知道這技巧當然是滿有用的。但是，把焦點放在如此短的時期內，卻引發了一個沒有回答的大哉問：間隔練習是否也能幫助我們建立並

維護知識的基石，使之不僅在求學階段有用，也能終生受用？

巴瑞克家的四人研究

到了1970年代，有愈來愈多心理學家開始問這個大哉問，因為他們察覺到有一個偉大的想法被浪費掉了。有些人開始質疑這領域裡，自艾賓浩斯以降的整個研究傳統。「這些全都是在反越戰期間開始的，當時的學生和青年人對威權的挑戰是全面性的，」俄亥俄州衛斯理大學的巴瑞克（Harry P. Bahrick）告訴我說：「就是他們，把這些問題化成行動，而大家也把話講開了。我們花了這麼多年膜拜巨人，我們自己能拿出什麼東西來呢？老師和學生才不在乎你在實驗室舉行的十分鐘測驗裡，能記得或不記得幾個字。他們想知道，間隔效應能讓你把法文或德文學習得多好，能讓你把數學及科學觀念理解得多好。我們必須做出完全不同的東西。」

巴瑞克對於推廣實驗室裡的發現，沒有興趣。他其實是想要把學術大門轟掉，讓新鮮空氣進來。他想要擺脫艾賓浩斯、喬斯特以及保守派的影響，測驗長期的間隔，像是幾星期、幾個月、或是幾年。他想知道可以影響終身學習的時間週期。比如說，分散式學習對於培訓汽車修理技術或是音樂技巧，如何提供助益？它是真的有幫助，還是益處小到可以忽視？

若要拿得到令人信服的答案，巴瑞克用來測驗知識學習的題目，必須是一般人不會從工作、讀報紙、或是友人那兒輕易學到的知識。巴瑞克相中了外語。在他心目中，實驗對象也不能是隨

便任何人。他要找的人，必須願意參與實驗好幾年，必須不會中途退出或失聯，必須不會曲解這個實驗團隊的努力，必須非常自律，能督促自己認真學習。

巴瑞克相中了老婆和孩子。他有一個心理學家庭。他太太菲麗絲是心理治療師，他的兩名女兒，羅蘭和奧黛麗，則是學術研究人員，都會是理想的受測者。「我不確定她們想不想做，但是我猜她們想討我歡心，」巴瑞克告訴我，他也把自己納入受測者行列。「在那幾年期間，這變成一項很好玩的家庭計畫。我們總是有東西可聊，而且我們經常會聊到這個實驗計畫。」

這個實驗的基本規則如下。菲麗絲、奧黛麗、羅蘭研究法文字彙，巴瑞克則研究德文。他幫每個人整理出300個不熟悉的字彙，然後每人將自己的字彙表拆成六組，每組50個字，然後按照不同的時間表來研讀每一組字彙。其中一組字彙是每兩星期研讀一次，第二組是每個月一次，第三組則是每兩個月一次。他們使用字卡，一面寫著法文或德文，另一面寫英文，然後在每一節課裡都努力操練自己，直到記得該組每一個字彙的意義。這些苦工很費時，很冗長乏味，而且也沒有人能從中獲得酬勞。但在同時，這也是一個開端：這是第一次真正的長期間隔效應測驗，他們稱之為「巴瑞克家的四人研究」，就這樣展開了。

詹姆士方法：學習外語的最佳方式

全世界最佳的外語課程，我稱之為「詹姆士方法」。要執行這項計畫，只要遵照美國作家亨利·詹姆士與威廉·詹姆士的案

例就可以了：讓富裕又有文化素養的父母來養育你，確保你從小就可以周遊歐美各國，接受不同的外語家教的指導。詹姆士一家決定要讓他們的兒子擁有老詹姆士口中的「感官教育」（sensuous education）。其中最有名的一個兒子，作家亨利·詹姆士，在巴黎、波隆那、日內瓦、波昂都找過家教授課，他在每個地點都住了好長一段時間，而且終其一生都會定期返回該地。結果，他能說流利的法語、義大利語和德語。

詹姆士方法將外語和第一流的教導，融入兒童的發展之中。這種情況和生長在一個多語文家庭，不完全相同，但算是滿相像的。孩子在一定得開口說、以及必須理解某種新語文的情況下，會快速吸收該種新語文，而詹姆士家的孩子在某種程度上，正是如此。他們必須去記非英文的動詞與名詞，但是當他們開始這樣做的時候，他們大腦裡的語言模組還在發展之中。

很不錯的玩意，如果你也能擁有的話。

如果不能——如果你童年時期全都窩在俄亥俄州的日內瓦，或是德州的巴黎附近，而你又想要學習波斯語，你的處境可就大大不利了。你得在相對疏離的狀態下，從事一些不那麼感官的記憶活動，而且量還滿大的。沒有其他辦法，沒有花招，也沒有密碼。

想想看，把英文當外文來學，是全世界多少人面對的挑戰，尤其是他們如果想從事某些類型的工作。科學是不用說了，另外還包括公職、數位經濟、旅遊業以及貿易。受過英文教育的人，大約知道兩萬到三萬個字彙，以及數百個片語和句型。但是對於從零開始的人來說，單是累積這個數量的一半，都已經相當困難

了。根據某項估計，大約每天練習兩小時，連續五年左右，才可能做到。而存儲這些字彙，只完成了一半的工作。還記得嗎，根據忘以致學理論，存儲和提取是兩碼子事。只因為你讀了（存儲了）這些字的「縮影」，不代表當你讀到或聽到它的時候，就能提取出來使用。想要建立流暢性（想讓這種不斷擴充的詞典能隨時提取，任何時候都能使用），需要的時間，超過存儲它們所需要的時間。

那麼，還需要多少時間呢？

一名頑固的波蘭青年的研究

1982年，差不多就在巴瑞克開始家庭四人研究的時候，十九歲的波蘭大學生渥茲尼克（Piotr Wozniak）根據自身經驗，幫上述問題計算出一個答案：太多時間了。

按照他的進展速度，他判斷自己必須每天讀英文四小時，連讀好幾年，才可以熟練英文，有辦法快速閱讀科學論文以及和其他國家的科學家交談。但是渥茲尼克還有沉重的電腦科學和生物學要研讀，根本沒這個時間。如果可能的話，他得找出一個更有效率的系統，而唯一的受測者，只有他自己。

於是，渥茲尼克開始建立自己的英文資料庫，大約包含三千個字彙和一千四百條科學事實，都是他嘗試要吸收的。他把這些資料平均分成三組，然後開始根據不同的時間表來研讀。他嘗試的間隔包括兩天、四天、一星期、兩星期等等。他保留了詳細的紀錄，以便判斷新學到的字彙何時開始記不得。

　　渥茲尼克漸漸看出了一個模式。他發現，經過單獨一節課之後，他能記得某個新字好幾天。但是如果第二天再讀一次，那個字可以記得大約一星期。經過第三次復習課程，那個字幾乎可能記得一個月。他不斷修正這個理想的間隔，以保持英文能力，而且他還寫了電腦程式來追蹤他的進度。「這些最佳間隔的計算，是根據兩項矛盾的標準，」他當時這樣寫道：「間隔應該要盡可能拉長，以達到最少的重複次數，將所謂的間隔效應利用到極致……間隔應該要夠短，以確保那項知識還被記得。」

　　不久之後，渥茲尼克便根據自己的系統，來過日子和學習，並且應用在所有的課程上。於是，英文實驗變成一則演算法，然後又變成一項個人使命，最後，在1987年，他把自己開發的程式變成了一個套裝軟體，名叫「超級記憶」（SuperMemo）。超級記憶是根據渥茲尼克的計算來教學的，它提供數位字卡以及一套研讀日曆，持續追蹤字彙第一次被研讀的時間，並根據間隔效應來重新顯示那些字彙。每個先前被讀過的字彙，都會趕在它們快要被遺忘到無法提取之前，再次躍上螢幕。

　　這個軟體很好用，而且自從渥茲尼克在1990年代讓它成為免費取得的軟體之後，「超級記憶」便大受歡迎，尤其受到許多住在像是中國和波蘭，嘗試學習英文的年輕人歡迎。現在，「超級記憶」已經變成一個商業網站和應用程式了。

　　事實上，渥茲尼克重新打造出一個數位時代的艾賓浩斯。他的演算法回答了一個關鍵問題：有關間隔的時間點。要建立並記得外語字彙、科學事實或其他的資訊，最好能在初次研讀後的一天或兩天，加以復習；接著是一星期之後；再來是大約一個月之

後。在那之後，間隔又更長了。

到了1992年，科學家看出，這些起初只是實驗室新玩意的東西，事實上對於教育有很大的應用潛力。有一個研究小組證明了，對三年級學生每天上一堂某某課，連續十天，效果遠勝過每天上兩堂課，連續五天。另一個研究小組證明，中學生在學習生物學定義時，像是細胞、有絲分裂以及染色體，分隔成幾節課來上，效果遠比一堂課裡連續學完來得好。而且就像「超級記憶」軟體的方法，「不斷增長的間隔」看起來，確實是建立資料庫最有效率的方式。

「它使得間隔效應成為實驗室的學習研究當中，最了不起的奇蹟之一，」有一位論文審稿者，內華達大學拉斯維加斯分校的心理學家丹普斯特（Frank N. Dempster）這樣寫道。

最理想的學習間隔

第二年，也就是1993年，「巴瑞克家四人研究」出現在《心理學科學》期刊上。如果說渥茲尼克協助建立「記住新學事實所需之最小間隔」，巴瑞克家庭研究提供的洞見，則是關於終生學習的最大間隔。

經過五年後，這家人得分最高的那一組字彙，是間隔最寬、執行期最長的那個研讀計畫：每兩個月一節，總共二十六節。他們最終測驗時，這一組記得百分之七十六的字彙；反觀每兩星期一節，總共也是二十六節的那一組，只記得百分之五十六。

在研讀剛開始，和等待兩星期相比，等待兩個月意味著你會

忘掉一大堆字彙；但是兩者的差距很快就縮短了。還記得嗎，上每一節課時，他們都會練習到熟知每一個字彙為止。到最後，兩個月的間隔竟然使學習成效改進了百分之五十。

「誰料得到？」巴瑞克說：「以前我完全沒概念。我以為經過兩個月，我可能全部忘光了。」

把讀書時段隔開，為什麼會對學習有這麼大的影響，目前還在爭辯中。好幾個因素都可能產生作用，要看間隔而定。當間隔非常短的時候（幾秒鐘或幾分鐘，就像早期的研究），大腦對於一件快速連續重複多次的事實，可能會愈來愈不感興趣——畢竟大腦剛剛才聽說，並儲存了「門羅是第五任美國總統」的事實。如果同樣的事實重複一遍，然後再一遍，大腦對它的注意力就會愈來愈低。

至於在數日或數星期的間隔期間，其他事實可能會開始起作用。讓我們回想一下忘以致學理論，這理論認為遺忘能以兩種方式來幫助學習：一個是主動方式，藉此過濾掉不太重要的資訊，另一個是被動方式，有些遺忘能讓後續的練習加深學習效果，就好像運動後的肌肉。

我們在第2章〈遺忘的力量〉舉了一個例子：初次見到新鄰居「賈斯丁和瑪利亞」（見第63頁）。真會取名字呀，你一聽見他們的名字，馬上就記住了，因為提取強度很高。不過，存儲強度卻很低，到了明天早晨，那兩個名字就困在你的舌尖上了。直到你隔著籬笆、再次聽見鄰居夫婦互喊對方的名字，於是你記住了，至少接下來幾天會記得。這就是說，再次聽見這兩個名字，會觸發「提取」這項心智活動，並聯想到：「啊沒錯，就像歌星

賈斯丁，和球后瑪利亞・莎拉波娃。」這麼一來，就把往後的提取強度推升得比以前更高了。兩次練習之間已經過了一個晚上，可以讓提取強度增加。

隔開來研讀，在很多方面（包括剛剛的鄰居案例）還能增加我們在第3章〈破除所謂的好習慣〉討論過的情境線索。你最初聽到那兩個名字是在派對上，身邊都是朋友在聊天，人手一杯酒。第二次，你聽到那兩個名字被人喊叫出來，是隔著籬笆。現在，那兩個名字已埋入兩種情境裡，不再只有一種情境。當我們在復習一份字彙表或事實時，也會出現同樣的情況。（但是你若兩天都在同樣的地點研讀，情境因素幾乎可以忽略。）

以上所描述的效應，大部分都是潛意識的、悄悄進行的，我們不會注意到。當間隔是一個月或更長，尤其是研讀了三節或更多時段，我們會開始注意到間隔學習帶來的好處，因為成效會很明顯。對於巴瑞克家人來說，比較長的間隔，能幫助他們認出哪些字彙是他們最可能想不起來的。「間隔時間愈長，你會忘掉更多，但是你會發現自己的弱點是什麼，然後加以修正，」巴瑞克告訴我：「你會發現，哪些媒介有發揮作用，哪些沒有。所謂媒介，就是你對每個字彙所採用的線索、聯想、或暗示。如果這些媒介沒有用，你會再想一些新的。」

當我第一次研讀一份夾帶大堆新字彙的困難素材時（像是新的軟體、健康保險合約、精神疾病的遺傳學教科書），我可能苦讀了一小時，第二天再回來看時，只記得很少的名詞，其他幾乎全都不記得了。那些單字和概念剛開始顯得這麼奇怪，我的腦袋根本沒辦法幫它們分類，沒有地方可以安置它們，所以只能這

樣囉。現在，我把初次相逢視為走馬看花，見面打招呼，而且只
花二十分鐘。我曉得在第二回合（同樣是二十分鐘）我將更有進
展，更不用說第三回合了（還是二十分鐘）。我並沒有花更多時
間，但是我記得更多。

到了1990年代，經過實驗室的長期孵育之後，間隔效應開
始日益豐壯，而且在這過程中，展現出「受過鍛鍊的肌肉」來。
來自教室的成果，不斷大量湧現：間隔復習能夠改善九九乘法、
科學定義、外語字彙的學習成績。事實上，在「學習科學」裡，
就即刻、顯著、可靠度而言，沒有別的技巧可以和間斷效應相提
並論。然而，「留間隔」還是沒有操作手冊。同樣的時機問題，
依然存在：假設已知考試日期，最佳的讀書間隔是多久？時機方
程式為何？它真的存在嗎？

準備考試的最佳時間表

那些最賣力研究、要把間隔效應轉換成實際學習策略的人，
有一個共通點：他們不只是研究人員，也是老師。

如果學生死記死背，然後什麼都不記得，也不能全怪學生。
一堂好的課，應該要讓教材難忘，而間隔復習（在課堂上）正是
能達成這種目標的方法之一。當然，老師早就有做一些復習，但
通常是根據直覺或標準課綱，而不是跟隨「記憶科學」的指引。

「我最氣的是，學生來修我的心理學入門，隔年回來，卻什
麼都不記得了，」多倫多約克大學心理學家懷絲哈特（Melody
Wiseheart）對我說：「學生花了這麼多錢讀大學，真是浪費時間

和金錢！對老師也是一樣，你想教書，因為可以讓人們學並記得
一些東西，那是你的職責。你當然希望知道：什麼時候最適合復
習關鍵概念？根據間隔效應，什麼時候是復習教材的最佳時機？
學生準備某場考試的最佳時間表又是什麼？」

　　2008年，懷絲哈特與加州大學聖地牙哥分校心理學家帕許勒
（Harold Pashler），率領一支研究小組進行了一場大型研究，首次
針對上述那些問題，給了一個好答案。該小組從志願者人才庫徵
召了一千三百五十四人，包括各個年齡層，來自全美各地以及海
外，自願報名充當「遠距」研究計畫的受測者，以網路連線進行
實驗。

　　懷絲哈特與帕許勒的研究團隊，要求受測者研讀三十二條冷
僻的事實，例如：

　　「哪個歐洲國家吃最多辛辣的墨西哥菜？」答案是挪威！

　　「誰發明了雪地高爾夫？」吉卜林（Rudyard Kipling）！

　　「1942年哥倫布是在星期幾啟航前往新大陸？」星期五！

　　「零食Cracker Jack紙盒上的小狗，叫什麼名字？」賓果！

　　每位受測者研讀這些事實兩次——在分開的兩個時段。對某
些人，兩次間隔只有十分鐘；對其他一些人，間隔是一天；另外
還有小組是相隔一個月；最長的間隔是六個月。此外，研究人員
也安排了不同的期末考時機。全部加起來，總共有二十六種不同
的研讀與應試時間表，供研究人員比較。

　　研究人員比較所有二十六種研讀與應試時間表，針對不同的
考試日期，分別計算出最佳的讀書間隔。「簡單來說，你若想知
道讀書時間如何分配最為理想，你需要先決定，你希望把某些內

容記得多久，」懷絲哈特與帕許勒的小組這樣寫道。

下面有一張簡圖，可以判斷最理想的間隔範圍：

距離考試的時間	第一次研讀間隔
1星期	1至2天
1個月	1星期
3個月	2星期
6個月	3星期
1年	1個月

請仔細看一下。這些數據並不夠精確，兩邊都還有變動的空間。但是雖不中亦不遠矣！如果離考試只有一星期，你想把讀書時間分成兩節，那麼今天讀一節，明天讀另一節，或是今天一節，後天再讀一節；如果你想再增加一節，不妨安排在考試的前一天。如果離考試還有一個月，那麼最佳選擇是今天讀一節，七天後再讀一節；至於第三節，再多等三星期左右，直到考試前一天再讀。如果考試日期距離更遠，也就是說，你有更多時間準備考試，那麼第一節與第二節之間的最佳間隔也更大。

網路研究發現，最佳的第一次間隔時間與考試距離時間的比例會減小。如果只剩一星期就要考試，最佳間隔是一天或兩天（百分之二十到四十）。如果還有六個月，最佳間隔是三星期到

五星期（百分之十到二十）。在兩節研讀時段之間，只要再等久一點，成績就會迅速下降。對大部分學生來說，不論是大學生、高中生或初中生，懷絲哈特告訴我：「基本上，你的讀書間隔是一天、兩天或一星期。這樣應該可以應付大部分情況。」

讓我們舉個例子。假設在三個月後的學期末，有一場德文考試。我們大多數人起碼會先花兩個月時間來學習德文，考前預留兩、三星期來復習。好啦，假設我們距離考試只剩十五天時間，方便起見，姑且說我們僅有九小時來復習這場考試。那麼最佳的準備時間表如下：第一天三小時，第八天三小時，第十四天三小時。在每一個三小時，我們都研讀同樣的應考資料。

根據間隔效應，在第十五天，我們的表現至少不會輸給考前連續死背九小時的人。更大的好處在於，我們對那些德文字彙將記得更長久；就本案例，會多出好幾個月。因而在後續的考試，譬如說下學期剛開學時候的考試，我們的表現會比較好。而且萬一學期末的考試延期一、兩天，我們的表現也會遠勝過填鴨式的密集苦讀。

運用間隔研讀法，我們在同樣時間內，學到一樣多的東西，而且記得牢。

間隔研讀是一種強效記憶術

再說一次，填鴨式的密集苦讀，對於應付緊急狀況，還是有用的；只不過它不能持久。間隔研讀卻可以。

沒錯，這類方法需要計畫；天下沒有白吃的午餐。但還是一

樣，在「學習科學」裡，間隔研讀已經是最接近免費贈品的玩意兒了，非常值得一試。

主題的選擇，也要明智。別忘了，間隔研讀主要是一種記憶術，主要在針對外文、科學詞彙、人名、地名、日期、地理知識以及演講內容的背誦。至於數學及其他學科，當然你記下來的事實愈多，愈能幫助理解——這是許多研究者觀察到的結論。

不過到目前為止，間隔研讀仍只是一種記憶策略。

受過感官教育的威廉·詹姆士，日後成為早期美國心理學界的泰斗。早在一百多年前，他便針對教學、學習和記憶，不斷拋出一些建言。（大體說來，他並沒有強調自己因為祖上積德，請得起家教，而且有機會到處旅行。）他在1901年出版的《致教師箴言》（*Talks to Teachers on Psychology*）中，透露出一絲間隔效應的味道：「填鴨教育企圖在嚴峻考驗之前，藉由密集苦讀，將材料壓進心裡。但是如此學到的東西，能形成的聯想很少。反觀同樣的材料，**在不同的日子**，重現在不同的情境下，閱讀、背誦、引用，一次又一次，和其他事物產生關聯，得到回顧，卻能深深刻印在心智結構中。」

經過一百多年的研究，我們總算能說出是在哪些「不同的日子」了。

第 5 章

突擊測驗的威力

甩掉流暢的錯覺

　　在我們一生當中，總會碰過一些不用努力就考得好的學生。「我不知道怎麼回事，」她揚起手中99分的考卷，這麼說道：「我幾乎沒有讀書。」這種人，你是避不掉的，即使你已成年，身為小孩的家長，你還是會碰到下面這種情況──「我不知道為什麼，但是丹尼爾的標準測驗成績，就是好到爆表，」做媽媽的在學校接小孩的時候，很震驚的說道：「他鐵定不是從我這裡遺傳到的。」

　　不論我們準備了多久，不論我們怎樣起早爬晚，總是有人不用這麼費力就能考得更好，總是有人平日一條蟲、一進考場就變成一條龍。

　　我現在不是要解釋那種孩子為何如此。我不知道有哪種研究把「應試」當成一門獨立的技巧，來加以研究，或是有任何證據證明，那是一種類似絕對音準的天賦。我不需要做研究，就能告訴你，這種人的確存在，我自己就經常見識到。我現在已經夠成熟，知道嫉妒是沒用的，不能幫忙填補我們與他們之間的差距。我們更用功也沒用。（相信我，我早就試過了。）

　　對我們來說，發展應試魔法的唯一方法，是更深入了解**考試到底是什麼**。事實並非不證自明，而且它具有的面向，可能超過你的猜測。

　　說到考試，第一個要提的就是：慘案有可能發生。任何人都可能。誰沒有經歷過，打開考卷，映入眼簾的卻是一堆好像完全屬於另一門課的題目？說到考試崩盤，我總是要提我最喜歡的一則小故事。青少年時期的邱吉爾，花了好幾星期時間準備哈羅公學的入學考試，那是一所英格蘭的頂尖男校。邱吉爾非常想進這

所學校。1888年3月，在考試的大日子那天，邱吉爾打開試卷才發現，考題重點並不是歷史和地理，而是令人意外的拉丁文與希臘文。事後邱吉爾寫道，當時他的腦袋一片空白，連一題都答不出來。「我在試卷頂端寫下我的名字。我寫下問題的號碼1。經過好一陣子沉思之後，我為它加了括弧，所以變成了（1）。但在那之後，我想不出任何與它有關的東西或事實。久不久，眼前會出現一個不知打哪冒出來的黑點或汙跡。整整兩個鐘頭，我都凝視著這個可悲的場面。最後好心的助教終於把我面前那張大紙收走，交到校長桌上。」

各位，這可是**英國首相邱吉爾**呢！

流暢的錯覺

第二個要提的比較不明顯，雖然它的源頭是一種更常見的搞砸考試的類型。我們打開考卷，看到一些熟悉的問題，是我們已經讀過的題材，我們用螢光筆畫過重點的東西——人名、基本觀念、公式，就在昨天，我們還能輕鬆背出來。沒有陷阱題目，沒有幻覺，然而我們還是失敗了。為什麼會這樣？怎麼會這樣？

我自己就有過一次這樣的經驗，是我人生最慘的日子之一：那是三角學的期末考，我必須考得很好，才能選修大三的一門先修課程。我花了好幾星期來準備。走進考場那天，我記得感覺滿好的。當試卷發下來，我掃瞄一遍考題，鬆了一口氣。試題裡有一些我已經讀過的概念，以及類似我練習過幾十次的熟悉考題。

沒問題的，我心裡這麼想。

　　然而，我的分數卻是50出頭，在平均分數的正中央。（換成現在，這樣的成績會驚動很多家長打電話給心理醫師。）我能怪誰？只能怪自己。我知道那些題材，但是並沒有高奏凱歌。我是一個「差勁的考生」。我痛責自己，但是連該責備的原因都搞錯了。

　　問題不是我不夠用功，或是我缺乏應付考試的「基因」。不是，我的錯誤在於對自己的知識深度判斷錯誤。我被心理學家所謂的流暢（fluency）給矇騙了，相信由於那些事實或公式或論點，現在很容易記得，所以到了明天或後天還是會保持流暢的原樣。流暢的錯覺是這麼強烈，一旦我們感覺自己掌握到了某些題材或任務，我們就會認定，再多讀下去也不會幫助你更好。**我們忘記了我們會忘記。**

　　所有的學習輔助方法都能營造出流暢錯覺，包括畫重點、製作一份學習指南，甚至是由老師或教科書所提供的重點回顧。流暢錯覺是自動產生的。它們在潛意識裡形成，害得我們對需要重讀或練習哪些題材，判斷失準。

　　「我們都曉得，如果你研讀某些東西兩次，在分隔的時段，第二次會比較難處理那些題材，因此人們往往以為這樣做會產生反效果，」威廉斯學院的心理學家康奈爾（Nate Kornell）告訴我，「其實剛剛相反：你會學到更多，即使感覺起來更困難。是流暢度捉弄了我們的判斷力。」

　　所以啦，最後我們會把精糕的考試成績，歸咎於「考試焦慮」，或是更常見的「太笨了」。

　　讓我們回想一下畢約克的「有益的困難」原理：你的腦袋愈

是需要賣力去挖掘一項記憶，學習的增進就愈大（提取強度和存儲強度就愈大）。反觀流暢，卻是這個原理的反面陳述：愈是容易回想起某項記憶，學習的增進也愈小。快速重複瀏覽你剛剛研讀過的事實，對你並沒有幫助，你不會因此記得更牢。

考試成績會低於平均值，流暢錯覺是主要元凶。不是焦慮，不是愚蠢，也不是不公平或運氣差。

是流暢！

想克服這種錯覺並改進我們的應考技巧，最好的辦法莫過於一套有效率的讀書技巧。這套技巧不能算是最近的新發明；早在正式教育開始的年代，人們就採用了，甚至可能更早。以下是哲學家培根在1620年的說明，講得很仔細：「如果你讀一段文字二十遍，你心裡容易記得它的程度，還不如讀它十遍，然後久不久試著背誦它，而且在背不出來時，去查看原文。」

不屈不撓的威廉‧詹姆士，也在1890年思考過同樣的理念：「我們的記憶奇妙之處在於，主動背誦比被動背誦更能把事情記牢。我是指，在學習過程（譬如記憶過程）中，當我們幾乎知道那些東西時，如果稍微等一下，先努力回想，結果會更好，勝過馬上就去查書。如果我們是憑努力思索而回想起那些字，我們下一次大概就會認出它們了；如果是用馬上去查書的方式，我們極可能還會需要再次翻書。」

這套技巧就是自我測驗。是的，我知道這裡的邏輯有多像在兜圈子：**最好是透過測驗來測驗**。不要被流暢錯覺愚弄了，這世界還有更多超過你所知的東西，需要自我測驗，才學得會。

一項測驗，並不只是一件評估工具，它會改變我們所記得的

東西，並改變潛意識裡我們如何組織那項知識。這種心智過程，
會大大增進我們日後的表現。

最適當的閱讀和背誦比例

　　新大陸最早的官方和社會人士名冊叫做《美國名人錄》，第
一冊在1899年發行，總共有超過八千五百條簡短的個人小傳，
包括政治家、商業領袖、牧師、鐵路律師、以及各行各業「傑出
的美國人」。這些小傳寫得很詳細、簡潔，而且史料豐富。

　　譬如說，只需要花三十秒，就可以得知貝爾（A. G. Bell）是
在1876年取得電話專利權，就在他二十九歲生日過後幾天，當
時他任職波士頓大學，擔任音聲生理學教授。而他的父親（A.
M. Bell）也是發明家，同時還是演說術專家，他研發出可見語
言（Visible Speech），是一組符號，可用來幫助聾啞人士學習說
話。至於他的祖父（Alexander Bell，三代都同名，但是祖父沒有
中名，住在愛丁堡）則是聲障治療的開路先鋒。誰料得到，兩代
年輕的貝爾，雖然都在英國愛丁堡出生，最後卻定居到美國華盛
頓特區。父親住在第三十五街的1525號，兒子住在康乃狄克大
道1331號。沒錯，《美國名人錄》連地址都列出來了，例如：亨
利‧詹姆士，住在英國懷特島萊德區。

　　1917年，一名年輕的哥倫比亞大學心理學家蓋茨（Arthur
Gates）有了一個點子：他要利用這些濃縮的生平資料，來協助
回答一個問題。蓋茨對很多東西感興趣，其中之一就是「背誦」
這個動作和「記憶」如何互動。幾百年來，接受古典教育的學

生，莫不投入無數時光來背誦史詩、史論、以及聖經章節。蓋茨
想知道，閱讀與背誦（複述）是否有一個理想的比例。如果你想
背熟《聖經》舊約〈詩篇〉第二十三篇（耶和華是我的牧者，
我必不至缺乏。他使我躺臥在青草地上⋯⋯），比如說在半小時
內，你應該花多少分鐘來讀，然後又應該花多少時間來憑記憶背
誦？什麼樣的比例可以讓資料記得最深、最扎實？這應該有一個
關鍵的百分比，尤其是在從前以背誦為教育核心的年代。事實
上，這關鍵比例到現在仍然會很好用，不只是對需要記憶亨利五
世「聖克里斯品日演說」的演員，對於所有準備表演、唱歌或讀
詩的人，同樣管用。

　　為了找出這樣一個比例是否存在，蓋茨從當地一間學校徵召
了五班學生，從三年級到八年級不等，進行一場實驗。他分派每
個學生幾條名人小傳，要他們閱讀和背誦；年長學生記五條，最
年幼的學生記三條。蓋茨給他們每條九分鐘時間去研讀，但是需
要按照一份特殊的時間分配指示：有一組必須花一分四十八秒來
閱讀，然後花七分十二秒來複述（背誦）；另一組則把時間平分
為兩個等長時段來閱讀和複述；第三組花八分鐘來閱讀，只用一
分鐘來複述。

　　三小時之後，主戲登場。蓋茨要求每位學生背誦自己能記得
的條目：

　　「貝肯（Edgar Mayhew Bacon），作者⋯⋯生於⋯⋯呃，1855
年6月5日，巴哈馬的拿騷，進入紐約塔里敦的私立學校；在阿
爾巴尼一家書店工作，然後嘛，我想他變成一個藝術家⋯⋯然後
寫了《新牙買加》⋯⋯還有好像是《沉睡谷》？」

　　一個又一個的美國名人生平，從伊迪絲‧華頓，山繆‧克雷門斯（Samuel Clemens，馬克‧吐溫的原名），珍‧亞當斯，到詹姆士兄弟。超過一百個學生，各自背誦他們的條目。

　　好不容易，蓋茨終於拿到他要的比例。

　　「一般說來，」蓋茨結論道：「最好的結果是，先投入百分之四十的時間來閱讀，然後開始背誦。太早或太晚開始背誦，都會導致較差的結果。」蓋茨這樣寫道，在比較高年級的學生，比例甚至更小，接近三分之一，「最適當比例的閱讀和背誦，比只有閱讀，成績高出大約百分之三十。」

　　換句話說，記憶「聖克里斯品日演說」的最快速方法是，把前三分之一的時間拿來閱讀，然後把後面三分之二的時間拿來憑記憶背誦。

測驗就是一種增進學習成效的方法

　　這能算是一項里程碑的發現嗎？這個嘛，事實上應該算。現在回頭看，它是第一個經縝密證明的學習技巧，是現今科學家認為最有力的學習技巧之一。然而，當時卻沒有人看出這一點。它只是一項研究，針對一群中小學生所做的研究。

　　蓋茨自己也沒有推測出他的研究結果可能具有更寬廣的意涵，至少他沒有寫在發表於《心理學檔案》期刊的論文裡，名稱是〈背誦做為記憶的一個要素〉，而且這項研究也沒有激起多少科學討論或跟進研究。

　　之所以會這樣，在我看來，原因夠明白了。二十世紀前半，

心理學領域相對來說還很年輕，成長斷斷續續，而且還受到那群知名理論家的拖累。當時佛洛伊德的想法仍然投射出一道長長的陰影，並吸引了數以百計的研究計畫。巴夫洛夫（Ivan Pavlov）的實驗則推升了長達幾十年有關制約學習的研究，即「刺激—反應」實驗，其中許多都是動物實驗。

那個時代，教育的研究仍處在一個探索階段，心理學家忙著調查閱讀、學習障礙、自然發音法、甚至是學生情感生活對成績的影響。而且有一點很重要，不能不提，那就是心理學的進展和其他科學一樣，部分得經由回顧文獻來確立。某個科學家有一個想法、一個理論、或是一個目標，然後往回尋找是否可以建構在已有的研究上，是否有其他人曾經有同樣的想法，或是報告過可支持它的研究結果。科學也許是建立在巨人的肩膀上，但是對於研究人員來說，往往需要翻遍文獻，才能找出誰是那些巨人。幫一項研究計畫創造出一個理論依據，有可能變成一場歷史數據的挖掘運動，以便找出可供站立的肩膀。

蓋茨的貢獻，只有在回顧時才看得見，但是它的意義終究是會受到注意的。改進教育，在當時和現在一樣，都是很多人感興趣的題材。於是到了1930年代末，超過二十年後，另一名研究人員發現蓋茨的研究可以成為他的研究依據。史皮哲（Herbert F. Spitzer）是愛荷華州立大學的博士生，1938年的時候，他為了寫博士論文而搜索文獻。他對背誦本身並不感興趣，而且他也不屬於一小群走學術路線的心理學家，這些人熱中鑽研記憶力的複雜性。史皮哲打算改進教學方法，而其中有一個最大的問題，打從教育行業存在以來，便籠罩在教師頭上：**何時測驗最有效**。在一

門課教完之後，來一場期末考，是最理想的方式嗎？又或是，早一點實施定期測驗更合理？

　　史皮哲到底怎麼想，我們只能用揣測的，因為他沒有在論文裡多加解釋。但是我們知道他讀過蓋茨的研究，因為他有引用。另外我們也知道，他看到了蓋茨研究的本質，尤其是他認出蓋茨研究中的背誦，是一種自我測試。研讀一段文章五到十分鐘，然後翻過那一頁，在不看原文的情況下，看看你能背出多少，這不只是在練習，也是測驗，而蓋茨已經證明，這種自我測驗對於最終的成績，具有深遠的影響。

　　換句話說：**測驗就是研讀**，是一種不同而且有力的研讀。

史上最大規模的突擊考試實驗

　　史皮哲了解這一點，因此提出下一個大哉問：如果接受考試可以增進學習，不論是背誦、自我測驗、小考，還是正式的考試，那麼何時是最佳考試時機？

　　為了找出答案，史皮哲發動了一場極大規模的實驗，從愛荷華州九個城市的九十一所小學，徵召到三千六百零五名六年級學生。史皮哲要這些學生研讀一篇適合他們年齡的六百字短文，類似他們平常必須做的家庭作業。有些人拿到的是關於花生的文章，有些人拿到竹子的文章。大家只研讀一次。然後史皮哲把他們分成八個小組，每組在接下來的兩個月期間，接受好幾次測驗。每組的考試都一樣，二十五題多重選擇，每題有五個選項。譬如說，拿到竹子文章的學生會碰到下面這樣的考題：

竹子開花過後，整株竹子通常會出現什麼情況：

(a) 死亡。

(b) 開始長一株新的。

(c) 從根部長出新植株。

(d) 開始長出分枝。

(e) 開始長出粗糙的外皮。

　　其實，史皮哲進行的，是一項直到現在大概仍堪稱史上最大規模的突擊考試實驗。學生完全不知道會有考試，或是何時要考試。每一組在不同時間舉行考試。第一組在讀完後立刻考了一場，一天後又考一場，三星期後考了第三場。第六組則是在讀過文章三星期後，才考第一次。不過，學生研讀文章的時間長度都一樣，考試題目也一樣。

　　然而，各組成績卻差異很大，而且浮現出一個模式。

　　讀完之後不久就接受隨堂考的小組（頭一星期內考一次或兩次），在兩個月後的最終測驗，表現最好，答對百分之五十的問題。（不要忘記，他們只讀過花生文章或竹子文章一次。）相反的，在讀過文章兩星期或更久之後，才接受第一次考試的學生，成績就低得多，最終測驗答對的題目不到百分之三十。史皮哲不只證明了測驗是一種很有力的讀書技巧，他還證明了，測驗應該早一點執行，而不是晚一點。

　　「以測驗的方式立即回憶，是高效率學習的記憶輔助方法，應該要更加利用，」史皮哲結論道：「成果測驗或考試是學習的手段，不應該只被視為衡量學生成就的工具。」

　　對於專心研究增強記憶的實驗科學家來說，這項發現照理應該會按響一記警鈴，而且還很大聲才對。讓我們回想一下第2章提到的巴拉德的「回憶」。小學生在他的〈金星號的殘骸〉實驗中，只研讀這首詩一次，但是在幾天後的多次後續測驗中，卻持續進步，隨著時間，對那首詩記得愈來愈多。那些介於研讀該首詩與接受測驗之間的間隔期，不論是一天後、兩天後、一星期後，正是史皮哲發覺最有助於記憶的間隔。

　　蓋茨和史皮哲一起證明了，巴拉德那群年輕學子的進步，並非某種奇蹟，而是因為每次測驗都是一次額外的研讀時段。然而即便如此，史皮哲在《教育心理學期刊》發表他的發現之後，警鈴還是沒有響起。

　　「為什麼會這樣，我們只能用猜的，」同為華盛頓大學的羅迪格三世（見第95頁）和卡皮克（Jeffrey Karpicke）在一篇劃時代的所謂測驗效應（testing effect）的評論文章中，這樣寫道。他們認為，其中一個可能的原因是，心理學家主要的焦點仍然擺在遺忘的動態上：「為了測量遺忘，重複測驗被認為是一種混淆，應該避免。」套一句和史皮哲同時代人士的話，測驗會「汙染」遺忘。

　　事實上，確實會。而且在它發生時，那個汙染會引發思考和表現的進步，是當時沒有人預料到的。經過六十多年後，才有人終於再次撿起球，看出蓋茨和史皮哲所發現的可能性。

　　邱吉爾交出去的那張試卷，帶著汙跡和黑點的那張試卷，即使他拿到一個大鴨蛋，那也絕對不是失敗。

　　科學家現在已經知道了。

「研讀，再回想」成效大

讓我們暫時遠離這些理念的學術分析，先來喘口氣，做個簡單的小實驗好嗎？做個輕鬆一點的，能夠傳達這個觀點、但感覺不會像家庭作業的實驗。

我選了兩篇短文，會選這位作者，是基於各位的閱讀樂趣。因為就我看來，短文皆出自有史以來最粗魯的幽默大師之一，應該很有趣。

奧諾蘭（Brian O'Nolan），已故的都柏林人，一名任期很長的公務員、怪人、愛逛酒吧的人，他在1930到1960年之間，寫過小說、劇本，以及最受人喜愛的《愛爾蘭時報》上的諷刺專欄。現在，你的任務來了：閱讀以下兩段文選，四遍或五遍。每篇花五分鐘，然後把文章擺在一邊，去幹你的活，而且期間要避開類似的東西。這兩段文章都選自奧諾蘭的《邁爾斯最佳選集》（*The Best of Myles*）中的某一章，章名叫〈討厭鬼〉：

第一篇文章：打包高手

這位怪物冷眼旁觀，看你要怎樣把兩座衣櫥裡的東西，塞進一個手提箱。當然，你做到了，但是卻忘了把高爾夫球桿塞進去。你狠狠咒罵著，但是你這位「朋友」可樂了，他早料到這一切。他上前來，提出安慰與建言，要你下樓去冷靜一下，他會「設法補救」。幾天後，當你在格蘭加里夫，把行李打開時，你發現他不只把你的高爾夫球桿裝了進來，甚至還把你的臥室地

毯、瓦斯工人留下的工具、兩只擺飾花瓶、以及一張輕便的小牌桌，一併打包了。事實上，一切視線可及的物品，都裝進來了，只除了你的刮鬍刀。結果你得匯七英鎊到科克郡，買一只新皮箱（用紙板做成的），好把這些廢物運回家。

第二篇文章：出讓鞋底的人

你很天真的抱怨現在的鞋類品質。你扭動你的腳，展示一只破鞋底。「明天一定得處理，」你含糊的說了一句。怪物被你這種消極的態度嚇壞了，他急忙把你推進一張安樂椅上坐好，把你的破鞋拔下來，帶著它們鑽進一間洗滌室。在短得驚人的時間內，他就回來了，把你的東西還給你，宣稱那雙鞋現在「和新的一樣好。」這時你首次注意到他自己的鞋子，當下終於明白，為何他的腳好像變短了。你一拐一拐的回家去，顯然是踩著高蹺。原來，你的每隻鞋底都釘了一片一英寸厚的皮革板，由蟲膠、鋸木屑和水泥做成。

讀完了嗎？這可不是史詩巨著《仙后》，但是它足以應付我們的目標。今天稍後（一小時後，如果你願意執行這項計畫），重讀第一篇文章。坐下來五分鐘，重讀它幾次，就好像準備要把它背起來（事實上正是如此）。等到五分鐘時間結束，休息一會，吃個點心，再回來繼續第二篇文章。但是這次不要重讀，而是測驗你自己，在不看原文的情況下，盡量寫下你能記得多少內容。如果記得十個字，很好。三句話？更好。寫完之後，把它擺

到一邊去，不要再讀它。

第二天，測驗自己兩篇文章。譬如說，給你自己每篇五分鐘時間，盡量回想它。

所以啦，哪一篇考得比較好？

仔細看結果，計算你記得的詞彙。我可沒有站在你背後偷看你的分數，但是我現在要來粗略猜一下，我猜你第二篇文章的分數高得多。

基本上，這就是兩位心理學家，卡皮克（目前在普渡大學）和羅迪格，在過去大約十年的一系列研究中，所採用的實驗方案。他們反覆把這套方法用在各個年齡層，以及各式各樣的材料上，包括散文段落、詞對、科學主題、醫學話題。我們將簡短回顧其中一個實驗，以確定自我測驗產生的影響。

在2006年的一場研究中，卡皮克和羅迪格徵召了一百二十名大學生，要他們研讀兩篇科學文章，一篇講太陽，一篇講海獺。他們研讀其中一篇兩次，每次讀七分鐘，中間有隔了一段時間。他們讀第二篇文章一次，七分鐘，然後在接下來的七分鐘，在不看原文的情況下，盡量寫下他們記得的第二篇文章。（其實就是在「測驗」，和我們剛才測驗奧諾蘭的文章一樣。）這場研究中，等於每個學生都研讀其中一篇文章兩次，研讀另一篇文章一次、然後自由回憶它一次。

卡皮克和羅迪格把學生分成三組，一組在研讀時段結束後五分鐘，接受測驗，一組在兩天後測驗，另一組在一星期後測驗。實驗結果很容易從下圖判讀出來：

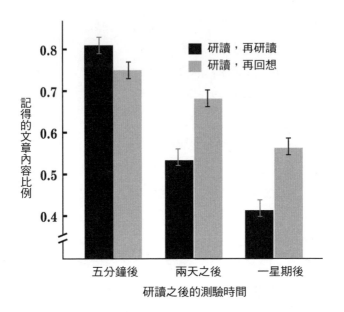

卡皮克和羅迪格的實驗結果

（圖表）
縱軸：記得的文章內容比例（0.4、0.5、0.6、0.7、0.8）
圖例：■ 研讀，再研讀　□ 研讀，再回想
橫軸：五分鐘後　兩天之後　一星期後
研讀之後的測驗時間

　　這個實驗有兩個關鍵要記住。首先，卡皮克和羅迪格讓預習時間一樣長，每個學生都有一樣長的時間來學習兩篇文章。第二，不管是兩天後的考試、還是一星期後的考試，「研讀，再回想」的成效已經壓過了「研讀，再研讀」的成效。簡單來說，回想（相當於測驗）畢竟不等於研讀；事實上，在比較晚舉行的考試，回想（測驗）的威力勝過研讀，而且勝很多。

　　羅迪格告訴我說：「我們是否發現從來沒人發現過的東西？沒有，不完全是。」其他心理學家，尤其是伊澤教授（Chizuko

Izawa），早在1960和1970年代就已經在史丹佛大學，證明過類似的效應。「人們已經注意到測驗效應，而且感到很興奮。但是我們是用不同於以往的材料（就本案例是用散文段落），而我認為那是引人注意的原因。我們證明了，這個可以應用在真正的教室裡，而且我們也證明了它可以多有力。研究就是從那個時候開始起飛的。」

不叫「測驗」，改叫「提取練習」

　　羅迪格三世對「學習科學」貢獻良多，不論是在實驗或理論方面，而他也剛好是這個領域的評論史家之一。在一篇發表於2006年的評論文章中，他和卡皮克分析了一百年來的實驗，關於各種記憶策略（像是留間隔、反覆研讀、情境效應），證明測驗效應一直都存在，是一種強烈而持續的「汙染」，會讓遺忘的速度變慢。畢竟要評估任何類型的學習，你都必須進行測驗。然而你如果只把測驗用於評估，就像某些體育課的伏地挺身測驗，你就錯失了測驗其實也可以做為額外的練習，測驗本身就能讓受測者的記憶肌肉更加強壯。

　　「測驗」這個詞含有很多意義，但是大多和「學習科學」無關。教育者和專家對於標準測驗的價值，已經爭論了幾十年，而布希總統在2001年的教育改革中，決定增加這類測驗，只不過是火上添油。許多老師抱怨這是「考試領導教學」，剝奪了他們與學生充分探討議題的時間。還有一些人則攻擊，這類測驗是不完整的學習評估，無視於學生具有各種不同的創意思維。這些

辯論雖然和卡皮克及羅迪格的研究無關，但是卻有效妨礙了他們（以及其他人）的發現被應用到教室裡，成為課程的一部分。

「做老師的一聽到『測驗』這個名詞，由於有這麼多負面觀感、這麼多包袱，他們就會說『我們不需要增加考試，我們需要的是減少考試』，」加州大學洛杉磯分校的心理學家畢約克告訴我。

部分是為了軟化這方面的抗議，研究人員開始將「測驗」改稱為**提取練習**（retrieval practice）。這個名詞就理論而言，也很適合。一旦我們對研讀的資料熟悉之後，如果自我測驗比直接研讀更有效率，其中必有緣故。

有一個原因直接依據畢約克的「有益的困難」原理。當我們的大腦在回想讀過的文字、名字、公式或其他內容時，比起只是單純再次看見資料或重新研讀，前者做的工作是不一樣的，是更辛苦的。而多出來的努力，加深了最後的存儲強度與提取強度。結果我們對事實或技巧更為了解，因為我們親自提取過了，而非只是重看一次。

羅迪格繼續更深入探索。他認為，當我們成功提取一件事實，我們就會以不同於先前的方式，將它重新存儲到記憶中。不只是存儲的階層升高，記憶本身也會有不同的新連結，而維持記憶的神經元網路也已經改變了。使用我們的記憶，會以我們意想不到的方式，改變我們的記憶。

於是，有關測驗的研究就在這裡做出了一個奇怪的大轉向。

「預試」的奧妙

如果不知什麼原因，你在開學第一天就拿到期末考的試題，儘管你對這門課的實際內容還一無所知。試題就這樣出現在你的電子郵箱裡，可能是老師誤傳給你。請想像一下，擁有這份試題重要嗎？它能幫助你在學期末準備期末考嗎？

當然能！你會仔細閱讀試題，你會知道上課時應該注意哪些東西，以及課後應研讀筆記本裡的哪些內容。只要老師一提到與某個試題有關的東西，你就會豎起耳朵來。你如果做事更徹底，你會在學期結束前，把每一題的正確答案都記得牢牢的。等到期末考那天，你將會第一個交卷，口袋裡裝著 A+，從容離去。

而你，等於是在作弊。

但是，如果你在學期第一天就接受一場考試，考題雖然涵蓋整門課的內容，卻並非是期末考一模一樣的翻版呢？當然這場考試你會死得很慘，你可能連一題都看不懂。可是，根據我們所學到的有關測驗的知識，你在剩餘的學期中，可能會因為這場考試的經驗，而調整自己，專心聆聽和學習這門課。

這就是**預試**（pretesting，測驗效應的最新變體）背後的基本想法。很多位心理學家，包括羅迪格、卡皮克、畢約克、以及康奈爾（見第 116 頁），從一系列實驗中發現，在某些情況下，不成功的提取嘗試（像是寫了錯誤的答案），並非失敗；相反的，嘗試的本身，就能幫助我們思考及學習。在某些種類的考試中，特別是選擇題（尤其是考完馬上得知正確答案的選擇題），我們會從答錯當中學習。

沒錯，**猜錯**能增加我們日後答對相關題目的可能性。

從表面上看，這個主張太粗糙了，有破綻。例如，對於你不熟悉的內容，考得很慘，聽起來更像是打擊士氣的好辦法，而不像是有效的學習策略。要體會這一點，最好的辦法莫過於自己去試試看。意思就是，去做一個測驗。這會是一個很簡短的測驗，主題是你不熟悉的——就我來說，譬如非洲國家的首都。隨便選出十二個非洲國家，請朋友幫你製作一份簡單的選擇題問卷，每個國家都列出五個可能的答案。每個問題給你十秒鐘作答；每答完一題，請你的朋友馬上告訴你正確答案。

準備好了嗎？請暫時放下智慧手機，關上電腦，自己來試試看。下面是幾個例題：

波札那的首都：
(a) 嘉柏隆里
(b) 三蘭港
(c) 哈爾格薩
(d) 奧蘭
(e) 扎里亞
（朋友告訴你的正確答案：(a) 嘉柏隆里）

迦納的首都：
(a) 萬博
(b) 貝南
(c) 阿克拉

(d) 馬布多

(e) 庫馬西

（朋友告訴你的正確答案：(c) 阿克拉）

賴索托的首都：

(a) 路沙卡

(b) 朱巴

(c) 馬塞盧

(d) 科多努

(e) 恩賈梅納

（朋友告訴你的正確答案：(c) 馬塞盧）

　　就像這樣的考題。如果你的水平和我一樣，你剛剛是靠著亂猜來考這場試，而且大部分都答錯了。考這場試，有沒有增加你對這十二個國家的知識？當然有。你的朋友在每一題結束後，都把答案告訴你了。這些都在意料之中。

　　但是我們的測驗還沒結束。剛才只是實驗裡的第一階段：預試。第二階段將會是我們認為的傳統讀書方式。在這個階段，你還要再找出十二個你不熟悉的國家，但是這一次你把答案列在旁邊，然後坐下來，嘗試將它們背起來。例如：奈及利亞首都阿布賈，厄利垂亞首都阿斯馬拉，甘比亞首都班竹。花同樣長的時間（兩分鐘），和你先前考選擇題的時間一樣長。就做到這裡。今天不用再做別的了。

　　現在你已經研讀了二十四個非洲國家的首都。你藉由選擇題

預試，研讀了前半段十二國。至於後半段，你則是用傳統的方式來研讀，直接去記憶。我們將會比較你對前面十二國以及後面十二國的知識。

明天，你將接受所有二十四國的選擇題測驗，同樣是每個國家下方列出五個可能的答案。等你做完後，比較一下結果。如果你和大部分人一樣，你在第一組國家，也就是得知正確答案之前胡亂猜測的那些國家，得分會高出百分之十到二十。套句這個領域的術語，「你那些不成功的提取嘗試，加強了學習，增加了後續測驗的成功提取嘗試。」

用白話文來講：和直接記憶相比，猜測這個動作，會讓你用不同、而且是更費力的方式來用腦，使得正確的答案留下更深的印象。

為什麼會這樣？還沒有人確知。第一個可能的解釋為，預試是另一個「有益的困難」的證明。你先用猜的，會比直接研讀更費力一些。第二個可能則在於，錯誤猜測會消除流暢錯覺——例如，因為你剛剛研讀過後面十二個國家的資料，便產生一個錯誤的印象，自以為知道厄利垂亞的首都在哪裡。第三個可能的答案是，當你在單純記憶時，你只看到正確的答案，沒有受到其他四組答案的迷惑，但這類迷惑才是你在考試時會遇到的。「這麼說吧，假設你在研讀首都的資料，你看到澳洲首都是坎培拉，」畢約克對我說：「很好，看起來很簡單。但是當考題出現時，你看到各種其他的可能性，像是雪梨、墨爾本、阿得雷德等澳洲的城市，突然之間，你不那麼確定了。如果你只有研讀正確的答案，你不會辨別所有其他可能出現在心裡或測驗中的答案。」

另外，接受練習測驗，還可以提供我們一些別的東西，特別是：**瞥見老師的手法**。「即使你答錯了，似乎還是能改善後續的研讀，」畢約克補充說：「因為測驗本身可以把我們的思維，調向我們需要知道的資料。」

這是件好事，而且不只是對我們來說，對老師也有好處。老師可以盡量教導學生各種事實和概念，但是到了最後，最重要的還是在於學生如何去思考這些資料：他們在腦中如何組織這些知識，以及如何運用這些知識來判斷輕重緩急。

在伊莉莎白・畢約克看來，這似乎是最好的解釋，說明了為何預試可以促進更有效率的後續研讀，因為預試事先教導學生未來要注意哪些重要的概念。為了發掘真相，伊莉莎白決定要在自己的課堂上進行預試實驗。

預試確實有助於學習

伊莉莎白決定先從小規模做起，在她執教的加州大學洛杉磯分校心理學100B班上，測試研究方法。她不會在學期第一天就進行詳盡的期末考預試。「這真的只是一個先導研究，我決定在前三堂課裡，進行預試，」伊莉莎白說道：「學生在上那些課之前一或兩天，接受預試。我們想知道，以後他們是否會把這些素材記得更牢。」

伊莉莎白和博士後研究生索德史壯（Nicholas Soderstrom）設計了三個很短小的預試，每場考試各有四十道題目，都是選擇題。另外，他們還在三堂課都上過之後，舉行一場概括三堂課內

容的段考。他們最想探究的關鍵問題是：這樣做之後，學生對預試過的素材的理解和記憶，是否會勝過沒有預試過、但是有包含在課程裡的素材？

　　為了找出這個答案，伊莉莎白和索德史壯在段考時，動了一個很聰明的小手腳。他們安排了兩種不同的問題：一種是和預試題目有關的問題，另一種沒有。「如果預試真的有幫助，學生在段考時，相關問題應該會考得比較好，勝過我們課堂上有教、但是預試裡沒考過的素材，」伊莉莎白說。這很類似我們前面才做過的非洲國家測驗：第一組十二個首都有經過預試，第二組十二個首都則沒有，只是用平常的方式研讀。在一次涵蓋所有二十四個首都的測驗中，比較第一組國家的分數與第二組國家的分數，就可以判斷預試是否能造成差異。

　　伊莉莎白和索德史壯也會針對學生的段考，比較他們在預試相關題目的分數，與非預試題目的分數。所謂相關的題目，措詞會改動一些，但通常還是包括一些相同的答案。例如，以下是一對相關聯的題目，一個來自預試，一個來自段考：

以下有關「科學解釋」的敘述，何者為真？

(a) 和其他類解釋相比，它們較不可能由實驗觀測來證明。

(b) 它們被人接受，是因為出自可靠來源或權威人士。

(c) 它們被接受只是暫時的。

(d) 面對和科學解釋不一致的證據，該證據將受到質疑。

(e) 以上有關科學解釋的敘述都是正確的。

以下有關「以信念為根據的解釋」的敘述，何者為真？

(a) 和其他類解釋相比，它們比較可能由實驗觀測來證明。

(b) 它們被人接受，是因為出自可靠來源或權威人士。

(c) 它們被認為絕對真確。

(d) 面對和信念解釋不一致的證據，該信念將會受到質疑。

(e) 以上的 (b) 和 (c) 為真。

　　學生的每一場預試成績都很慘。然後他們在一、兩天後會上到那一堂課，事實上，就等於拿到之前嘗試回答的問題的正確答案。如果人們馬上獲得回饋，預試的幫助最大（就像我們的非洲首都測驗）。

　　這些考砸的測驗，對於學生日後的記憶是否具有任何影響？段考，也就是涵蓋三堂課程的測驗，會告訴我們答案。伊莉莎白和索德史壯在第三堂課結束後兩星期，舉行段考，而且採用相同的形式：四十道選擇題，每題有五個可能的答案。還是一樣，其中有些問題和預試題目相關，其他問題則沒有。

　　結果如何？很成功。伊莉莎白的心理學100B學生在相關問題的成績，比不相關問題的成績，高出百分之十。這是伊莉莎白的初次嘗試，成績還不壞。她告訴我：「根據初步的數據，將某堂課的內容對學生進行預試，能改進他們在日後期末考時，回答與該內容相關的問題的能力。」伊莉莎白補充說，即使學生考得很慘，他們還是可以得到機會，先看到未來課堂上會用到的關鍵字彙，並感受一下，哪些類型的問題和概念很重要。

　　預試不算是全新的想法。我們多多少少都參加過模擬考，

一種建立考試熟悉感的方法，然而效果還不確定。學童參加模擬學力測驗，就像成人參加模擬醫學院入學考、商學院研究所入學考、法學院入學考一樣。但是學力測驗之類的考試，屬於通才知識的測驗，而針對學力測驗的模擬考，目的主要是為了減輕應試的焦慮，以及讓考生感受一下測驗的形式與時間。畢約克夫婦、羅迪格、康奈爾、卡皮克及其他人所做的研究是不一樣的。他們的測驗效應（不論是在研讀前或後），適合拿來學習「構成專業化知識的基礎概念、名詞及字彙，譬如化學入門、聖經分析或是音樂理論」。

先假裝你是專家，看你知道些什麼

在學校，考試依舊是考試，這是不會變的，至少基本上不會改變。改變的，是我們對考試的評價。

能有這樣的觀念改變，首先要謝謝蓋茨這位研究背誦的哥倫比亞大學科學家。背誦看起來至少等於額外研讀：複述不只是評估自己記得多少，也能增加整體的記憶。

接下來，史皮哲、卡皮克和羅迪格等人證明了，測驗在許多不同的學術主題上，都比一再研讀更高明，而且在需要靠記憶來練習的領域，像是音樂和舞蹈，情況似乎也是如此。

而現在，我們也開始了解預試能改進日後的學習，即使預試的成績很糟糕。

將來可不可能有這麼一天，老師和教授在開學第一天就舉行期末考的預試？難說哦。期末考預試對於像阿拉伯文或中文入門

課程，或許是白費工夫，因為其中的字彙、符號和概念全都太陌生了。我個人的猜想是，期末考預試對於人文和社會科學，比較可能發揮作用，因為在猜測之前，我們腦裡對這些課程已經擁有一些能夠運作的語言架構。「就目前來說，我們還不知道最理想的預試方式是什麼，」畢約克告訴我：「它仍然是一個非常新的領域。」

　　本書要發掘的重點之一是：我們應該怎樣運用自己的時間來學習。以下我要說的結論，來自我和畢約克、羅迪格、以及其他「想把提取練習的潛力發揮到極致的科學家」的對話：**測驗**（或背誦、複述、自我考試、預試，隨你愛怎麼稱呼都行）是一種極為有力的技術。測驗能做的，遠超過單純的學習成效評量。測驗能打敗流暢陷阱──這種陷阱令許多人覺得自己是不會考試的人。測驗把我們讀書時間的價值給放大了，而且給了我們一個詳細的預覽（就預試的例子來說），提示我們應該怎樣去學習和思考某個主題。

　　考試曾為無數心靈帶來恐懼與自我憎惡，要改變它的定義，可沒有那麼容易。有太多的嫌隙存在了。不過現在有一個辦法，我們可以把考試想成只是測驗的一種應用，是許多種應用當中的一種。這些應用，令我想起偉大的阿根廷作家波赫士（Jorge Luis Borges）曾經這樣談論他的行業：「撰寫厚重的大書，耗費五百頁篇幅來談一個幾分鐘就可以解釋得清清楚楚的想法，是一件既勞累又傷神的蠢事。更好的做法是，假裝那些書已經存在，然後嘗試寫一份摘要，一份評論。」

　　假裝那本書已經存在。假裝你知道。假裝你已經彈過吉他大

師沙比卡斯（Sabicas）演奏的曲目，假裝你已經記熟了聖克里斯品日演說，假裝你已經摸熟了哲學邏輯。假裝你已經是專家，正要提出一份摘要或是評論──**假裝，然後去履行**。這就是自我測驗的靈魂所在：假裝你是專家，看你知道些什麼。

這樣做，遠勝過在閱讀之前快速偷瞄一眼歷史課本每章末的「摘要問題」，雖說後者也算是方向正確的一步。在學吉他的時候，我每次只學一首曲子的幾個小節，很慢、很費心力，然後嘗試根據記憶，把這幾個小節連在一起彈。在閱讀一篇很難的科學論文時，我會中途好幾次先把它放下，然後對某人解釋這篇論文在說什麼。如果沒有現成的人可以聽我講（或是假裝聽我講），我就會大聲對我自己講，盡可能引述文中的主要觀點。

很多老師都說過，你不會真正了解某個主題，除非你必須去**教這個主題**，除非你能對別人把這個主題解釋得清清楚楚。一點也沒錯，有一個很有效的方式，很適合拿來自我測驗，那就是對自己說：好啦，我已經讀完這些東西了，現在是時候去告訴我弟弟（或配偶、或青少年兒女），這個東西到底在講什麼。如果有需要，我會憑記憶把它寫下來，盡可能寫得連貫、簡潔和清楚。

別忘了，像這樣單純嘗試把所學到的東西，與自己或他人交流，不只是一般人認為的一種自我測驗方式，它本身就是在研讀，一種優質的研讀，威力比你窩在座位上死命盯著重點綱要，高出百分之二十至三十。更妙的是，這些練習還會驅散流暢錯覺，會揭露哪些東西你不曉得，哪些地方你還沒弄清楚，以及你忘掉了什麼──而且是很快揭露。

那是一種最棒的無知。

第 **6** 章

分心的好處

醞釀期在解題過程的關鍵角色

　　學校生活對我們的心理衝擊和考驗，可不下於學業測驗。走廊上的推擠、操場上打架、傷人的蜚短流長、難吃的餐廳食物，都可能是心理衝擊的源頭。但是對許多人來說，最痛苦的經驗莫過於上臺報告：站在臺上，面對全班同學，嘴裡述說著一段事先背好的演講——關於黑洞，或是法國反抗運動，或是皮爾當人，心裡巴望著人生能有一個快轉鍵。

　　說來丟臉，但我不得不承認我就屬於那種人。小時候，我一張嘴開始報告，聲音總是小得像蚊子叫。

　　我一心以為自己早就超越了那段時期，直到不久前，2011年的某個冬天。我前往紐約市郊一所中學，準備給一場非正式的演講，對象是一班七年級學生，大約二、三十名，主題是我寫過的一本兒童推理小說，書中的線索都是一些代數問題。然而等我到了之後，我卻被帶到一間大禮堂，一名教職員問我需要使用哪些視聽器材：電腦連接設備？還是簡報軟體？噢，不。我都不需要。事實上，我甚至沒有準備簡報。我的臂彎下只夾了幾本書，準備回答一些有關寫作的問題，如此而已。很快，聽眾進場了，由老師們領著各班同學就座。很顯然，這是一場全校性的活動！

　　我設法按捺心底的恐慌。我腦裡閃過一個念頭，要不要道個歉就下臺，解釋我真的沒有準備，這裡頭顯然有誤會。然而，一切都太遲了，眾人都已入座，突然之間，學校圖書館員便出現在臺上，一手高舉，要求大家肅靜。她開始介紹我，說完之後就閃到一邊去了。我腦袋一片空白。我放眼臺下，一大片青春洋溢的面孔，帶著期望、好奇，以及些許不耐。在禮堂最後排，已經有一些孩子開始扭動了。

　　我需要時間。或是變個魔術。

　　兩者我皆無，於是我決定要從一道謎題開始。我心裡閃現的是一個很古老、大概可回推到七世紀阿拉伯數學家的謎題。在比較近代，許多科學家曾經用它來研究**創意解題**（creative problem solving），也就是找出非直覺的或非明顯的答案。要對任何人解釋這個都很容易，對中學生當然也不例外。我注意到講臺後方有一塊黑板，於是我便將黑板搖高。我撿起一根粉筆，在黑板上畫了六支垂直的鉛筆，每根相距大約一英寸，好像一排籬笆：

　　「這是一道很有名的謎題，我保證：你們任何一個人都解得出來，」我說：「請各位用這些鉛筆，做出四個等邊三角形，用每一支鉛筆當做三角形的每一邊。」我提醒他們什麼叫等邊三角形，就是每個邊長都相等的三角形：

「所以，六支鉛筆，四個三角形。很容易吧？開始。」

坐立不安的情景停止了。突然間，臺下所有的眼睛都盯著黑板瞧。我簡直可以聽到那些腦袋迴路發出運轉的嗡嗡聲。

這又是心理學家所謂的**頓悟問題**（insight problem），或者說得更口語，一個「啊，原來如此」的問題。為什麼？因為你第一個想到的答案通常不管用……所以你會再嘗試幾種變化……可是沒有進展……然後你開始瞪天花板，一瞪就是一分鐘……然後你開始換跑道，嘗試一點不同的東西……然後……啊，原來如此！——你懂了。

根據定義，頓悟問題是需要解題者轉變自己的角度，以全新的方式去看問題。頓悟問題就像謎語，而且長久以來不斷有人在辯論，我們解決這種問題的能力是否與智商有關，或是與創造力和分析技巧有關。擅長解謎，不見得就會讓人成為數學、化學或英文領域的佼佼者。且把爭辯放在一邊，我是這樣子看待它的：頓悟問題至少沒有壞處。我們需要創意思考來解決一些實際的問題，不論是寫作、數學、或管理。如果我們試遍了慣用的組合，金庫門還是打不開，我們就得再想出一些其他的組合，或是另找一個入口。

那天早上，我在禮堂裡也稍稍解釋了一下這些事，孩子們則是眼睛盯著黑板，一邊交頭接耳，竊竊私語。過了差不多五分鐘，幾名學生自告奮勇，上臺畫出他們的點子。但是沒有一個行得通。他們畫的都是較小的三角形在內部交錯，邊長並不相等。他們都很努力，但金庫的門紋風不動。

這時，學生不安分的扭動又開始了，尤其是後排的學生。

我繼續提出更多關於數學就像推理的噱頭。例如，你需要確定用上了所有可用的資訊。你應該對那些看似愚蠢的點子，持續追到底。如果可能的話，你應該試著將問題分割成更小的片段。忽然間，我開始覺得自己活像他們的老師，就像查理·布朗系列老電影中的學校老師（哇拉─哇拉─哇拉講個不停），而屋子裡的腦袋運轉聲音卻開始消散了。我需要新把戲，我想到了另一個很有名的頓悟問題，便把它寫在黑板上，就寫在那些鉛筆旁邊：

SEQUENC_

「現在，讓我們暫停一下，試試另一個問題，」我告訴這些學生：「這題的指令只有一個：使用除了E之外的任何字母，來完成這個序列。」

我認為這一題比三角形那題，感覺起來更容易，因為裡面沒有數學的味道。（任何題目只要出現幾何圖形或是數字，馬上就會讓一群自認或是被告知「缺乏數學細胞」的學生退縮。）這道SEQUENC_謎題，是我們所有人都覺得自己解得開的那種題目。我希望不只能讓他們保持投入，也能更深入吸引他們，讓他們進入一種適合解那道鉛筆謎題的心智狀態。

我馬上就察覺到群眾裡出現了變化。空氣中有一股競爭的味道，彷彿禮堂裡的每個小孩都感覺到這題是自己能力所及的，而且也想要成為第一個解出來的人。同時老師們也開始鼓勵大家：

要專心！用力想！

打破框框來思考。

後面那些學生，安靜！

專心一點！

　　過了幾分鐘，一名坐前排的女孩舉起手，說出一個答案，聲音小得幾乎聽不見，好像很害怕自己說錯似的。雖然她其實說對了。我請她上臺，在黑板上寫下她的答案。

　　這下子激發出一陣「噢，天哪！」的反應，以及「你在開玩笑吧，就這樣？」

　　這就是頓悟問題，我告訴他們。你必須先放開最早的幾個點子，重新審視每一個細節，然後試著以更寬廣的角度來思考。

　　到了這個時候，我的演講時間已經進入最後四分之一，而鉛筆問題還高掛在黑板上嘲弄著他們。我是有幾條線索，等著提供給大家，但我希望再等個幾分鐘才透露。這時，後排一名男生，被老師點名「專心一點！」的那個區域的一名男生，舉起手來。「如果是數字四和一個三角形呢？」他一邊說，一邊舉起一張紙，上頭有一個簡單的圖形。但是太遠了，我看不清楚。我請他上臺，感覺他好像抓到一點門路了。他走上臺，在黑板上畫了一個簡單的圖形，然後看著我，聳聳肩。

　　那真是一個奇異的時刻。觀眾都在幫他加油打氣，我能看得出來，但是他的答案並不是一般公認的那個，還差得遠。但是，也行得通。

　　所以，這場演講也是在研究創意解題的過程。研究本身與以實驗室為中心的心理學世界格格不入，而且結論看起來也像是錯

的,和我們平常聽到的建議不一致,像是要專注,不要分心,還
有就是用力想。但是這些結論卻是管用的。

靈光乍現

洞見(insight)到底是什麼玩意兒?一道問題的答案,何時
最有可能躍上心頭?原因又是什麼?當那道有如X光的洞察力看
到一個答案時,腦袋裡到底發生了什麼事?

就大部分人類歷史而言,那些問題一直是餵養詩人、哲人
以及教士的糧草。在柏拉圖看來,思考是「觀察」與「辯論」之
間的動態互動,而它們所製造出來的「理型」,或是「理念」,
比起我們所見、所聞、乃至感知的不斷變化之事物,更為接近真
實。對於這一點,亞里斯多德又幫它加上了邏輯語言,也就是從
某個命題移轉到另一個命題的系統(例如,樫鳥是一種鳥類,而
鳥類有羽毛,所以樫鳥必定也有羽毛),藉以發掘各種事物的基
本定義以及彼此之間的關係。亞里斯多德提出的一些字彙,現在
我們稱為**演繹法**(從首要原理,由上往下推理)和**歸納法**(由下
而上,以仔細觀察為基礎所得出的通則)。到了十七世紀,笛卡
兒主張,創意解題需要退回我們的內心,回到一個超越感官的智
慧領域,在那兒,真理自會浮現出來,如同美人魚從深海中浮
出。

這些東西,很適合學生聚集在宿舍裡挑燈討論,又或是博士
班學生之間的知識較量。它是哲學,聚焦在一般性的原理和邏輯
規則,在發現「真理」和「基本特性」。但在同時,對於正在和

微積分搏鬥的學子，或是想要修正一項軟體毛病的工程師來說，它卻是一點用處都沒有。

他們碰到的問題都是更立即的，每天都在發生的腦袋打結。好不容易，一位英國知識份子兼教育家率先踏出第一步，試圖回答一個最關鍵的問題：我們的腦袋究竟發生了什麼事，為何會卡在一個問題上，之後卻又鬆開？解決一道難題的階段過程是什麼，關鍵的洞見又是在何時、以及如何產生的？

快樂的點子意外來到

華勒士（Graham Wallas）最有名的在於他的社會進步理論，以及他是倫敦政經學院的協同創辦人。1926年，他在生涯接近尾聲時，出版了《思考的方法》，漫談他對學習和教育的想法，半像回憶錄，半像宣言。在這本書裡，華勒士說了一些自己的故事，提到一些名人，轉載了一些他最喜歡的詩。他攻擊敵對的知識份子。同時，他也針對歷史上的科學家、詩人、小說家以及其他具有創意的思想家所記載的自己如何產生洞見，進行了廣泛的分析。

光是轉載這些名人的自我觀察和揣測，並不能滿足華勒士。他決心要從中擷取出某種方程式：**一系列特定的步驟**，這些思考家用來取得答案的步驟，是任何人都可以套用的一個架構。當時的心理學家還沒有發展出能形容這些步驟的語言，也沒有適當的定義來研究這些步驟，因此沒有辦法研究這一項最基本的人類能力。在華勒士看來，這真是太令人震驚了。他的目標是要發明一

套共通的語言。

華勒士引用的這些原始素材，讓人讀得津津有味。譬如說，他引用法國數學家龐卡赫（Henri Poincaré）的話，龐卡赫曾經描述自己試圖想出一組富克斯函數（Fuchsian function）的特性。「我們在研究一道很難的問題時，第一次攻擊往往不會有什麼好結果，」龐卡赫觀察道：「然後我們會停下來休息，或長或短，之後再重新研究這個問題。但是在前半個小時，還是老樣子，沒發現任何東西，然而突然之間，決定性的想法就自動浮現在腦海裡了。」

華勒士還援引了德國著名物理學家亥姆霍茲（Hermann von Helmholtz）的話。亥姆霍茲描述新點子是怎樣在他苦思一個問題並且碰壁之後，突然冒出來：「快樂的點子意外來到，毫不費力，就像一個靈感，」他寫道：「就我個人來說，它們從未在我累得頭昏腦脹或是埋首工作之時出現⋯⋯倒是在陽光普照的日子裡，在緩步爬上山坡樹林之際，它們特別容易出現。」

此外，比利時心理學家沃倫冬克（Julien Varendonck）追蹤自己的洞見，發現它們來自工作一段期間後的白日夢，他感覺到「在我的前意識裡，有些東西正在進行，它們必定和我的主題直接相關。我應該停止閱讀一陣子，讓它浮出表面。」

但是這些引言不算是特別有啟發性，也沒有解釋得很清楚。這種話聽起來倒是有點像職業運動員在賽後的自我評論：「哇，我當時完全進入身心合一的狀態；我覺得看每個東西都像是慢動作一樣。」

不過，華勒士認為這些描述有個基本的架構。思考者先是落

入某種難題的泥淖，然後轉身走開。他們看不到出路，他們的點子枯竭。然而在當事人放下困擾他們的難題，刻意不去思索時，關鍵的洞見卻出現了。每一次冒出洞見的經驗，似乎都包括了一系列的心理步驟，華勒士稱之為**控制階段**（stages of control），共分為四個階段。

醞釀期最為關鍵

第一個階段是**準備期**（preparation）：當事人與自己碰到的邏輯死巷或創意死結搏鬥，為期幾小時或幾天，甚至更長。譬如，龐卡赫花了十五天想證明富克斯函數不可能存在；就他的專業本領而言，十五天真是滿長的一段時期。「每天我都會坐在工作檯前，一坐就是一、兩個小時，嘗試許許多多種組合，卻得不出結論，」龐卡赫寫道。準備期不只包括全面理解需要解決的那道問題、以及手邊擁有的線索，同時也意味著，你必須工作到點子都耗盡了的程度。換句話說，你不是熄火了；你是被困住了！

第二個階段是**醞釀期**（incubation）：始於你把問題擺到一邊的時候。對於亥姆霍茲來說，醞釀期是從他放棄手上的工作，到樹林裡散步，故意不去想工作的時候開始的。至於對其他人來說，華勒士發現，醞釀期可能發生在夜裡，或是用餐時間，或是與朋友外出的時候。

華勒士知道，腦袋裡的某些祕密策劃，顯然就是發生在這段停工期。這段醞釀期具有很關鍵的重要性。華勒士是心理學家，可不是讀心術專家，但他還是放膽說出他的猜測：「某種內部的

心智過程，」他寫道：「在進行新資訊與舊資訊的結合。一種內部的資訊重整，似乎是在當事人並未直接察覺的情況下，自動自發的進行。」那就是說，腦袋會利用你**下線時間**鑽研那道難題，繞著它已經掌握到的片段知識打轉，並陸續添加一些它剛開始沒想到可以運用的後備資訊。

想知道這是怎麼一回事，我們不妨舉一個週末動手修東西的例子。譬如說，你打算把一組壞掉的門鎖換成新的。看起來滿簡單的，但問題來了：新的鎖扣板若安裝在門框原來的凹槽，門鎖的鎖舌與鎖扣板上的鎖舌孔無法對齊。你不想要挖新的凹槽，那會破壞門框；你弄來弄去，就是弄不出個結果。你投降了，放下工作吃飯去，然後突然間……嘿，等一下，我為什麼不使用舊的鎖扣板，只更換門鎖和鎖舌？你原本已把舊鎖扣板丟掉，突然間想起它還在垃圾桶裡。

至少這就是大概的想法，而且在華勒士的認知裡，腦袋裡的祕密策劃包括好幾個成分。一個是潛意識，我們都沒有意識到潛意識的發生。另一個成分是問題（例如，我在學校演講的鉛筆問題）裡面包藏的要件，會被一再組合、拆解，然後再組合。直到某個時間點，過去的舊資料，譬如我們剛開始沒有想起來的三角形特性，也給編入其中。

第三個控制階段叫做**頓悟期**（illumination）：這是「啊，原來如此」的時刻，是雲散天開、答案突然出現的時刻。我們都知道那種感覺，一種很好的感覺。以下又是龐卡赫，談到富克斯函數問題如何雲破日出：「一天晚上，一反常例，我喝了黑咖啡，結果睡不著。點子此起彼落，我感覺它們在互相碰撞，直到彷彿一

對對的連鎖在一起，形成穩定的結合。第二天早晨……我只需要把結果寫下來就成了。」

最後一個階段是驗證期（verification）：去檢驗那些結果，確定它們行得通。

華勒士的主要貢獻在於他對醞釀期的定義。他沒有把醞釀期視為一個被動的步驟，是腦袋在休息，然後「恢復精神」。華勒士把醞釀期視為一個比較不緊張的、潛意識的工作的延續。腦袋在把玩各種概念與想法，把某些推到一邊，把另一些兜合起來，就好像心不在焉的玩拼圖。我們沒有看到結果，直到我們再次坐下，才注意到有一整個角落的拼圖已經完成了，揭露了整個畫面的一部分，告訴我們該如何繼續剩餘的部分。就某方面來說，因為暫時抽身，使得人們不至於擋了自己的路，給潛意識一個機會去做苦工，脫離意識腦的指揮。

華勒士並沒有說明，醞釀期應該持續多久。他也沒有指明，哪一類休息活動（散步、午睡、逛酒吧、為樂趣而閱讀、烹飪）最為理想。此外，他也沒有嘗試以科學角度來解釋，我們的腦袋在醞釀期可能產生的狀況。華勒士的目標並不在於設定議題，引領風騷，而是在於建立基本詞彙，以便發現「近代心理學所累積的知識，在改進思考者的思考程序方面，用處能夠有多大。」他表達了一個謙卑的願望，希望他的書能引導其他人「比我更成功的探索這個問題。」

華勒士完全沒有料到後續會如何。

麥爾的創意實驗

關於創意解題的後續研究，可不是一般典型的白袍實驗室研究。事實上，在早期它還更像是工藝實習課。想要研究人們如何進行創意解題，而且想要做得夠嚴謹，心理學家需要設計出真正有創意的問題。

這可不容易。我們大部分人在成長過程中，都吸收了不知多少謎語、笑話、文字遊戲、以及數學問題。我們擁有深厚的庫存經驗可供挖掘。因此，科學家若想要純粹測驗「解題」本身，便需要一些完全不同的東西——理論上，完全非「學術」的東西。於是他們選擇的一些謎題，都是不需要操縱符號的，而是需要操縱普通家庭用品。這麼一來，他們的實驗室看起來比老祖父的車庫，還更不像是實驗室。

在這些宛如工藝教室的實驗室當中，有一間較為創新的實驗室，屬於密西根大學心理學家麥爾（Norman Maier），他決心要描述的是，看到答案之前的那段心智謀略。

麥爾在1931年做了一場實驗，找來六十一名受測者，把他們帶到一個很大的房間，一次帶一位。進了房間，每位受測者會發現裡頭有桌子、椅子、以及各種工具，包括好幾個夾子、一把老虎鉗、一支金屬長桿、一段延長線。此外，還有兩條繩索從天花板垂掛到地上，一條位於房間中央，另一條位在大約十五英尺外的一面牆旁邊。「你要解決的問題是，把這兩條繩子的尾端綁在一起，」受測者接獲這樣的指示。然而，他們很快就發現，想要抓起其中一條繩子，然後越過房間去抓另一條繩子，是不可能

的事，因為你的手臂和身體不夠長。這時，麥爾便解釋說，他們可以隨意使用房間內所有物品，不論用何種方式，來把兩條繩子綁在一起。

這道題目有四種解法，有些比較明顯，有些則不。

第一個解法是把其中一條繩子綁在一張椅子上，然後你再走過去把另一條繩子拉過來。麥爾把這個解法歸入「簡單」的類別。他認為另外兩種解法的困難度稍微高一點：把延長線綁在某條繩子上，讓它變得夠長，足以拉到另一條繩子旁邊；又或是利用那根金屬長桿，將一條繩索拉到另一條旁邊。第四個答案則是讓房間中央的繩子像鐘擺般擺盪，然後在它擺盪到接近那面牆的時候，把它抓住。麥爾認為這是最高段的答案，因為要做到這一點，你必須把繩子綁上某件重物（例如老虎鉗），它才能擺盪得夠遠。

十分鐘過後，百分之四十的學生在不需要協助的情況下，四種解法都想到了。但是麥爾感興趣的是其餘百分之六十的學生，尤其那些起碼解出一個答案、但卻解不出最難的那個鐘擺答案的學生。在標準的十分鐘結束時，他們被困住了。他們告訴麥爾，點子都用光了，於是麥爾讓他們暫時休息幾分鐘。按照華勒士的術語，這些學生正在醞釀之中，而麥爾希望能了解他們在這段期間到底發生了什麼事。第四個答案是完整浮現出來的嗎？又或是以階段方式現身，從之前的想法中衍生出來？

為了釐清這一點，麥爾決定要把受困的學生往鐘擺答案的方向，輕輕推一把。在休息時間結束後，麥爾站起身，朝向窗戶走去，途中故意碰撞懸掛在房間中央的繩索，讓它輕微擺動起來，

而且刻意選擇角度，讓受測者可以清楚看見整個畫面。結果不出兩分鐘，幾乎所有受測者都做出了一個鐘擺。

等到實驗結束，麥爾問他們是怎樣想出第四個答案的。有幾個學生說，他們早就隱約覺得應該要移動繩索，而那個暗示只不過是完成了那個想法。也就是說，那個答案對他們來說，是分階段出現的，麥爾的輕推，成就了它。這些並不稀奇，想想看電視上的遊戲節目「幸運輪」（Wheel of Fortune），每個字母填進一個普通名詞的空格中。一個字母、一個字母，我們覺得自己愈來愈靠近答案，而且明確知道是哪一個字母讓我們擊中目標。

然而，這場實驗真正的報酬卻來自其餘的答覆。大部分人說答案好像閃電似的出現，而且他們完全沒有接收到暗示──即使他們顯然是有。「我突然明白，如果我把一個很重的東西綁在繩索上，繩索就會擺動，」有一名學生這樣說。另一名學生則說，這個答案來自先前的一堂物理課。難道這些受測者是想掩飾他們的難堪嗎？不太像，麥爾指稱：「認知到問題的答案，就像是從一幅謎畫中，察覺到一個隱藏圖形。他們並沒有感受到暗示，是因為意識被突然想出的答案給占滿了。」換句話說，洞見的光芒是如此耀眼，導向它的因素反而被遮蔽了。

掀開醞釀期的布幔

麥爾的實驗會被記住，是因為他證明了，醞釀期往往是（甚至可能完全是）潛意識的。腦袋在掃瞄環境、掃瞄意識之外的體認，以尋求線索。在這個實驗中，提供線索的是麥爾，而且他提

供的是一條很好的線索。不過，這裡頭的意涵在於，處在醞釀期的腦袋，對於環境中任何可能與答案有關的資訊，都很敏感，像是鐘擺的動作、窗外的鞦韆、某人手臂的晃動等等。

生活裡當然不會總是有這麼多的線索，因此麥爾也沒有完全解釋清楚醞釀期。人們慣常在完全沒有線索的情況下，得出創意答案，例如閉著眼睛時、坐在位於地下室的書房裡、或窩在隱蔽的小隔間裡。因此，成功的醞釀期必定也得依賴其他因素。那麼到底是什麼因素呢？你沒有辦法問人是哪些因素，因為那些動作都是幕後的，而布幔也不容易拉開。

但是，要是你能夠以輕微到不受人注意的方式，阻擋人們看見一個創意答案呢？而且，你如果也能悄悄移開那些阻礙，提升當事人看見答案的機率？這樣做，能否揭露關於這個隱晦的醞釀期的資訊？可是，這樣做真的有可能嗎？

年輕的德國心理學家鄧克（Karl Duncker）也是這麼想。鄧克很想知道，當人們在破解一道需要創意的問題時，究竟怎樣解除障礙？而且他也讀過麥爾的研究。別忘了，麥爾曾在那篇論文中結論道：「認知到問題的答案，就像是從一幅謎畫中，察覺到一個隱藏圖形。」鄧克對於畫謎一點都不陌生。當麥爾在做他的實驗時，鄧克正在柏林，跟隨魏泰默（Max Wertheimer）做研究，魏泰默是格式塔（完形）心理學派的奠基者之一。

格式塔（Gestalt）在德文裡的意思是「形狀」或「形式」，該理論主張，人們會先感知到物體、概念、以及圖形的整體，之後才會去加總它們的局部組成。譬如說，在建構一幅外界影像時（例如用眼睛觀看時），大腦所做的工作遠超過把通過眼簾的光

線組合起來。事實上，大腦會套用一系列的假設，例如：物體會
凝聚在一起；物體表面的顏色是一樣的；一起移動的點點，屬於
同一個物體。這些假設早在童年期間就已經發展出來了，因此我
們才能追蹤某個物體，譬如一顆棒球，即使它暫時在陽光中消失
片刻；又或是認出小樹叢後面一團移動的點點，是我們走失的小
狗。大腦自會「填滿」樹叢後方的形狀，然後再影響我們對那些
點點的感知。

格式塔心理學家推論說，大腦對於某些類型的謎，會進行類
似的動作。也就是說，大腦會根據內建的諸多假設，把它們視成
一個整體，建構了一個**內在表徵**（internal representation）。譬如
說，我第一次看見鉛筆問題時，馬上就想像一個等邊三角形出現
在一個平面上，彷彿畫在一張紙上，然後立刻開始安排讓剩下的
鉛筆圍繞該三角形。我這一輩子，研究幾何問題都是在紙上；這
次為何要不同？我等於是做了一個假設，即：所有鉛筆都是躺在
同一個平面上。而且這個「表徵」不只決定了我如何去思考可能
的答案，同時也決定了我如何詮釋已有的指示。很多謎題都是利
用這類型的**習慣性偏見**（automatic bias）。

（關於習慣性偏見，這裡舉出一個在我祖父母時代很出名的
謎題：波士頓有一名醫師有個兄弟在芝加哥當醫師，但是在芝加
哥的那位醫師卻根本沒有兄弟。怎麼會這樣呢？當時大部分人一
聽到醫師，就會假設必定是男性，於是便根據這項假設，想出一
大堆糾纏不清的家族關係。當然，答案是，波士頓這名醫師是女
性。）

解謎的關鍵：拋開成見

　　鄧克懷疑這種格式塔類型的偏見，也就是**心理表徵**（mental representations），有可能阻礙人們看見答案。他的創新做法是：設計了一些特別的謎題，它們都帶有內建的、但是可移除的「簾子」——利用日常物品，像是盒子、板子、書本、老虎鉗等等。其中最有名的，就是所謂的蠟燭問題。在一系列實驗中，鄧克安排受測者獨自進入一個房間，裡面有一張桌子和幾把椅子。桌上有一把鐵鎚、一個老虎鉗以及其他工具，再加上迴紋針、紙張、膠帶、繩子，還有好幾個裝有零星物品的小盒子。有一個小盒裡頭裝了圖釘，另一個裝了鈕釦，或是火柴。受測者的任務如下：利用桌上任何物品，把三根蠟燭安裝在門上，位置大約與視線齊高，以便將它們點燃。每位受測者有十分鐘來完成任務。

　　大部分人都會嘗試幾件事，像是用圖釘把蠟燭釘在門上，或是用膠帶把蠟燭貼在門上，之後才一籌莫展。但是鄧克發現，只要他做一個小小的調整，成功率就會大大升高：把圖釘、火柴和其他小雜物倒出小盒子。當空盒子放在桌面上時，受測者就會看出他們其實可以用圖釘把小盒子釘在門上，做出一個迷你平臺，再把蠟燭安置在平臺上。鄧克完全沒有改變任何指示或是材料；然而，藉由清空盒子，他改變了它們的心理表徵。小盒子不再只是容器，不再只是該問題的附加物品；它們被看出也是可供使用的物品。按照鄧克的術語，當小盒子裝滿時，它們處於**功能固著**（functional fixedness）的狀態。這時，人們就好像完全沒看見它們似的。

　　這種固著的成見，會影響我們對諸多問題的看法。為了打開一個包裹，我們可能花五分鐘在抽屜裡找一把剪刀，但事實上，口袋裡的鑰匙就可以完成同樣的任務。偵探小說家尤其擅長營造書中人物的固著成見，微妙促使我們把真兇的嫌疑給排除掉，直到最後一幕，方才真相大白（克莉絲蒂的《羅傑亞克洛伊命案》堪稱個中翹楚）。固著化也是令SEQUENC_可以成為一道謎題的主因：我們會自動做出一項假設——符號_代表一個空位，必定只能填E以外的字母。而且這個假設很難真正擺脫，因為我們甚至沒有察覺到我們有做出這樣的假設。

　　鄧克進行了許多與蠟燭問題類似的謎題比較試驗，得出以下結論：「在我們的實驗情境下，功能沒有固著的物品被發現的容易程度，幾乎是功能固著物品的兩倍。」就某個程度，同樣原理也適用於麥爾的鐘擺實驗。沒錯，想要解出那個問題的人，必須先想到繩索的擺動。不過，接下來，受測者必須設計出一個方式讓繩索擺盪得夠遠，必須把老虎鉗綁上去。老虎鉗原本只是老虎鉗，是用來鉗東西的工具——直到它們變成鐘擺的擺錘為止，直到它們的功能不再固著為止。

　　麥爾和鄧克兩人各自發現了一個有助於醞釀期的心理操作：一個是從環境中撿拾線索，另一個是打破固著的假設，不論是關於老虎鉗的用途，或是醫師的性別。現在問題來了：他們藉用暗示，來協助碰壁的受測者，證明了這些特性。但是我們一般人可沒有心理學家隨侍在側，準備在我們碰壁時，就近提供醞釀期的協助。我們得靠自己讓它發生。問題是，該怎麼做？

醞釀期果然管用

　　你發生船難了。你拚命游啊游啊，終於被沖上一座荒島，它只是一小片直徑不超過一英里的沙地。你踉蹌爬起身，掃瞄海岸線，方才明白：你曾經讀過這個地方的資料。這是普酷島，以奇特的階級制度聞名。階級最高的人，從來不說實話；階級最低的人，從來只說實話；介於其間的人，有時說真話，有時說謊話。就外表而言，階級並不明顯。你想活命，唯有到達一百英尺高的洞見塔，那是難民的聖地，到了那兒，你可以望見好幾英里遠，並送出求救信號。於是，你沿著一條蜿蜒小徑，來到一處交叉路口，那邊有三名普酷島人在閒逛。你可以提出兩個問題（沒辦法，普酷人的規矩），詢問如何前往洞見塔。

　　你要提出什麼問題？

　　我很喜歡這個謎題，有好幾個理由。首先，它捕捉到洞見的精神。乍看之下，這個謎題似乎讓人心裡覺得毛毛的，令人想起一個很有名的數學邏輯問題，關於兩名警衛和一頭吃人的獅子。然而，這個謎題完全不需要數學專業。事實上，數學專業恐怕還會妨礙解題呢。這是五歲小孩都解得出來的題目。但奇妙的是，我們能利用它做為一個途徑，來思考有關醞釀期和解題的最新研究，這些研究和前述的蠟燭與圖釘的年代相比，早就像攀藤般四處發散開來。

　　我們先來回顧一下，華勒士對醞釀期的定義是指一段休息時間，從我們腦袋撞牆的那一刻開始，直到一個突破性的「啊，原

來如此」的洞見出現為止。對於醞釀期裡究竟發生什麼事，是什麼促使人們走向答案，麥爾和鄧克指引了一道亮光。從那之後，整個二十世紀後半，該領域高懸著的問題是：**如何做到？**

在實際生活中，醞釀期在什麼樣的情境下，最可能製造出那個「啊，原來如此」的時刻？華勒士、麥爾、鄧克都把暫停休息納入他們的理論中，但沒有明確指出暫停多久最理想，或是哪類暫停最好。到底我們應該學亥姆霍茲到樹林裡健行？還是去跑步四十五分鐘？瞪著空氣發呆？有些人喜歡去睡個午覺，有人喜歡打一場電動。至於某些學生（真希望我現在還是他們當中的一員）會擱下讓他們腦袋打結的計算，改讀一下歷史。

暫停休息有各式各樣完全不同的方式。據說，宗教改革家馬丁·路德有一些最深刻的洞見，是在上廁所的時候出現的，法國散文家蒙田也是一樣。這麼說來，當我們想要醞釀時，是否也應該到廁所裡去窩著呢？

心理學家利用老式的試誤方法，企圖回答這些問題。過去五十年間，在超過一百個實驗中，他們測驗了許多關於謎題、醞釀期長短、以及暫停類型的不同組合方式。譬如說，人們如果休息五分鐘去打一盤電玩，或是暫停二十分鐘去閱讀，是否就能解出更多回文字謎？有一項研究發現，做幾分鐘白日夢，可能比以上兩種暫停都有用；同樣的，打一場乒乓球可能也是。然而，對於不同類型的謎題（謎語、畫謎、空間問題），什麼樣的暫停最有效益，可能完全不同，而且也可能會因為給予暗示而改變。像這樣變動、多元的經驗的特性，正是科學家試圖在實驗室裡探索和描述的。

有一個非常著名的實驗，很能顯示他們如何做到這一點。這個實驗是由德州農工大學心理學家史密斯（見第73頁）和布蘭肯許（Steven Blankenship）所做的，主要是利用一種叫**遠距聯想測驗**（Remote Associates Test, RAT）的簡單字謎。

他們會給受測者三個單字，譬如trip、house和goal，然後要求受測者找出第四個單字，這個字必須能與前三個單字形成複合字。（在本案例中，field 就是答案：field trip、field house以及field goal。）

史密斯和布蘭肯許選擇這些謎題，部分是因為它們的困難程度很容易操縱，只要提供好的線索，像是對本案例來說，sport就是好線索（其中兩個答案和運動有關，你只要從運動去聯想，找出來一個，譬如說field goal，再把field套到其他兩個單字試試看，就行了）；或是很差的線索，讓你找不出正確答案，像是這個案例中的road，它能和trip及house形成複合字，但是和goal不行。前一種線索，類似麥爾的晃動繩索。後一種線索，則像是鄧克那些裝滿東西的小盒子，它們創造出某種程度難以跨越的固著性。

這個實驗採用的是第二種暗示：不好的線索。史密斯和布蘭肯許想知道，短暫的醞釀期對於「獲得不好的暗示的人」（也就是「被固著」的人，請見諒我這樣形容）以及「沒有獲得不好暗示的人」，是否會造成不同的影響。他們徵召了三十九名學生，發給他們二十道RAT謎題。學生分成兩組。一組學生拿到的謎題在主線索旁附加了一個誤導人的斜體字（像是DARK *light*……SHOT *gun*……SUN *moon*），另一組學生拿到的謎題雖然是一樣

的，但是線索旁邊沒有斜體字（DARK……SHOT……SUN）。兩組學生都有十分鐘來解謎，結果兩組表現都不太好。那些拿到固著謎題的學生，平均解決兩題，反觀非固著組平均能解五題。

接下來，心理學家又給受測者另一節十分鐘，來解決第一次沒解出的謎題。但是這一次，每個小組又再細分為兩半：一半學生立刻開始重新測驗，另一半學生則獲得五分鐘休息，這段時間讓他們讀一篇科幻小說。所以，整個實驗最先是分成兩組，一組固著，一組沒有。而這兩組接著又各自分成兩小組，一小組有醞釀期（暫停），另一小組沒有。

結果如何？醞釀期果然管用，但是只限於拿到壞線索的人。針對第一次不能解出的謎題，他們解出的題目數量，是未固著但有暫停小組的兩倍之多。

為愛昏了頭也是一種「選擇性遺忘」

史密斯和布蘭肯許將這項發現歸因於他們所謂的**選擇性遺忘**（selective forgetting）。他們指稱，一個固著的（誤導的）字眼，會暫時阻礙其他可能的答案，但是「隨著更多時間流逝，在起初失敗的嘗試之後，提取障礙可能會逐漸消失。」就好像學生的腦袋被壞暗示給暫時凍結了，五分鐘休息時間可以讓部分解凍。

這種情況在日常生活裡經常發生，最明顯的是在我們拿到含糊不清的指示時，譬如：「藥房就在福樂路底，你一定會看到的。」於是，我們按照指示來到那個地點，左看右看，繞一圈，再檢查一次路名，並沒有藥房的影子。我們認為自己一定是哪裡

錯過了。最後，只好在長椅上坐下，瞪著路邊的小鳥發呆，幾分鐘後，突然恍然大悟：啊，等一下，他指的可能是福樂路的另一端！又或者，藥房遷走了！又或是他本來就在胡說八道！因此，最初的假設「藥房一定就在附近某個地方」，不再掌控我們的腦袋了，其他的可能性一一浮現。

　　談戀愛也是另一個經典案例。我們神魂顛倒，認定自己墜入情網，但是時間慢慢讓那種固著感的控制力減低。我們開始看見對方令人惱怒的缺點，對方恐怕不是真命天子或真命天女。我怎麼會這樣糊塗？

　　在前幾章，我們曾經討論過，遺忘可以主動幫助學習，像過濾器般，同時也能被動幫助學習，讓後續的研讀穩定增強我們的記憶。現在它又來了，用另外的方式協助我們，協助創意解題。

　　就像史密斯和布蘭肯許很快就注意到的，選擇性遺忘只是「在（RAT、被固著的字、五分鐘暫停）這些特定的情境下」，對於醞釀期的一種可能的解釋。而且他們做的也只不過是一場實驗。其他研究人員也做出稍微不同的結果，指出：較長的休息比較短的休息好；打電動效果不輸閱讀小說；書寫可能有助於對某類問題的醞釀，像是鉛筆問題這類與空間有關的謎題。在每個案例中（每個特定的研究情境裡），關於「啊，原來如此」的時刻是怎樣建構成的，科學家各自提出了不同版本的解釋：有可能是選擇性遺忘；有可能是重新想像該問題；有可能是單純的自由聯想，是腦袋有時間閒逛，到處搜索點子。沒有人確知哪一個過程是最關鍵的，而且很可能永遠都不會有人知道。那麼最接近的猜測是哪一種呢？只能說，它們全都發揮某種程度的作用。

如何從醞釀期當中獲益？

對我們來說，這到底意味著什麼？如果許多實驗各說各話，而且通常互相矛盾，我們該如何制定一套研讀策略？

想要弄懂這些雜音，且讓我們先回到普酷島。要怎麼尋找洞見塔？畢竟三名普酷島人指了三個不同的方向。很難知道誰誠實，誰不誠實。

怎麼辦？

很簡單，抬頭看。那座洞見塔有一百英尺高，而整個普酷島是平坦的，面積又只有一座都會公園的大小。這裡不需要複雜的邏輯：那座塔在幾英里外都看得見！

你不妨拿這道題目給一群朋友試試看，如果他們有興致的話。你會發現，有些人馬上就看出答案，有些人則是永遠摸不著頭緒。我就是那種摸不著頭緒的人。我花了好幾個鐘頭，來設計一些荒謬而且過度複雜的問題，像是「另外兩位島民會說你會指哪一個方向……？」之類的，我在紙上寫下可能出現的各種答案，用了一堆我早已忘光的小注解。等我最後聽到答案時，感覺有點不公平，好像被人耍了。但事實上完全相反。

只要退後一步，四面張望一下，看看我們是否利用了所有可到手的資訊：嘗試擺脫我們最先的假設，然後從頭開始，在腦裡做一份清單。

這對於我們打算弄懂最新的醞釀期研究，還真是一個貼切的隱喻。我們一直專注在檢視個別的研究計畫，就像和普酷島民進行一對一的交流般，或者像是過於靠近的瞪視一張立體照片，結

果始終看不出三維空間。你如果只是看樹，將沒有辦法看見林。

　　還好，科學家自有一套辦法，能夠退一步來看整體。每當他們想弄清楚大量不同的結果時，就會使出這一招。基本想法是，把所有發現都集中起來，不論是正面的還是負面的，然後判定大多數的證據在說什麼。這種方法稱為**後設分析**（meta-analysis，又稱為**薈萃分析**或**統合分析**），而且有時候它能講出一則比任何單一研究更為清晰的故事。2009年，英國蘭開斯特大學兩名心理學家便針對洞見研究，做了這樣的分析，徹底搜尋了所有可以到手的文獻，甚至追蹤到未發表的手稿，全部統合之後，製成一份高品質的、中規中矩的後設分析。這兩名心理學家是希奧（Ut Na Sio）和歐莫羅（Thomas C. Ormerod），總共收錄了三十七項最嚴謹的研究，最後兩人結論道：醞釀期的效果是真的，那是沒錯，但它的效用並非在所有狀況下都一樣。

　　希奧和歐莫羅將醞釀期分成三種類型：一種是放鬆，例如躺在沙發上聽音樂；另一種是輕活動，例如上網瀏覽；第三種是高度專注的活動，像是寫一篇短文或是埋首另一份家庭作業。

　　對於數學與空間問題而言，例如鉛筆問題，以上三種活動都可以讓人受惠；你選擇哪一種，似乎並沒有差別。但是對於文字問題，例如RAT謎題或是回文字謎，帶有輕活動的暫停，像是打電玩、單人牌戲、看電視，似乎最有用。

　　希奧和歐莫羅發現，長的醞釀期勝過短的醞釀期，雖說這裡的「長」是指大約二十分鐘，短是指約莫五分鐘——這麼狹窄的範圍純粹是由研究者隨意決定的。此外，他們也強調，**除非人們真正陷入僵局，否則不能從醞釀期的暫停當中獲益**。他們對「僵

局」的定義並不精確，但我們大部分人都知道小小的障礙和一堵磚牆之間的差別。重要的是：**你如果太快停工來打電動，將一無所獲。**

什麼時候應該分心？

　　將來科學家也不太可能明確指出，對於哪些種類的問題，醞釀期要多長。事實上，醞釀期會因為我們是什麼樣的人，以及我們工作的方式，而有所不同。沒關係，反正我們能夠藉由嘗試不同的醞釀期長度和活動，來發掘怎樣的醞釀期對我們最有效。反正我們大部分人早就試過暫時拋開已經撞牆了的解題任務，跑去看電視、或是上臉書、或是打電話給朋友；只是我們暫停了工作的時候，心裡多少充滿了罪惡感。然而，洞見科學卻告訴我們，罪惡感完全是沒必要的，許多這類型的暫停能在我們被困住時，幫助我們解脫。

　　當我被困住時，可能會到街角去走走，或是戴上耳機大聲聽音樂，或是在走廊上尋找有沒有人可以聽我抱怨。這要看我當時有多少時間而定。不過，在多數情況下，我發覺第三個選項對我最有效。我發完自己的牢騷，活力大增，大約二十分鐘後，走回去，就會發現我腦袋裡的那個結，不管是哪一種結，有一點兒鬆開了。

　　希奧和歐莫羅的後設分析研究，徹底顛覆了人們對社群媒體和讓人分心的電玩的那種「詭異的歇斯底里」。那種「數位產品會侵蝕我們的思考能力」的恐懼，根本是用錯地方了。

當然，如果我們是把半個鐘頭的讀書時間，拿來上臉書或看電視，確實不應該；或是在聽一場演講、或上音樂課時，心不在焉確實會妨礙我們需要持續專心的學習活動。但是，當我們被一道需要洞見的問題給困住，而且很想要解開它；在這種情況下，分心並不是障礙，它反倒是寶貴的武器。

神來一筆

至於那天早晨聽我演講的那個孩子，我不敢說到底是什麼幫助他解出鉛筆問題。他顯然有仔細觀看我畫在黑板上的六支平行鉛筆。他們全都有在看。他剛開始想不通，他被困住了。而他有好幾種不同的醞釀期機會。他和朋友坐在禮堂後排，是聽眾裡頭最不安分的一群，那群孩子不停的互相騷擾，彼此讓對方分心。然後他得到一個由SEQUENC_謎題製造出來的暫停，這讓聽眾的注意力集中了幾分鐘。另外，他還有大約二十分鐘的暫停，因為有好幾個學生陸續上臺嘗試在平面上畫出各種三角形。也就是說，希奧和歐莫羅所描述的三種暫停，他都齊全了：**放鬆暫停、輕活動、以及高度專注的活動**。這是一道空間謎題，以上任何一種暫停都有可能轉動開關，而同時擁有三種暫停，當然強過只有一種或是兩種暫停。

現在，讓我們重新再看一次這個問題：有六支等長的鉛筆，請創造出四個等邊三角形，由一支鉛筆來形成每個三角形的一邊。如果你還沒解出這個問題，現在不妨再試試看——既然你至少已經因為閱讀這一章而分神過。

　　得出答案了沒？我才不要告訴你答案，我已經給了夠多的暗示。但是我要讓你們看一下，那名十一歲男孩在黑板上畫了什麼東西：

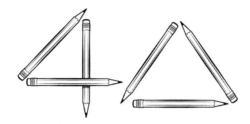

　　阿基米德們，看招！那是瘋狂的天才小子的神來一筆，是你在任何研究或教科書上看不到的，也不存在早期對謎題的討論中，就算你往回追溯一百年，也找不著。他完全是靠自己醞釀出這個答案的。

第 7 章

前進之前，先暫停

讓滲透作用砥礪你的創造力

　　我把醞釀期（至少是就科學家所描述的醞釀期）想成一種藥。但不是隨便一種藥，而是能迅速作用的，像是尼古丁，而且還會殘留在系統裡一小段時間。別忘了，到目前為止，醞釀期研究的幾乎全都是很短的暫停，僅僅五分鐘到二十分鐘。當科學家在研究人們如何解決「主要只有一個不明顯的答案的問題」時，例如幾何證明、哲學邏輯、化學結構、鉛筆問題等等，那些快速的短打是他們最感興趣的。三不五時，在腦袋打結時，吞一顆「醞釀期藥丸」是非常有效的學習藥丸，至少對於應付有正確答案的問題很管用。

　　但是「醞釀期藥丸」距離萬靈丹還遠著呢。學習，畢竟不能化約為一系列不連續的謎題或謎語；這不是一場我們只需要全力衝刺的短跑比賽，我們必須十項全能。所有那些任務需要的不只是一個答案或技巧，而是隨著時間串連在一起的許多答案。不管是學期報告、商業計畫、建築藍圖、軟體平臺，還是作曲、短篇小說、詩歌，構思這類計畫可不像是解謎，正確答案突然就會出現。不會，要完成這類計畫，更像是在一座迷宮裡導航，只能偶爾瞥到一眼哪條路可以轉彎。而且這樣做意味著要延長醞釀期，有時甚至得延得非常長。

長期醞釀：滲透

　　要解決更雜亂的長耗時問題，我們需要的不只是快速作用的劑量，不只是零零落落的短暫休息。我們需要長效藥丸。畢竟，我們當中很多人早就有過較長的暫停（一小時、一天、一星期、

或更久），當我們在處理糾結成一團亂的計畫時，我們會不斷後退，不只是因為疲累，常常是因為被困住了。這樣的不時後退，部分是出於本能。我們希望暫停能幫助自己釐清心智上的迷霧，讓我們看見一條走出草叢荊棘的路。

對於比較長的醞釀期，最寶貴的觀察發現並非來自科學家，而是藝術家，尤其是作家。不令人意外，他們對於創作過程的觀察，可能有一點太過精細，甚至是令人洩氣。「我的主題會自己放大，變得很有條理、很清晰，而且整個主體，雖然非常長，卻幾乎全部而且完整的佇立在我腦裡，因此我可以檢視它，彷彿審視一幅畫，或是審視一座美麗的雕像，」一封據說是莫札特的信這樣寫道。

這一招很不錯，如果你能成功做到的話。但是大部分有創意的藝術家卻不能，而且他們也不會不敢承認。以下就是小說家海勒（Joseph Heller）描述他最可能在什麼樣的情況下，突然想出最寶貴的點子。「我必須獨處。搭巴士不錯，或是去遛狗。刷牙更是神奇，尤其是對《第二十二條軍規》那本書。通常當我很疲憊時，就在上床前，一邊洗臉、一邊刷牙時，我的腦袋會變得很清楚……然後想出一句明天要寫的東西，或是很久以後才要用到的點子。我不會在真正動筆寫作時，才想到最好的點子。」

以下是另一個例子，來自詩人郝思曼（A. E. Housman），當他在工作陷入低潮時，往往會暫停，放鬆一下。「在午餐會喝杯啤酒……啤酒是腦袋的鎮定劑，而下午是我生命中最缺乏智慧的時刻，我會去散個兩、三小時的步。我在走路時，並不會特別思考什麼，只是隨意觀看周遭事物隨著季節演變，然後迸出一股無

法解釋的突發情感，一、兩行詩句，有時候是一整節詩，飛進我心……伴隨著對該首詩的模糊概念，那首詩注定會部分成形。」郝思曼很小心的加上一句，那並不是說，整首詩會自己寫出來。距離完成還有一些缺口，他說，這些缺口「必須動手去執行，動腦去完成，它們很容易變成麻煩和焦慮，包括嘗試和失望，有時候終究還是功虧一簣。」

好啦，以上是我為各位精挑細選的引文。但是我選它們是有原因的：因為自從人類懂得反省以來，成千上萬個創意型人物描述得不夠精確的一種經驗，這些藝術家和作家的文章已經清楚說出來了。海勒和郝思曼交出了一份清晰的藍圖。創意跳出來，往往是在他們沉浸於某個故事或主題一段期間之後的低潮時期，而且經常是零零落落的出現，而不是以某種特定順序，而且它們的大小和重要性也各不相同。這種創意的跳躍，可能是一個很大、很有組織的想法，也可能是一個很小、漸漸增加的一步，例如發現一行詩、重塑一句詩文，也可能只是改動一個字。不只作家會這樣，其他像是設計師、建築師、作曲家、機械師，凡是企圖找出一條權宜之計的人，或是要把一個缺陷轉化成一項裝飾的人，也都是這樣。

對我來說，新的想法似乎只有在經過充分烹煮之後，才會浮現出來，一次一兩個，就好像水餃從滾水中浮出。

我把自己歸入與郝思曼和海勒同個類型嗎？沒錯。而且我也把你們歸入同個類型，不論你現在是在和致命的2.5級分（在校平均成績）搏鬥，還是已經拿到牛津大學的全額獎學金。就心智而言，我們的創意經驗雷同之處，大於相異之處。（至於莫札特

的不凡，我還是留給別人去解釋吧。）

　　這種比較長期的累積過程，和我們在前一章所描述的短期醞釀不同，理應有它自己的名字。姑且稱之為滲透（percolation）。讓我們先假設「滲透」的確存在，而且是一種高度個人化的經驗。我們沒有辦法以任何嚴謹的方式來研究滲透，就算我們可以（例如A組，放下筆，到公園去散散步；B組，去喝一杯啤酒），我們也不可能知道，對海勒或郝思曼有效的做法，是否對其他人也同樣有效。我們能做的只是挖掘心理學，尋找一種關於滲透如何作用的解釋。然後，我們可以利用那個解釋，來製作一套創意計畫的策略。而且，這裡的關鍵字眼就是「創意」。根據我們的定義，滲透是為了建構之前並不存在的東西，不論是一份期末報告、一具機器人、一首管弦樂曲，還是其他錯綜複雜的計畫。

　　想要解構「滲透」的流程，我們將踏入一支稱為社會心理學的科學學門，該學門試圖解析動機和目標的形成過程，以及其他的東西。社會心理學家和學習科學家不同，後者可以直接測驗他們的理論（對學生進行測驗，因為學生的職責正是學習）。社會心理學家需要靠模擬社會環境，來建構自己的理論。因此，他們的證據也更不直接，這是我們在考量社會心理學的發現時，必須記得的前提。但是社會心理學家的證據一旦拼湊完成，卻能述說一則寶貴的故事。

　　1920年代的柏林是西方文化的首都，是藝術、政治、科學理念的薈萃之地。那段黃金的1920年代，兩次世界大戰之間的騷動時期，見證了德國表現主義、包浩斯設計學院、以及布萊希特劇場的崛起。政治是一個激烈辯論的主題。在莫斯科，一位叫做

列寧的革命家，組成了一個邦聯，信守一種新的政治哲學「馬克思主義」；瀰漫德國的悽慘經濟環境，則是令大改革的呼籲聲浪高張。

科學世界也同樣傾斜了。新想法來得飛快，而且可不是小想法。一位叫做佛洛伊德的奧地利心理學家，發明了一套引導式的自由聯想方法，稱為心理分析，似乎打開了一扇通往人類靈魂的窗戶。柏林有一名年輕的物理學家叫做愛因斯坦，發表了狹義相對論和廣義相對論，從此改變空間、時間以及重力之間的關係。其他的物理學家，像是波恩和海森堡則定義出一種新方法（叫量子力學）來理解物質的基本特性。

為什麼有些服務生的記憶力超強？

任何事物似乎都充滿了可能性，而其中一位乘上這股科學上升氣流的科學家，是柏林大學一名三十七歲的心理學家，姓氏為勒溫（Kurt Lewin）。勒溫是新興的社會心理學領域的明星，他研究很多東西，其中包括一種行為理論，描述人格特質（像是怯懦或好鬥的天性）在不同的社會情境下如何展現。

勒溫是一個充滿魅力、思想開放的人，吸引了大批年輕學子前來追隨，他經常在下班後，到學校附近的一家咖啡廳與大夥碰面。這個場合不像辦公室那般正式，可以一邊喝咖啡或啤酒，一邊進行腦力激盪。有一天下午，勒溫注意到一樁很奇特的事。勒溫當時和一名年輕的立陶宛學生碰面，她叫做柴嘉尼（Bluma Zeigarnik），正在尋找研究主題。那天下午，他們兩人當中的某

一位（不知是哪一位，因為說法不同）注意到咖啡廳侍者的某種行為：他們從不將客人點的東西寫下來，他們記在腦子裡，在心裡加加減減……再來一杯義式咖啡……一杯茶……一片咖啡蛋糕……直到帳單結清為止。

然而，如果你在付完帳之後，再次詢問他帳款細目，他們竟然已經把所有點過的東西都忘光了，完全沒有記憶。就好像是一旦帳單結清，侍者的心裡就會在空格上打勾，然後繼續前進，將這桌的點餐內容從記憶中剔除。勒溫和柴嘉尼都知道，點餐內容對侍者來說，已經不是科學家所謂的短期記憶（也稱**工作記憶**）了，因為短期記憶只能維持三十秒鐘左右，譬如我們的腦袋可以記住一組新電話號碼，為時大約三十秒，你撥完電話之後就會遺忘。然而那些侍者可記得點餐內容長達半小時，有時甚至更久。

所以啦，他們的腦袋裡到底發生了什麼事？

勒溫和柴嘉尼想出一個假設：或許尚未完成的工作或目標，比起已完成的，在記憶中會停留得更久。

不管怎樣，柴嘉尼現在至少找到她的研究計畫了。她把問題問得更明確：「受到干擾的活動」與「未受干擾的活動」，兩者在記憶中的差別是什麼？

柴嘉尼徵求到一百六十四名學生、老師和孩童，參與實驗。她告訴大家說，他們將會接獲一系列任務指示，他們要「盡可能快速且正確的完成」。那些任務一次僅指派一個，例如用一片紙板做出一個盒子，用黏土雕塑一隻狗，或是解出一道字謎。大部分受測者都能在三至五分鐘內完成任務，如果讓他們好好去執行的話。不過，柴嘉尼會定期去干擾他們，半途打斷他們正在執行

的任務，然後指派另一件工作要他們去做。這些干擾是隨機的，而且不加以解釋。

到最後，經過十八到二十二樁任務，有些半途受到干擾而未能完成，有些則未受到干擾，柴嘉尼要求受測者盡可能寫下所有他們受指派的任務。結果這些名單透露出真相：平均而言，受測者對於被干擾而未完成的任務記得的程度，較已完成的任務多出百分之九十。不只如此，被干擾而未完成的工作，還出現在名單最前面，那是他們最先想到寫下的。反觀已完成的工作，就算記得，也是出現在名單的尾巴。「若就所花的時間來說，優勢應該位在已完成的任務，因為受測者完成一項任務所花的時間，自然比沒完成的任務長，」柴嘉尼寫道。

她想知道，被打擾所造成的「震驚」，是否有可能讓某次經驗變得更難忘？

柴嘉尼效應：干擾會強化記憶

柴嘉尼又進行了該研究的另一個版本的實驗，針對一群全新的受測者。這一次，受測者接獲的每件任務都受到干擾。有些任務經過短暫的中止後，還是完成了；有些任務則始終沒能完成。然而，實驗結果當中的某項特性，幾乎和第一場實驗一模一樣：人們對於自己沒能完成的小工作記得的程度，較已完成的工作的記憶，高出大約百分之九十。

經過更多的試驗之後，柴嘉尼發現，她能夠藉由「選在人們最專注的時候，打斷他們的工作」，讓干擾對記憶產生最強大的

效果。有趣的是，在「最糟糕」的時刻被打斷工作，似乎能讓受測者的記憶延伸得最長。柴嘉尼寫道：「在快要完成一封信的時候，工作被打斷，遠比剛剛動筆開始寫的時候被打斷，更令人氣惱。」

人們一旦投入某項任務，就會有一股想要完成的衝動，這股衝動會隨著任務愈來愈接近尾聲而增強。「這股想要完成任務的欲望，剛開始可能只是假偽的需求，」柴嘉尼結論道：「但是到了後來，經過忘我的投入任務，一股真正的需求便產生了。」

1931年，也就是在柴嘉尼發表干擾研究之後不久，她與夫婿亞伯特一起搬到莫斯科，亞伯特在蘇聯外貿部獲得一項職缺。柴嘉尼自己也在地位崇高的蘇聯科學院高級神經活動研究所，覓得一份工作。然而他們的好運並沒有持續多久。1940年，亞伯特遭逮捕，罪名是擔任德國間諜，然後被送進盧比揚科的監獄，留下柴嘉尼獨自在莫斯科工作和撫養兩名年幼子女。她繼續從事心理學家的工作，但是和西方同僚漸漸不再來往，以避免惹來任何嫌疑，最後在1988年過世，身後幾乎找不到她的研究軌跡。（她的一名親戚 A. V. Zeigarnik，相信是她把自己的論文全給銷毀了。）

然而，柴嘉尼的研究成果裡的意涵，卻存活下來，而且還很有名。現在我們所稱的**柴嘉尼效應**（Zeigarnik effect），對於目標以及「目標形成」研究領域，具有奠定基礎的貢獻。

當我們想到目標時，往往會以夢想的角度去思考它，例如：整修一輛經典車、定居國外、創立自己的事業、寫一部小說、跑一場馬拉松、當一個更好的爸爸、尋覓一份更穩定的情感。然而對心理學家來說，目標一點都不宏偉。目標只是我們想要擁有或

達到，但目前尚未做到的任何事物，不論是長期的還是短期的，像是拿到博士學位，或是整裝穿衣。根據定義，我們的腦袋在清醒時刻，分分秒秒都充滿著目標，而且這一大堆目標全都在競爭我們的注意力。我們應該先遛狗，還是先泡咖啡？我們應該先幫兒子打包露營的行李，還是去散散步？應該上健身房，還是練習西班牙文？

柴嘉尼的干擾研究，揭露了人腦在朝目標邁進時，有幾個天生的傾向，或說內建的本能。

第一個傾向是：我們一旦開始從事某項任務，通常就會賦予那項任務一種身為「目標」的心理分量，即便只是無意義的小事。（在柴嘉尼的實驗中，受測者的任務不過是用黏土雕塑一隻小狗之類的事；除了完成任務的滿足感之外，他們沒有辦法從中獲得任何利益。）

第二個傾向是：當你全神貫注於某項任務時，如果干擾自己的工作，一方面可以延長它在記憶中的壽命，而且根據柴嘉尼的實驗，另一方面還會把它推向你腦中待處理事務的首位。

大部分的干擾都很令人氣惱，尤其是碰到好管閒事的鄰居；或是你正在做重要工作時，電話鈴卻響個不停。但是故意自我干擾，卻是完全不同的一回事。小說家狄更斯在他的小說裡就最擅長這一套，每一章的結尾都留了一個懸疑的尾巴。這也是電視編劇的慣常手法，在結束每一季時，讓觀眾對下一季預做準備。最後一集往往是在驚聲尖叫、或是暗黑長廊傳來的腳步聲、或是某段感情意外變調或在萌芽中結束。

這類型的干擾中斷能營造出懸疑感，而且根據柴嘉尼效應，

能將未完的故事篇章或計畫，推上我們心中的首要位置，令我們
對於接下來會發生什麼事感到好奇。而我們如果正在從事長期且
重要的工作，這剛好切中我們的需要。

　　因此，滲透（長期醞釀）的第一要素就是原本公認的「學習
過程的敵人」——干擾。

記憶力會跟著知覺目標走

　　荷蘭有一種甘草糖叫做 Bisaldrop Dubbel Zoute，大小和一枚
鎳幣相仿。它的口味是調製出來的，有一點甜味和很重的鹹味，
配著一杯冷水來吃，最為適合。但是對我們來說，最要緊的一點
是，它會令你口渴，而且很快就渴。這也是為什麼荷蘭一個科學
研究小組在2001年用這種甘草糖來做實驗，測量知覺目標對我
們的影響。

　　研究小組在萊登大學心理學家阿特斯（Henk Aarts）的領導
下，展開實驗。他們起頭的方式和許多科學家一樣：撒謊。研究
人員通常會掩飾實驗的真正目的，以免受測者不會乖乖合作，或
是故意破壞實驗結果。在這項實驗計畫裡，阿特斯徵召了八十四
名大學生，而他聲稱的研究目的，你們且聽聽看有多瞎：「人在
不同的味覺狀態下，用舌頭偵測字母的能力。」

　　學生分為兩組。一組拿到三顆甘草糖，每一顆糖上面都印了
一個字母。每一顆糖，他們都有一分鐘的時間來吃，並嘗試說出
上面印的字母是什麼。另一組同學（對照組）完全沒有拿到糖；
他們接獲指令，在紙上描三個簡單的圖形，這不過是一種讓人瞎

忙的工作，與研究目的無關。結束之後，實驗人員將受測者一次
一位，帶到一間聲稱是該研究人員辦公室的房間，讓受測者填一
份簡短的問卷，裡頭的問題都是互不相關的，像是「你最喜歡的
放鬆活動是什麼？」，而且這些問題和研究主題也不相關。房間
本身倒是和研究主題有關，看起來就像標準的學校辦公室：小小
的房間，有一張桌子和一把椅子，文件、書本、鉛筆、一疊卷宗
以及一臺電腦，另外還散放著幾樣和飲料有關的東西，包括一瓶
水、一個杯子、一個空的汽水罐。每一名受測者填完問卷後，都
會單獨在辦公室裡待四分鐘。

　　然後實驗人員會回到辦公室，將受測者帶回實驗室，進行
一項意外的測驗。每名受測者都有四分鐘時間來回想，剛才在辦
公室裡見到的物品有哪些。進行到這個階段，受測者想必都在懷
疑，這些事和用舌頭偵測字母（更別提和科學了）會有什麼鬼關
係？不過他們還是按照指示去做。有些人只能想出一項物品，有
些人想出五、六項。這樣的結果一點都不令人意外；有些受測者
好像在辦公室裡做了四分鐘白日夢，有些人則是連書架上有什麼
東西，都掃瞄了一遍。但是心理學家感興趣的是他們寫下哪些物
品，以及其中一項變得十分明顯的差異：吃甘草糖小組所記得的
飲料相關物品，是沒有吃糖的小組的兩倍。他們很渴，而這一點
會影響他們在辦公室裡注意到和記得哪些物品，即便他們可能並
未察覺自己為何會記得那些東西。

　　這個實驗非常聰明的驗證了一條很簡明的社會心理學原理：
我們心裡若存有一個最優先的目標（就本案例為飲料），我們的
知覺就會被調整到去滿足它。而這種調整，就某種程度而言，能

決定我們往哪兒看，以及看到什麼。「實驗結果顯示，基本需求
與動機提高了我們的知覺準備，以記錄環境中有助於滿足那些需
求的線索，」阿特斯結論道：「知覺能藉由幫我們偵測到，在其
他情況下不會被注意到的一瓶可樂或是一杯冰啤酒，來期盼減輕
口渴。」

　　就表面看，這不過是常識，對吧？我們在口渴時，當然會
搜尋飲水機，或是在肚子餓的時候，搜尋自動販賣機。但是不要
忘了，在這個實驗中，口渴學生比起其他學生，更容易注意到的
不只是瓶裝水或罐裝汽水，而是任何與飲水相關的東西，像是茶
杯、碟子、瓶蓋等等。不論他們有沒有意識到，他們的口渴狀態
激活了一整個神經元網路，這個網路會去搜尋周遭所有與液體相
關的東西。

只要在意，就會特別關心

　　心理學家在過去幾十年來的幾十場研究中，證明了這個調整
知覺的原理，不只適用於像口渴這種基本需求，而且適用於我們
心中認定最優先的目標。

　　這也是一種我們都很熟悉的經驗。每當我們決定要購買某種
牌子的包包，或是某款手機，或是某一型的牛仔褲，我們就會開
始更頻繁的看到那些產品出現在店裡，出現在商場或街頭上。我
還記得自己第一次經歷到這種現象的情形。那年我十一歲，剛買
了生平第一雙匡威（Converse）的全明星帆布鞋。在那個年代，
那是所有像我這種年齡的小男孩的標準配備。但是我可不想要最

常見的顏色，黑或白。不行，我想要綠色系，特別是鮮艷濃厚的
黃綠色。我記得我把黃綠色的帆布鞋買回家，馬上穿上，出門現
寶。但是突然有一種感覺，嘿，等一下：怎麼到處都是那款黃綠
色的鞋子？穿上新鞋的第一天，我就計算到起碼六、七雙黃綠色
帆布鞋。不只如此，我還開始注意到其他更怪異的顏色，以及各
種不同的款式與鞋帶。幾星期之後，我心裡已然擁有一份某種次
文化的詳盡地圖──1971年芝加哥市郊九到十二歲孩童的匡威鞋
款。這麼一個微妙有趣的世界，之前我視若無睹，但我完全沒有
去研究（至少，按照一般對研究的定義），就全面掌握到了。

　　這一切與完成一份譬如說關於〈解放奴隸宣言〉的研究報
告有何關係？事實上，關係可大了。學術研究也是一個目標，而
且它們調整我們知覺的方式，和強烈的口渴或是一雙新球鞋，並
沒有兩樣。譬如說，在我們研究〈解放奴隸宣言〉期間，我們對
於身邊的種族相關事物，會遠較平時敏感。例如媒體上的一則種
族暴動的新聞、或是反歧視行動的新聞、某位友人隨口說出的一
句種族歧視評語、報紙上的一篇關於林肯傳記的書評、甚至是酒

吧或地鐵車廂內不同族裔者如何挑選自己的座位。「某個目標一旦被激活，就會壓倒其他目標，開始引導我們的知覺，引導我們的思考以及我們的態度，」耶魯大學心理學家巴夫（John Bargh）這樣告訴我。

所以現在的問題是：怎麼做才能最有效率的激活那項目標？

機會餵養調整好的人

根據柴嘉尼的實驗，藉由「在重要及困難的時刻打斷工作」這種做法，能將該項任務推到我們心目中的首位。

當然，這種意識上的增強，不見得都能為我們的工作成效帶來重大的「突破」，或是寶貴的洞見。但是沒有關係，只要它能東一點、西一點的提供細節，幫助想法繞出死胡同，這都是白白贈送的，而且它還有利息──讓我們愈來愈鋒利，得以辨識創意人士最渴求的「洞見的浮光略影」。正如法國微生物學家巴斯德的一句名言，「機會偏愛有準備的人」。

看到這句話，總是令我深思：沒錯，但是我們要如何為機會做準備？謝謝社會心理學，現在我有一個更妙的點子。我對它的解釋和巴斯德不一樣，雖說比較不那麼詩意：機會餵養調整好的人。

關於這種現象，我最偏愛小說家韋爾蒂（Eudora Welty）的說法。她在1972年接受採訪時，被問到她小說裡的對話都是怎麼來的。「你一旦投入一個故事，」韋爾蒂答道：「一切事物似乎都能派上用場，你在公車上聽到的一句話，正好是你筆下人物

現在要說的話。不論你往哪兒去，都會遇到故事中的某些部分。我猜是因為你為它做了調整，合用的東西就好像被磁化一樣——如果你能把自己的耳朵想成是一塊磁鐵。」

這兒沒說的是，那些在公車上偷聽來的言論，不只讓書中人物栩栩如生，而且也有助於推進小說情節。我們選擇的資訊，不是僅僅被扔進腦袋裡的「偷聽到的對話」項目中。它還在我們對該故事的思考中、在我們的研究報告中、在我們的設計規劃中、或是我們的重大演出中，引起了陣陣漣漪。當我們在研究〈解放奴隸宣言〉時，我們不只會對地鐵上的族裔動態更為敏銳，同時也更加意識到自己對留意的事物所產生的反應。

別忘了，隨時隨地，我們腦袋裡都有無數個不同的思緒，在競爭成為我們的心思。我們會「聽到」什麼，則取決於當下的需求、分心或是焦慮。

在我認為，就研究〈解放奴隸宣言〉的案例而言，我們會更有能力聽見關於種族的內心對話，而那個對話，也能為我們的工作提供滋養。

我能證明這一點嗎？不行。我不知道有誰可能做到。但那不表示沒有人會去嘗試——並且讓一個原本看不見的流程，變成可見。

改進教學模式，讓滲透力發威

讓我們先回到教室去吧。

在我讀高中或大學時，每當我嘗試寫一篇作文或研究報告的

時候，我總是期待有某人的思維能做為依循。我會搜索由專家撰寫，題材和我的最接近的文章。但這樣的模範文章鮮少存在，又或是我從來沒有找到，於是我落得只能從搜得的一堆文章與書籍裡，摘出一堆引言和觀念，重新組合、串連在一起。

不過，替我自己說句公道話，這樣做也有好處。譬如說，假設我們想搜尋基督教如何出現在古羅馬時代，我們當然應該知道哪些人是這方面的專家，以及他們的想法為何。但問題是，當我們剛開始一項研究計畫（尤其在我們資歷尚淺、閱歷不足時），我們不見得知道如何分辨相關的知識地標，甚至不知道它們的存在。還記得，我在整個高中和大部分大學時期，老是渴望有人能指點我該怎麼做；我老是陷入消極、猶豫的心理狀態，對於出醜的擔心害怕，壓倒了好奇與自信心。

結果是，我鮮少去請教那一位最容易接觸到的思考者：我自己。我終日忙忙碌碌，一心想要尋求更好、更聰明的見解，以致於在下筆或思考時，毫無自信。

1992年，戴芙莉（Ronda Leathers Dively）就注意到她的學生作品裡出現這種猶豫、服從的性質，當時她還在攻讀博士。等到戴芙莉拿到伊利諾州立大學文學博士學位後，她開始指導大二及大三學生，如何撰寫要發表在學術期刊上的文章，如何引用權威資料以得出令人信服的論點。然而，在那門課結束時，戴芙莉卻非常氣餒。她要求學生寫六篇長度為三至五頁的文章，每篇以一項社會、政治或文化爭議為焦點主題。戴芙莉滿心期望能拿到資訊豐富、論點鋒利的作品，沒想到最後卻收到一堆被她形容為「學術論文的摘要剪貼」。最令人警覺的是，學期末的作品並沒

有比學期初的作品強。這要怪自己，不該怪學生。自己並沒有把學生教好。

戴芙莉認為，她以前遵循的課程妨礙了滲透（或是她所謂的孵化）流程。因為每一篇作文，學生都只有大約兩星期的準備時間，來討論一個微妙複雜的主題，像是廢棄物處理、日間托兒對孩童的影響、毒品合法化等等。換句話說，這樣的課程安排，讓學生根本沒有足夠的時間思索那些主題，沒有真正的滲透期間。

於是戴芙莉決定拋棄原本的課程計畫，她要做一個類似實驗的改變。她並沒有設立對照組，而且做法也完全不符合嚴謹的科學實驗標準；但這只是一門大學生的作文課，並非認知心理學研究室。

話雖如此，她還是可以把這門課程從頭到尾重新思考一遍，她也確實這麼做了。下一個學期她再教這門課時，她把原先從一篇快速跳到另一篇，彷彿過動症似的六篇作文架構，拆解開來。新課程需要的總寫作量不變，但形式大不相同。她的學生必須在學期末針對一個主題，寫出一篇論文；但是學生在研究過程中，得完成五項「寫作前」的準備任務——全都是關於期末論文本身的研究經驗。其中，第一篇要描述與一位專家的訪談，第二篇要界定某個關鍵名詞，以及該名詞在論文主題中的位階（譬如說，固態廢棄物處理中的垃圾掩埋），第三篇則是描述該主題領域中某個有爭議的學派的回應。另外，戴芙莉還要求學生撰寫研究日誌，記錄自己對於所採用資料的反應，譬如：那幾篇文獻有道理嗎？是否同意這些文獻的主要觀點？某位專家的意見是否前後一致？

　　寫作前的準備計畫以及撰寫研究日誌，這些步驟的目的是為了強迫學生整學期都離不開他們的論文主題，而且還要經常想著它。根據我們的用語，這個過程就是滲透。戴芙莉曉得，學生最後交出來的作文，不見得會比她上一班學生的作文更敏銳，或更具可讀性。花更多時間，不見得能寫出更有質量的作品，有時候甚至會讓人陷入更深的猶豫不決。然而就本案例，她的學生卻向她展現了一些額外的東西。戴芙莉寫道，最大的進步在於他們展現出「一種專家的角色，一種有能力進行學術討論的權威感。」

　　到了學期末，她對學生做了意見調查。「隨著時間的演進，以及我找到更多的文獻，許多資訊開始植入我腦袋，」其中一名學生說：「現在我甚至會質疑某些專家宣稱正確的事情。我明白我不需要同意專業期刊上寫的每件事。」另一名學生則說：「我對自己在處理的資料，有了更全面的理解，因為我能提出更多問題了。」有一名學生更是公開嘲諷一篇「刊登在一本很有名的期刊上，為環境衛生入門者所寫的文章。我只會向完全沒有這方面知識的人推薦它。」

　　換句話說，她的學生不再一心指望借用他人的意見。他們在發掘自己的意見。

　　還是一樣，這項證據並沒有特別「科學」。這只是一名老師對一個班級的觀察。但事實上，戴芙莉等於是讓帶子慢轉，而且在這個過程中，讓一個平常看不見，而且大多是半意識或潛意識的流程，顯現出它是如何進行的。

　　戴芙莉讓「滲透」這個流程變成可見的。

滲透的三大要素

　　戴芙莉的發現，要不是和實驗社會心理學家更嚴謹的研究成果如此吻合，看起來很可能只像是一則趣聞。事實上，她的寫作前準備任務，就是一種強行截斷的步驟，是一種自我干擾，仿照柴嘉尼的方式，讓期末報告成為學生心頭最重要的任務，讓該目標（期末報告）保持活躍（未完成狀態），使得學生對於身邊相關的資訊，無論在意識或潛意識層面，都格外敏感，就像阿特斯實驗中的口渴受測者。

　　這些正是滲透的頭兩大要素：**干擾**，以及隨之而來的**調整後不斷搜尋的頭腦**。學生研究日誌裡的條目則提供了第三項要素：**有意識的反省**。記得嗎，戴芙莉要學生定期記錄他們對於自己採用的資料，例如期刊文章和訪談，有何想法。隨著登錄的條目增加，他們的知識累積得愈來愈多，他們的思考力也隨之增進。

　　集成一個連貫的整體後，這類研究（從柴嘉尼、阿特斯、戴芙莉、乃至過去這幾十年來致力鑽研「目標實現」的社會心理學家），已解開了「創意流程」的部分祕密。這裡頭，沒有天使或繆斯女神的呢喃耳語。滲透關乎的是警覺性，是如何找出調整心智之道，好讓它能蒐集與目標相關的外在感覺與內在思維的混合體。我們無法事先得知那些感覺和思維會是什麼樣子，而且我們也不必事先知道。就像阿特斯實驗中的口渴受測者，資訊自會不斷源源湧入。

　　「啊，原來如此」的洞見若是憑空出現，那也只是意味著，那個外在感覺與內在思維的混合體，並非發生在我們的直接意識

下。對於滲透是否大部分發生在意識裡或潛意識裡，科學界還在爭辯之中，而且學界的答案也具備有趣的理論暗示。但是對於本書的目的而言，那已經不是重點。我本人比較同意作家史帝芬‧金的看法，他描述滲透就像是浸泡在一堆想法中，「在一個不純然有意識，但也不純然是潛意識的地方。」不論是哪一種，我們還是能拿多少，就算多少吧。

這對於學習策略而言，又意味著什麼？它暗示了，我們應該盡可能快一點展開大型計畫，然後在受困時，暫且打住，但是要有信心，相信我們正在開啟滲透作用，而不是棄之不顧。

我在學生時代老是喜歡把重大的研究報告往後推延，先處理小問題：先讀簡單的部分、清掃一下廚房、檢查待辦事項表單。然後，等我終於坐下來面對那隻大怪獸時，我會瘋狂推促自己往終點線挺進，要是做不到，就氣餒得要命。

這種做事情的方法和態度，真是大錯特錯！

前進之前，先暫停，並不代表要讓計畫休眠；它反而會讓計畫保持清醒。那是第一階段，而且它能引發第二階段，廣泛蒐集資料、隨興蒐集數據。第三階段是傾聽自己對這些新來的點點滴滴，有何想法。滲透需要所有這三個要素，而且得按照順序。

這些年來，我發現先從費力的計畫著手，然後才處理較小的事情，還有一個額外的好處。按照心理學的說法，這樣做會把工作的規模縮小，計畫不會再逐日變大。我已經突破表層，結果是工作會變得更容易處理，讓人更容易坐下來，好好工作。而且就算我經過幾個小時的苦工（我馬上聯想到做微積分題目）之後，還是沒辦法「了解」某些概念，我知道暫停不過是第一步。正如

我最喜愛的一位教授經常說，「數學家的定義就是，把概念帶在腦子裡四處走動的人，由於時間夠長，某一天，他們坐下才突然發覺，那概念已經變得很熟悉了。」

我把滲透視為採用對我有利的拖延手段。當我埋頭於某項複雜任務時，我會試著每天做一點點，要是我在某個部分獲得一些動能，我就會利用它一下。然後，在我受困的某個部分，中途停下來；下一個工作天，我再回去完成它。

動手去處理，動腦去完成

無可否認，本章大都把焦點集中在某一種創意工作上，也就是寫作，但那是因為作家不停說起這些事，而且也因為當你在寫作某些東西時，你也在重新發現自己對寫作的想法。

然而，能成為富有創造力的藝術家、建築師、設計師、或科學家的人，都會投入類似的心理流程，以便精煉並完成他們的作品；而且通常會經歷令人洩氣的艱難時刻。這些富有創意的人，本能的容許滲透發生，因為他們已經透過經驗，發現一個調整好的頭腦，往往會自動傳送出產品，或至少是部分產品。（不要忘了詩人郝思曼說過的話，其間有缺口待填補，那缺口「必須動手去處理，動腦去完成。」你就會得到一些片段的雛形。）

知道這一點，就能幫助你完成複雜的創作計畫，讓你信心更多，絕望更少。

第 8 章

交錯練習

幫助我們面對人生的變化球

　　我們大部分人在某個年齡（通常是九歲、十歲或十一歲時，總之我們都曾經有過），會產生一股全心投入某項雕蟲小技的盲目熱情，只因我們認為它可以決定我們的身分。讓我們一度沉迷的雕蟲小技，有可能是畫一匹馬，或彈奏某支吉他曲子，或是籃球的背後運球，也可能是花式滑板的基本動作「豚跳」（類似立定跳遠，但雙腳不離滑板）。

　　我們不需要學習手冊告訴我們怎麼做，我們就是會去做、反覆做，就像我們長久以來被教導的——埋頭苦幹，任勞任怨。這種對反覆練習的信心，存在文化的活水源頭中，存在每一本成功教戰手冊裡，存在運動員或企業家的自傳中。教練、音樂老師、數學老師操練學生是有原因的，他們往往一操再操，因為教練和老師深信：一個下午練一百遍A小調音階（或是罰球、或是用挖起桿擊球），你的進步就會顯現出來；再做兩百遍，你的進步會更大。

　　我們對重複練習的信心，從來沒有消失過，至少沒有完全消失。直到現在，我偶爾還是會想：如果我能把兒時那股全心投入的勁兒，拿到現在來學點新東西，該有多好。我該用來學鋼琴，或學遺傳學、學機械。我會像機器人一樣苦練，一次一項技巧，直到每一項都練成反射動作，深入我的骨子裡。我會彈奏艾爾加的曲子，拯救生命，自己動手修汽車。就某個程度而言，我依然相信這些有可能發生，只要給我足夠的時間。

　　有些心理學家和作家甚至嘗試去計算，像這樣把某件事做到專精，需要多少時間。他們指稱，通往專精之路就是反覆練習：準確來說，就是一萬個小時。這條規則的宗旨，我們很難反對，

即便這個數字有點武斷，因為我們不只是從反覆的角度看它，也從數量的角度。正如常言所說：先求動作正確再練習，一直練到再也錯不了。

我從小就是一個苦練先生。做學生如此，學音樂如此，練體育也如此。我是那種一個下午練三百次豚跳，但還是沒辦法做得正確的小孩。還記得我在車道上滑來滑去，結果抬頭一看，只見其他遠不如我那般堅決鍛鍊的孩子滑過身邊，想都不用想，就做出一個俐落的跳躍。

我的練習方法正確嗎？

同樣的情景也發生在練習背後運球、吉他獨奏以及曲棍球的時候。我是這麼渴望做好，我會全神貫注的練習，但不知怎的，就是做不好。然而其他孩子遠不及我投下那麼多練習時間，卻能輕鬆上手。他們是因為……天生好手？還是私下有人指點？有特殊的訣竅？我搞不清楚。我責怪自己缺乏天分，然後繼續尋找有沒有什麼是我比較容易學會的。但我從未停下來自問，我的練習方法真的正確嗎？

也沒有其他人停下來問過，至少在1970年代初期是沒有。當時，科學家對練習的看法和我們大家一個樣：愈多愈好。說得精確一點，心理學家主張，只要能讓目標技能（不論是滑冰、代數或是文法）更直接、更頻繁也更正確，都能增進學習。靠著一股蠻勁反覆做，就會達到，任何擁有一項專精技術的大師，多少都曾經這麼做，而且通常做了超多。他們事後依然忘不了的，也

是這個**反覆練習**，而非在那段期間他們可能採納的新做法或其他
途徑。

然而，可能另有蹊徑的第一條線索，在1978年的一場實驗
中出現了。這場實驗的執行者是加拿大渥太華大學的兩名研究人
員：恪爾（Robert Kerr）和布斯（Bernard Booth）。兩人的本行
是運動力學，專門研究人體的動作。

劃時代的擲豆袋遊戲實驗

運動力學專家經常和訓練員及教練密切合作，他們對於哪些
因素能夠增強運動能力、受傷康復能力、以及耐力，很感興趣。
在這場實驗中，恪爾和布斯想知道的是，兩種不同的練習方式，
會如何影響一種很簡單、甚至有點微不足道的小技巧：擲豆袋遊
戲。（結果證明，這是一個絕佳的選擇；因為我們大部分人都試
過這玩意，不論是在兒童的生日派對或是園遊會的娛興節目，但
是沒有人會在家認真鍛鍊這項技巧。）

他們找到三十六名八歲大的孩童，這些孩子報名參加當地一
所體育館的體育課程，上課時間安排在每星期六上午，總共十二
星期。研究人員將孩童分為兩組。他們讓兩組小孩都先做一段暖
身的投靶練習，以熟悉這種遊戲。而這種遊戲也真的有夠笨拙：
他們要這些小孩以跪姿朝地板上的靶心，扔擲像高爾夫球大小的
豆袋；但是小孩身上綁著的安全帶附有一個屏幕，會遮住他們的
眼睛。因此，小孩子每次都只能盲目投擲，之後再移開屏幕，看
看豆袋的落點，然後再繼續下一次扔擲。

在最初的一次測驗中，兩組得分一樣高，在技巧層面沒有呈現可分辨的差異。

接下來，他們開始接受常規訓練。每個小孩都有六節練習課，每節課扔擲二十四次。其中一組練習只投擲一個目標，距離3英尺遠的靶心。另一組練習投擲兩個目標，一個靶心距離2英尺，一個距離4英尺，輪流投擲這兩個靶心。這是兩個小組在練習上的唯一差別。

等到十二星期課程結束，研究人員為孩子舉行期末測驗，但是只考3英尺遠的靶心。這樣做似乎很不公平，因為其中一組整個課程都在練習投擲3英尺遠的靶心，但另一組完全沒有練過3英尺靶心。前者顯然占盡優勢。然而測驗結果卻並非如此，輪流投擲不同靶心的那一組小孩贏得比賽，而且贏得很輕鬆。他們的落點距離靶心的平均差距，遠比第一組來得小。這是怎麼回事？

為了確定他們的發現禁得起考驗，恪爾和布斯又針對十二歲孩童，再做了一次同樣的實驗。沒有錯，而且不只如此，在年齡較大的孩童，結果甚至更戲劇化。

是運氣嗎？表現較佳的那一組有人作弊嗎？恪爾和布斯報告說，既不是靠運氣、也不是作弊。「有變化的練習程序，有可能促進**運動基模**（motor schema）的形成，」他們寫道，變化能漸漸增強「動作意識」。換句話說，有變化的練習比聚焦練習更有效率，因為它會強迫我們，將適用於投擲**任何距離**的靶心的運動調整通則，予以內化。

了不得的想法！如果是真的。

有可能只是僥倖喔，想想看這個任務有多奇怪：盲目扔擲豆

袋。但在當時，這一點並不重要，因為根本沒人注意到這實驗。
豆袋實驗非常冷僻，冷僻到在刊登這篇論文的期刊《知覺運動技
巧》的網站上，也找不到它的蹤跡。（應我的要求，該期刊的編
輯花了好幾個星期，才把它找出來。）但是，就算這項研究登上
夜間新聞，它也不太可能改變社會大眾的看法，當然更不可能改
變研究記憶的學者專家的看法。認知心理學和運動力學無論在文
化上或地位上，皆分屬兩個世界。一個比較接近腦科學，另一個
比較接近體育課。一場投擲豆袋遊戲的研究，加上一群八歲和十
二歲的小孩，對於延續了幾百年的有關人腦如何習得新技巧的看
法，是不會造成任何改變的；至少不會馬上造成改變。

交錯練習勝過聚焦練習

　　研究學習的心理學家傾向分成兩大陣營：運動／動作陣營，
以及語文／學術陣營。前者的焦點在於人腦如何去看、聽、感
覺、發展反射作用，以及如何學習更進一步的體能，例如學習
某項運動或樂器。後者則專門研究各式各樣的概念學習，包括語
文、抽象觀念以及解題。兩個陣營都擁有自己的詞彙，自己的實
驗典範，自己的成套理論。在大學裡，通常也是分開教授，分屬
不同課程：「運動與知覺技巧」以及「認知與記憶」。

　　這種差異並非偶然。在繼續探討之前，我們先快速回顧一下
莫萊森的故事（見第27頁），那位哈特福醫院的研究對象，他在
1953年因為動了癲癇手術，嚴重損害形成新記憶的能力。動過手
術後，莫萊森的腦袋無法記住任何可描述的記憶，像是名字、臉

孔、事實、以及個人經驗。那場手術將他兩個半腦中的海馬都切除了；少了海馬，莫萊森沒辦法將短期記憶移送到長期記憶區均儲存。然而，他還是能形成新的運動記憶。在本書第1章〈左腦是編故事高手〉提到的某個實驗中，莫萊森學會一邊看著鏡中自己的手，一邊描繪星星圖案。隨著時間，他這項技巧變得愈來愈熟練，雖說他並不記得自己曾經練習過。

　　針對莫萊森這病人的研究，主要的成果在於大腦起碼有兩個系統在處理記憶：一個處理的是陳述型記憶，需要靠有功能的海馬；另一個處理運動記憶，根據的是不同的腦部區域，並不需要海馬參與。這兩個系統在生物學上具有差異，因此這可以解釋，為何這兩種記憶在形成、增強以及消退方面，都不相同。學習西班牙文，和學習西班牙吉他不同，也因此，心理學有各自描述這兩類型記憶的傳統。

　　1990年代初，加州大學洛杉磯分校有兩名同事，決定要做一些激進點的東西：他們要把「運動／動作陣營」和「語文／學術陣營」這兩種傳統，合併成一門研究所的專題討論，稱為「運動及語文學習原理」（Principles of Motor and Verbal Learning）。這兩位科學家——運動學習專家施密特（Richard A. Schmidt）以及那位好像無所不在的語文學習專家畢約克，認為這麼一來，學生對於各自領域之間的主要差異，以及每種類型學習應怎樣教導最為理想，將更加了解。「施密特和我純粹是以為，我們這樣做能展現運動和語文間的差異，沒有別的，」畢約克告訴我：「但是我們深入研究後，整個計畫的方向都改了。」

　　他們看到一個奇怪的信號貫穿所有文獻。首先，他們偶然碰

到備受忽略的豆袋研究，他們將豆袋實驗的結論視為真的。然後他們搜索文獻，想看看能否找到其他研究，證明交錯練習或干擾練習時段，經過一段時期後，比起聚焦練習，會導致更佳表現。如果豆袋實驗結果是很扎實的，而且恪爾和布斯所謂「它揭露了一個學習的通則」說法也是正確的，那麼它應該也會顯現在其他的「比較不同練習方法的實驗」中才對。

打造可面對各種情境變化的靈巧度

確實如此！很多科學家的論文中，也出現類似結果，而這些科學家完全不清楚恪爾和布斯的研究。譬如說，在1986年，路易斯安納州立大學的科學家針對三十名年輕女子，測試她們對三種常見的羽毛球發球方式的學習能力，分別是短發球（網前球）、長發球（高遠球）、以及平射球（抽球），每一種都有不同的彈射軌跡，都需要一些練習才能打得好。

在做短發球的時候，選手必須把羽毛球打到剛剛高過網子的地方（不超過0.5公尺），這樣球才會落在對方前場的三分之一處。長發球起碼要比網子高2.5公尺以上，才能落在對方後場的底線附近。平射球則是兩者的折衷，過網的高度與短發球相同，落點則與長發球相同，但球行速度較快。

研究人員古德（Sinah Goode）和馬吉爾（Richard Magill）判斷發球的標準有兩項：第一是落點，第二是過網的高度。他們將這群女子分成三組，每組十人，按照相同的進度練球，為期三星期，每星期練三節，每節練習發球三十六次。但是，課程本身並

不相同。A組進行段落練習，每節只練習一種發球，譬如說這一節練習短發球三十六次，下一節長發球三十六次，再下一節則是平射球三十六次。B組進行序列練習，按照短發球、長發球、平射球的固定順序，反覆練習各種發球。C組則是隨機練習，自行決定想練哪一種發球，但同一種發球不得連續練習兩次以上。

等到三星期後，每位受測者練習每一種發球的次數都一樣，只有隨機組各種發球的次數稍有出入。

古德和馬吉爾不只想要比較每一種練習方式的相對效率，還想要估算在面對新情況時，受測者技巧轉移（skill transferred）的能力有多好。講到底，技巧轉移不正是學習的目的？這種能力在於將某種技巧、或公式、或文字問題的精華，萃取出來，然後在另一種情境下，應用到另一個至少表面看來不相同的問題上。可以說，如果你真的精通某項技能，「它會永遠跟著你。」

古德和馬吉爾採用一種很微妙的方式來估算技巧轉移。在期末測驗中，他們做了一個小調整：受測者全都改成從左側發球區發球，雖說她們練習時全都是從右側發球區發球。在測驗時，由主考官大聲喊出各種發球方式：「給我一記平射球……OK，現在來一記短發球……現在給我一記長發球。」每位受測者在期末考發出各種球的次數都一樣是六次，但是從來不會連續考同一種發球。然後，古德和馬吉爾幫每次發球打分數，按照羽毛球飛行的弧度與落點位置，從0分給到24分。

勝利者是誰？隨機組，而且勝很大。該組平均分數18分，接下來是序列組，14分。一節課聚焦練習一種發球的段落組，成績最差，平均12分。值得注意的是，在過去三星期大部分時

間，段落組看起來進步幅度最大，進入第三週的時候，他們還領先大家，然而臨到比賽時刻，他們卻垮了。

古德和馬吉爾也不敢確定為什麼會出現這般戲劇性的逆轉。但是他們有一個預感。他們推理道：集中或反覆的練習，如果受到干擾，會強迫受測者持續進行調整，打造出可面對各種情境變化的靈巧度，結果使得每一項技巧都變得更加鋒利。

順便提一下，這也是擲豆袋研究得出的結論，但是古德和馬吉爾往前又推進了一步。他們寫道，在交錯練習時的所有調整，也會強化技巧轉移，不只讓每一種技巧變得更鋒利，而且在不同的情境下都能有好表現，不論室內或室外，不論從左側還是右側發球。「練習的一般目的，就在於將技巧轉移到比賽時，」兩人這樣寫道：「比賽時的狀況，每一場都不盡相同，使得隨機測驗成為評估練習效率的最佳情境。」

如何成為比賽型的選手？

施密特和畢約克知道，這個實驗和擲豆袋一樣，本身不能證明什麼；它只是一場研究。但是，還有其他人做過的一些關於滑板能力、電玩技巧的實驗，全都具有一項共通點：只要研究人員將練習時段打散，不論以何種形式，受測者的表現都會進步，勝過他們不受干擾的聚焦練習。

我們也可以從「練習 vs. 比賽」的角度來思考這個問題。在練習的時候，我們擁有某種程度的掌控能力。我們能夠擬計畫，或是避開令人分心的事物，甚至可以按照需要來放慢步調。更重

要的是，在每次練習之前，我們可以決定要演練哪一項技巧或是
動作，或是推導公式。總之，由我們掌控大局。但比賽（或考
試、或演出）時，就不是這麼回事了。從小到大，我們都碰過某
些小孩，他們在練習時表現好得不得了，但是碰到比賽就變得乏
善可陳。反之亦然，苦練時顯得笨拙的孩子，到了重要時刻，譬
如在比賽時，或是到了一大群觀眾面前，突然人來瘋、整個人活
躍起來。你能在自家前院練習帶球過人一千次，但是要你在全速
奔跑、而且背後還有兩名敵隊球員追逐下，完成這個動作，可就
困難多了。因為它不再只是一個單一動作，能夠單獨練習，而是
一首不斷變換的快舞中的一個舞步。

　　正是因為比賽、考試、或演出的時候，總是需要臨場應變，
使得恪爾和布斯的觀察結果顯得很可信，而施密特和畢約克非常
了解，這個原理不只適用於體育技巧；即席挖出語文記憶，同樣
需要心智上的柔軟度，而那也不是反覆練習就能發展出來的。

　　畢約克和貝爾實驗室的蘭道爾（T. K. Landauer）曾經要求一
群學生去記憶一份名單，上面共有五十個名字。有些名字列出來
讓大家研讀，之後在接下來的課堂上測驗很多次；其他名字只列
出一次，然後就進行測驗——但測驗是在研讀被干擾（學生被打
斷，要求先讀其他的東西）之後，才進行的。換句話說，每個學
生在不受干擾的情況下，研讀一組名字，然後在中途受干擾的
情況下，研讀另一組名字。然而，過了三十分鐘，接受後續測驗
時，他們記得的受干擾的名字卻多出百分之十。專注、不受打擾
的練習，反而阻礙他們進步。

　　「大家一般的體認是，凡有利於讓資料更立即、更正確、更

頻繁出現、或更有用的各種練習，都對學習有幫助，」施密特和
畢約克寫道：「但最新研究顯示，這種推論需要再加以檢驗。」

　　「再加以檢驗」是一種客氣的說法，其實意思就是「重新考
慮」，甚至可能全部扔棄。

　　倒不是說練習有害。我們全都需要某種程度的練習，才有可
能熟悉任何新技巧或素材，但是反覆練習會營造出一股強大的假
象──技巧進步得很快，然後就到了高原期。相反的，有變化的
練習會讓每次練習的進步速度看起來比較緩慢，但是經過一段時
間，卻更能累積更佳的技巧與學習。就長遠看，反覆練習一種技
巧反而會讓我們的進步變慢。

　　多年來，心理學家對於許多這類發現，就單獨的結果來說，
都不陌生。但是，最後還是施密特和畢約克在1992年發表的論
文〈練習的新概念化〉將這一大堆不同的資料，精鍊出一個可以
套用在所有練習上的通則，無論是動作或語文、學術或體育。

　　施密特和畢約克並不是去比對眾家說法的差異，而是去尋找
關鍵的相似點。「廣泛存在各種技能學習狀況中的反直覺現象，
其背後的共通特性，把我們給嚇到了，」他們結論道：「就最表
面來看，系統性的變換練習，就像是在鼓勵進行額外的、或至少
是不同的資訊處理活動，這會讓人在練習時的表現變差，但在同
時，卻醞釀出具有產生更佳表現能力的效果。」

　　那些「不同的資訊處理活動」是什麼？其實我們已經在第4
章〈留間隔〉討論過一個例子：間隔效應。打斷讀書時間是一種
干擾，而它會加深學習成效，但學習者不需要投入更多時間或努
力。另一個例子是情境效應，在第3章〈破除所謂的好習慣〉探

討過。變換不同的讀書地點，把書拿到戶外或咖啡店去讀，能增強記憶。

但是這些干擾練習的技巧，在不同研習時段之間，也會引發某種程度的遺忘。畢約克夫婦在他們的「忘以致學理論」中，把任何會強化記憶的費力技巧稱為「有益的困難」，它會強迫學習者的大腦更用力去挖掘一項記憶或技術，而那額外增加的心智勞力，會強化後續的提取強度及存儲強度。

但是還有一種技巧，要回溯到擲豆袋研究。還記得嗎，期末測驗成績最好的孩子，從來沒有練習過投擲3英尺的靶心。他們沒有不停投擲同一種目標，不像其他孩子，連續演奏A小調音階一百次。他們只不過是不停變換目標。這只是一項小變化，只有幾英尺的差距，但是那個變換卻代表了一個很大的概念，而且後來還成為許多項有關各級教育的研究的焦點。

藝術家的風格

先別管豆袋和羽毛球了，讓我們來談一個更可能打動朋友、陌生人以及未來伴侶的玩意兒：藝術。我可不是在講創作藝術，我講的是欣賞藝術。想要冒充都市文明人，我聽說第一步莫過於在面對一幅畫作時，對於它出自何人之手，有一點兒概念。站在馬蒂斯的畫前，大談莫內的光影，很快就會讓你露出馬腳──逼得你乖乖退回服務臺，租一副語音導覽耳機。

但是學習辨認某位藝術家的個人風格，尤其是這位畫家曾經實驗過多種流派，而且又不是梵谷、畢卡索、或歐姬芙之類的史

上名家，可就沒那麼容易了。最難之處在於，如何去感覺存在於畫作中的藝術家，而這是沒有捷徑可循的。

譬如說，維梅爾、德黑姆（Cornelis de Heem）或范艾佛丁根（Caesar van Everdingen）的作品，有什麼差異？把這幾位荷蘭大師的作品排成一列，我一張都分不出來，更別提看出能區隔他們作品的個人特殊創意。「維梅爾和德黑姆以及范艾佛丁根所選擇的不同主題，一度是描繪十七世紀荷蘭生活的不同方式，以及呈現家居品質的不同方式，」美國哲學家古德曼（Nelson Goodman）在一篇評論藝術風格的文章中寫道：「有時候，被列舉之範例的特色，像是色彩組織，正是列舉其他特色的方式，像是空間模式。」

聽懂了嗎？我也不懂。

古德曼有一個論點很出名，他指稱藝術家的風格愈是難以理解和故作神祕，對觀看者就愈值得，「一種很明顯的風格，例如很容易藉由某種膚淺的怪癖被辨識出來，若被指責為矯揉造作，一點都不冤枉。反觀一種複雜且微妙的風格，像是銳利的隱喻，就不至於被降級為一道刻板的公式。」但是困難點來了，藝術欣賞是一個大不同於生物學、玩樂器、德文入門以及史詩詩人的世界，這裡沒有文字對或化學鍵可研讀，沒有琶音、或詩句、或其他基礎事實，也沒有明顯的語文或運動「任務」可供評估。說實在的，美術含有一個魔法要素，而研究學習的科學家一向都把研究藝術家風格的事，留給像古德曼這樣的學者去做。

然而，這一切在2006年都改變了，當時畢約克和博士後研究生康奈爾（見第116頁）決定要做一個測驗，研究「干擾」除

了影響記憶之外，是否也會影響美感判斷力。這個想法來自畢約
克的一位同事說過的話，關於她要帶十來歲的女兒去義大利旅行
的事。她（那位母親）非常興奮有機會拜訪各大博物館，像是佛
羅倫斯的烏菲茲美術館和學院美術館，羅馬的國家美術館和博爾
蓋塞美術館，以及典藏豐富的梵諦岡博物館，但是她擔心出發前
如果沒有做點功課的話，這趟美學之旅對女兒恐怕起不了作用。
她對畢約克說，要是她女兒能先學會如何分辨眾多義大利畫家的
風格，一定能夠從這趟旅程中獲得更多的樂趣。於是她設計了一
套閃卡遊戲，來教導女兒辨識畫家風格。

畫作辨識力也能靠干擾強化嗎？

　　基本上，康奈爾和畢約克等於是把同一套東西搬進實驗室。
他們選擇了一組畫家，總共十二位風景畫家，有些很有名（例
如布拉克、秀拉），但大部分都是受測者不熟悉的，像是米爾莉
（Marilyn Mylrea）、葉梅（YeiMei）以及克羅斯（Henri-Edmond
Cross）。然後他們安排七十二名大學生在電腦螢幕上研習這些
畫。其中半數學生一次只研習一名畫家，譬如說：他們連續觀看
布拉克的畫，一幅接著一幅，每幅看三秒鐘，每一幅畫的下方都
有顯示畫家的名字；看過六幅布拉克之後，他們再看六幅克羅斯
的作品，同樣的，每幅三秒鐘，畫家名字列在作品下方；然後是
六幅葉梅的畫；以此類推。康奈爾和畢約克稱這種方式為段落研
習，因為學生各有一段完整的時間研習每一位畫家的作品。
　　以下是六幅克羅斯的畫作：

　　另一半接受測驗的學生，研習同一批畫的時數是一樣的（每幅三秒鐘），而且畫家名字也同樣列在作品下方。不同的是，他們的畫作並非按照畫家整組出現，它們是交錯出場的：

　　這兩組學生都研習了這十二名畫家各六幅作品。到最後，哪
一組會更能掌握這些畫家的風格呢？

康奈爾和畢約克要受測者在研習完畢之後，從547往回數，每次隔三個數字。這是為了讓他們分心，就好像清洗調色盤的清潔劑，這種方法可以清除短期記憶，在研習狀態與最終測驗之間，做一個明確的畫分。至於最終測驗的考題，並不包括他們剛剛研習過的畫作。別忘了，這場實驗的受測者是在學習畫家作品的**風格**，而非去記憶特定的畫作。如果你「了解」布拉克，你應該能在一幅從未見過的畫作上，認出他的筆觸。

因此，康奈爾和畢約克要學生觀看四十八幅沒有見過的風景畫，一次看一幅，然後要他們試著把畫和創作者連起來，從十二名畫家中選出一個。康奈爾和畢約克事先並不確定會得到什麼樣的結果，但是他們有理由猜測段落組可能表現比較好。首先，沒有誰真的了解人到底如何分辨藝術風格；再來，1950年代曾有人做過類似研究，要受測者學習抽象畫的名稱，結果沒有差異——以整組畫作一起研習的受測者，表現完全不輸給交錯研習畫作的受測者。

「交錯研習」成效大

然而，這次可不是了。交錯研習小組選對藝術家的比率，將近百分之六十五，段落研習小組只有百分之五十。在科學領域，這個差距算是很明顯的，因此研究人員又做了另一場試驗，找來另一群大學生，進行複查。實驗方式還是一樣，這批學生同樣區分成兩組，一組進行段落研習，一組進行交錯研習。結果還是一樣：以交錯方式研習的人，答對比率為百分之六十五，以段落方

式研習的人，答對率只有百分之五十。「在教導學生關於某位藝術家時，通常採用連續秀出該藝術家作品的方式，」康奈爾和畢約克寫道：「然而我們發現，雖然有違藝術史教師的直覺、以及我們的直覺，交錯展示不同藝術家的畫作，比集中展示同一位藝術家的畫作，學生的學習會更有效率。」

　　交錯（interleaving）是一個認知科學的術語，意思就只是：在研讀時，把相關但是不同的素材交錯起來。音樂老師早就喜歡採用類似的技巧，在同一節課裡，從音階轉換到理論，再轉換到作品。教練和體育訓練員也一樣，變換進行耐力及強度練習，以確保各部位肌肉都有時間恢復。這些哲理大都根植在傳統中，根植在個人的經驗裡，或是在對於過度使用的擔憂中。康奈爾和畢約克的畫作研究，將「交錯」提升成為一個學習的共通原理，一個可以改進實際上所有研究素材的原理。稱他們的實驗為指標性實驗，還嫌太早（那該由史家來評論，輪不到我說），但是它鼓舞了一系列交錯研究，有業餘愛好者，也有專家，在各個不同的領域進行研究，像是彈鋼琴、賞鳥、棒球打擊、幾何學。

　　該如何解釋交錯研習與段落研習出現這麼明顯的成果差異？為何會有差異？當不同風格混合交錯起來時，它們之間的相異之處不知怎的，就會變得更清楚嗎？

　　在康奈爾和畢約克的實驗中，他們決定要詢問受測者。在最終的測驗過後，他們發給受測者一份問卷，請他們評估哪種方法更有助於學習，是段落研習還是交錯研習。結果將近百分之八十的學生，都評估段落研習勝過或等於交錯研習。他們並沒有感覺到交錯研習對自己有益；而且這是在最終測驗之後，在考試已經

證明交錯研習提供了顯著優勢之後。

「這可能是這種技巧最令人驚訝之處了，」肯特州立大學心理學家鄧洛斯基（John Dunlosky）如此說，他曾經證明交錯研習能加速我們分辨不同鳥類的能力。「人們並不相信交錯研習的威力，即使你已經證明他們確實考得比較好。」

至少這一點很清楚了：在練習時，混合交錯各種項目、技巧或概念，就長久而言，似乎不只能幫助我們分辨，譬如畫作是誰畫的，還能幫助我們對各個畫家的風格，了解得更為透澈。最困難的部分，其實在於放棄原本的主要信念：反覆練習。

然而，數學分數是騙不了人的。

數學應該怎麼教？

儘管美國在技術創新與發明方面，居於世界領導地位，但是美國人的數學教育早就遙遙落後，世界排名通常落在第九或第十一（以八年級生的成績來評量），遠不及南韓、芬蘭等國家。專家和政府官員不斷爭辯應該如何縮小差距，於是在1980年代末，美國最主要的數學教師組織「全國數學教師協會」，召開了一場會議，集合頂尖的教育專家來評估如何改善數學教學。這是一項龐大艱巨的任務，和許多偉大計畫一樣，變成一場爭吵不休的惡鬥。最關鍵的異議在於教學哲學：學生在強調特定解題（例如因式分解和計算斜率）的課堂上，學習效率是否較高？或是以抽象技巧（像是推理和數字感）為焦點的課程，對學生的幫助更大？譬如說，在不需要找出公分母的情況下，就能知道2/3+3/5

大於1。（前面那種強調特定解題的方法是由下往上；後面那種
以推理和數字感為焦點的方法是由上往下。）

　　這是教育問題，但是爭辯很快變得政治化。由上往下的陣營
變成是「進步派」，他們希望孩子能獨立思考，勝過用死背方法
練習一堆計算過程。這群人包括許多年紀較輕的老師，以及擁有
教育博士學位的大學教授。由下往上陣營變成了「保守派」，他
們看重舊方法的價值，看重把反覆操練當成堆積木的做法。這群
人包括年紀較大的老師，以及數學和工程方面的教授。

　　這場所謂的數學戰爭，讓許多中小學老師很困惑。在那個年
代，關於數學教育，其實根本沒有什麼上乘的研究，因此雙方陣
營都缺乏能贏得爭辯的武器彈藥。最典型的實驗如下，學者或外
界專家突然帶著某個新創的數學、歷史或寫作課程，造訪某個班
級或學校，然後宣稱「有進步」，只是這些進步都很難詮釋，因
為評估方法（測驗）本身往往也是新的，而且也很少有後續實驗
再去驗證成效。

　　當時的教師長期看著新方法來來去去，受夠了，變得始終心
存懷疑（現在的教師也一樣）。此外，這場關於數學教育理念的
衝突，當時與哲學有關（現在還是），而數學在各個學門之中，
最是重結果，而非理論。「在你剛當老師時，其中一件最令人困
惑的事，就是在單元測驗（每週或是雙週一次的復習考）表現優
異的孩子，通常在同樣一批素材累積起來的大範圍考試，表現奇
差，」1980年代末，曾在加州帕洛奧圖市擔任高中數學老師的洛
爾（Doug Rohrer）這樣告訴我：「那些孩子通常會怪考試，甚至
怪我，說我故意出刁難的題目。」為什麼那些大考題目會這麼刁

鑽，洛爾解釋，是因為「學生在考數學時，必須有能力**選擇**一個解題策略，不能只是知道如何使用某個策略，當一場考試涵蓋許多不同類型的題目時，選擇解題策略就會變得比較困難。」對於像這樣的實質教學問題，數學戰爭裡的爭辯一點都沒觸及。

洛爾常常在想：要開發一套不同的課程，一套不採用段落教學（譬如，連續兩星期教比例，接下來兩星期教圖形）的課程，將先前教過的主題，混入每天的家庭作業，以強迫學生學習如何選擇適當的解題策略，而非盲目套用。要解開一道題目，首先你得認出它是哪一類型的題目。

有一天，洛爾躺在自家公寓的沙發床上，瞪著天花板思索，**這樣吧，也許是時候了，應該寫一本把問題交錯排列的教科書。**他很快就發現，早就有人這麼做了。

交錯研習也能讓數學理解力加速

那人姓薩克森（John H. Saxon），是一名退休空軍軍官，後來轉任奧克拉荷馬市的數學講師。1970年代，薩克森在羅斯州立學院教書，對於大學生用的教科書愈來愈反感。那些書的編排方式令學生對基本原理搞不清楚，很快就把剛剛學的東西忘掉。於是有一天，薩克森決定要自己來寫一些題目，目標是建立和標準課程不同的代數技巧。他的學生進步得很快，而且過沒多久，他就開發出整套學習計畫。在1980到1990年期間，薩克森授權或共同執筆了十二本數學教科書，對象從幼稚園到高中都有，還包括幾本大學教科書。

　　薩克森最主要的創新在於一套「交錯回顧」的流程。每一份家庭作業都包括一些新技巧，例如解聯立方程式，以及幾題先前上過的課程，像是解一元方程式。薩克森相信，我們在應用新技巧時，如果能伴隨使用一些已經熟悉的老技巧，對新技巧的理解會更為清楚，並逐漸對更抽象的概念建立起理解能力。薩克森的教科書引來一批追隨者，大部分來自私立學校、在家自學者以及某些公立學校，而且他很快就成為數學論戰中的一道避雷針。薩克森是主張從下往上的人，他認為進步派很危險；而進步派也認為薩克森才是真正的危險份子。

　　洛爾不記得當時他對數學論戰的想法，或者該說是他對薩克森的想法。但他記得自己拿起薩克森的書，開始看每個篇章。薩克森的教科書確實不一樣。在洛爾看來，那些課程的順序並不符合邏輯。但是把來自不同課的問題混合起來，卻正是他認為有助於學生學習數學的做法。

　　洛爾把這個問題擱下，因為他正準備放棄數學老師生涯，進研究所攻讀實驗心理學。直到2002年、他拿到學位之後八年，才再度開始思考學習。他已經讀過施密德和畢約克在1992年發表的論文，關於運動和語文學習。於是他又回頭想到從前在高中教書時的問題。他的學生並不需要記得更多東西，他們的弱點只在於分辨問題的類型、以及選擇適當的策略。把不同類型的問題混合起來（洛爾那時還沒聽過「交錯」這個名詞）看起來有可能應付這項弱點。

　　到目前為止，我都避免在本書中提到真正的數學題，但我想是開張的時候了。過去十年，洛爾和其他人已經用各式各樣的實

驗證明了，交錯可以全面改進數學的理解，不分年齡層。現在，
就讓我們來看看其中一項研究，以顯示這個技巧是如何運作的。
這是小學四年級程度的幾何問題，小小的回顧一番，不會有害。
2007年，洛爾和同屬南佛羅里達大學的泰勒（Kelli Taylor）找來
二十四名小學四年級的學生，幫每個人上一堂一對一的家教課，
教小朋友在已知稜鏡的底的邊數時，如何計算稜鏡上有多少個面
（F）、邊（E）、隅角（C）和角（A）。這堂課是不需多加解釋
就能明白的，非常容易做，即使對數學過敏的人也一樣。

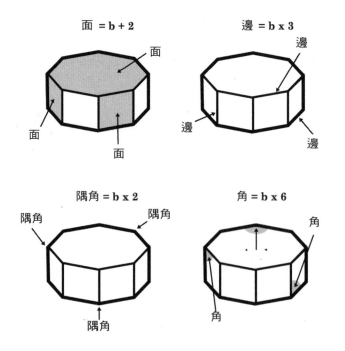

半數的孩子實行的是段落研讀，他們要先做八題計算有多少個面的題目（FFFFFFFF），再做八題計算有多少個邊的題目（EEEEEEEE），之後做八題計算隅角數的題目（CCCCCCCC）、八題計算有多少個角的題目（AAAAAAAA）。每類題目之間，各休息三十秒鐘，全部的課程集中在同一天。

另外半數學生，每種類型的題目做的次數一樣，但隨機混合成八題一組，例如先做FCEAECFA，接下來做CAAEFECF。

兩組學生上的家教課內容完全一樣，而且他們解的題目也相同。唯一不同之處就只有順序：一組是按照順序走，另一組是混合起來。第二天，小朋友接受考試，內容包括每種類型的問題各一題。果然沒錯，混合研讀（交錯）小組成績較優，而且是優很多：答對率百分之七十七對百分之三十八。

關於交錯研習能讓數學理解力加速，其中一個很明顯的原因在於，測驗本身（這裡是指累積不同內容的大範圍考試）正是各種問題的混合交錯。如果考試是一鍋大雜燴，出同樣大雜燴的家庭作業，自然會有幫助。然而，這裡頭還有更多含意。在研讀時把問題混雜在一起，能迫使我們去辨識每一類型的問題，同時還要把它和適當的解法給配在一起——我們不是只要辨識一群待開的鎖，我們還得幫每個鎖配上適當的鑰匙。

「在替一道問題套上適當的解題步驟或概念時，所遭遇的困難，在數學領域隨處可見，」洛爾和泰勒結論道：「譬如，數學文字題之所以那麼困難，部分就是因為文字題很少明白指出適當的解題步驟或概念為何。面對數學文字題，例如『假設有一隻蟲向東邊爬行八英寸，然後又向北邊爬行十五英寸，它距離出發位

置有多遠？」學生必須推斷出這裡需要用到畢氏定理。然而，要是這道文字題緊跟在一批明白顯示需要用畢氏定理的題目後面，這個推論就不需要了。因此，段落練習可能會大大降低文字題的教學價值。」

洛爾這樣解說道：「要是家庭作業在最上方寫著一元二次方程式的公式解，你就只要盲目套用公式解就可以了，沒有需要問這公式解是否適用。你在解題之前就知道它很適用了。」

大腦天生擅長留意不協調的事物

就目前的證據顯示，交錯可能不只適合數學，而是幾乎適合所有主題或技巧。打羽毛球、歷史（將相關時期的概念混合交錯呈現）、打籃球（在罰球線前後練投，不要站定在罰球線上反覆投籃）、生物學、彈鋼琴、化學、玩滑板，還有天知道的什麼怪活動，像是盲目擲豆袋。

毫無疑問，所有可以成為一學期課程或是一堂課程的素材，都是交錯研習的好目標。學習到某個程度，你總得復習。你得學習分辨一缸子的術語、名字、事件、概念、以及公式，才能應付考試，或是在獨奏會上做出大量完美的拉弓。既然如此，何不趁著每次有空時，逐步增加練習必備的分辨技巧，而不是等到最後測驗時，再一次解決難度陡升的素材？

就像我們先前提過的，許多音樂家早就在做某種類型的交錯練習了，把練習時段分拆開來，譬如說，三十分鐘練音階、三十分鐘讀新曲子、三十分鐘練習熟悉的曲子。這是很正確的想法。

然而，把時間分隔成甚至更小的單位，譬如十五分鐘或十分鐘，甚至能得到更好的結果。別忘了，交錯的重點不只在於復習，也在於辨認不同類型的問題、動作或是概念。

例如，我到現在還是盡可能抽空練習西班牙文和西班牙吉他。每次我看著一張新字彙表，我就會把它和另一張字彙數目不少於它的老單字表，交錯混合成一份字彙表。對於吉他，我甚至採用更多的交錯混合方式，可能是因為可供我混搭的材料比較多吧。我會先彈格拉納多斯《第五號西班牙舞曲》的一個音階，兩到三次，然後換成一首我熟悉的曲子，然後我又回來嘗試剛剛彈過的《第五號西班牙舞曲》裡被我搞砸的部分，彈奏個兩次、慢慢彈。接著，我開始彈另一個不同的音階，然後是一首我正在練習的新曲子的幾小節。一口氣練這麼多，夠了。我暫停休息了一下，然後即興彈奏一小段音樂，它來自我第一首學會的曲子《天堂之梯》（不知怎的，這曲子似乎總是不嫌老），在那之後，我才準備好要潛入西班牙古典吉他的世界。

這就是交錯。它當然是非常個人化的，某些主題和技巧硬是比其他主題和技巧，更容易學會。這裡頭，需要知道的是，你基本上就是把新素材或新技巧配合上舊素材，那些你已經學過、但已經一陣子沒有溫習的素材，不論那是英國吉他手吉米·佩奇的獨奏，還是布拉克的畫作。

就我所讀到的「學習科學」顯示，交錯基本上是為了讓大腦做好面對意外的準備。認真的登山客有一句名言：「沒出差錯，不算冒險。」他們所謂的差錯，是可能致命的差錯，像是繩索斷裂、口糧落水、一頭熊鑽進了帳篷。

　　我想，交錯能讓我們準備面對某種輕微得多的差錯。每次考試、每次比賽、每次較量、每次獨奏，總是會出一些紕漏，一些失算或突然的頭痛，一道刺眼的陽光或是一道簡單得出人意料的題目。事實上，交錯不只能為我們的日常練習加入一點復習，還能添加一點驚訝。「所有的研究結論都告訴我們，大腦天生就極為擅長留意不協調的事物，」多倫多大學神經科學家殷斯利熙特（Michael Inzlicht）指出：「看到一些不合適的東西，或是出現在不當地點的東西，事實上會喚醒大腦，促使潛意識更深刻處理該項資訊：『這個東西怎麼會出現在這裡呢？』」

　　交錯練習不是只能建立整體熟練度，以及提升主動的辨識能力；交錯練習還能幫助我們準備面對人生的變化球，包括真正的變化球，也包括譬喻上的變化球。

第 **9** 章

不需思考的學習

利用知覺辨識

什麼是好眼光？

你可能認得一些像這樣的人，他們對於時尚、或攝影、或古董、或棒球，有著驚人的好眼光。那些技巧都是真材實料，卻是異於常人的。那麼好眼光到底是什麼？在那些例子裡，眼睛到底做了什麼事，讓眼光變得這麼傑出？眼睛到底讀了什麼？

就拿打棒球來說，擁有好眼光的打者，彷彿對好球帶有第六感似的，不知怎的，就是能夠放過進壘時稍微偏高或偏低、稍偏內角或稍偏外角的球，只揮擊紅中的好球。球員、教練和科學家早已經把揮棒動作拆解得透澈無比，所以我們已能夠描述其中的關鍵時刻。

我們先從打擊的基本資料談起。美國大聯盟投手的快速球進壘速率，每小時起碼在九十英里以上，投手丘距離本壘板是六十英尺六英寸（18.4公尺）。球抵達本壘板所需時間約為0.4秒，或說400毫秒。大腦需要在大約三分之二的時間（250毫秒）以內，做成是否要揮棒的決定。在這250毫秒期間，大腦需要判讀這一球：要往哪飛，有多快，抵達時是否會下沉、或轉彎或上飄（大部分投手都有好幾種球路，全都有不同的進壘角度）。研究顯示，在球距離十英尺（約3公尺）之前，打者甚至還沒有意識到自己到底要不要揮棒——而到了這個時候，揮棒動作想進行大幅調整，已嫌太晚，只除了收棒子。眼力好的打者有辦法做出瞬間的判讀，而且似乎總是讀得很正確。

這樣的快速判斷到底是根據什麼？當然，球速是一項變數。受過訓練的大腦，能夠從球的影像在最初250毫秒期間的微小變化，做出一個大略的估計；立體視覺演化出能以不可思議的快速

度，去計算各種物體的軌跡，當然包括衝著自己來的物體。但還是一樣，眼睛如何解讀能改變球路軌跡的球體自旋？好眼力的打擊者自己也沒法說清楚。有些人說，看到一個紅點，代表是變化球，或說一團灰色代表是快速球；他們說自己只專注於視野中很小的一塊位置：緊盯投手丟球的那隻手，可以幫他們判斷可能的軌跡。然而，放球點也會變化。「棒球打者可能是靠一張球的快照，加上投手的某些肢體語言來判讀，」布朗大學認知科學家史羅曼（Steven Sloman）告訴我：「但是我們沒辦法徹底了解。」

打擊教練可以設法修正某個打者的揮棒動作和技巧，但是沒有辦法教他如何**看**球看得更精準。

這也是其中一個原因，為什麼大聯盟球員能夠拿那麼高的薪水。而且這也是為什麼，我們會認為大聯盟打者的敏銳視力比較是一種天賦，而非一項專業技術。我們對自己說，那完全是反射動作，玄機都藏在肌肉纖維的快速縮動和大腦神經元的突觸裡。他們是「天生好手」。

西洋棋大師擁有強大的知覺組集能力

我們把這種能力和學術類型的專業能力，很清楚區隔開來。專業是學習來的——在於累積知識，在於研讀和仔細思考，在於創造；它是後天培養出來的，不是天生的。我們的文化也做了同樣的劃分，一邊是天才運動員，另一邊是多產的學者。然而，這樣的區隔具有基礎上的瑕疵，而且它矇蔽了我們，讓我們看不到某個連科學家都還不完全了解的學習面向。

　　為了充實這部分的細節，並了解它的重要性，讓我們把棒球明星拿來和另一群同樣奇異的競賽者做比較，後者以智力著稱，而非擊球能力。他們是西洋棋手。狀況好的時候，西洋棋大師可以打敗世界上最先進的超級電腦，這可不是簡單的事。那部電腦每秒鐘能思考超過兩億種可能的棋步，再利用頂尖科學家和棋手發展出來的巨量策略庫來落子。相反的，人類棋手即便是大師，平均每一手棋只能考慮四步。注意，是每一手棋四步，不是每秒四步哦。若以每一手棋分配到的時間來計算，電腦搜索到的走法可能比人類對手多出十億種。但還是一樣，大師常常下贏電腦。怎麼贏的？

　　答案並非顯而易見。在1960年代的一系列研究中，荷蘭心理學家兼西洋棋大師德格魯（Adriaan de Groot），比較了大師和新手，發現他們思考的走法數量，並沒有太大的差別；差別只在於棋手對棋子的想法（譬如說，在某些位置，視城堡為主要攻擊武器，在其他位置，則視為防禦武器）。不過，若是再仔細比較走法數量的些微差別，會發現大師搜索到的走法數量比新手還少些！還有，大師有一項能力是新手辦不到的：在觀看一盤棋不到五秒鐘，就能記得整盤棋的棋子位置。只需要看一眼，他們就能將棋子在另一個棋盤上很正確的一顆顆擺出來，好像心裡拍了一張快照似的。

　　在後續的研究中，一對來自卡內基美隆大學的科學家，闕斯（William G. Chase）和西蒙（Herbert A. Simon）證明了這項技巧與大師的記憶力無關。西洋棋大師對於一般事物（例如數字）的短期記憶，並沒有比普通人強。但是，他們能把一盤棋看成更

有意義的組集（chunking），可是新手不能。（在心理學中，組集是一種儲存機制，它根據先前的知識，將研讀對象轉化為有意義的群組來儲存。以下面這串字母為例：Y, N, B; C, B, B; C, E; F, I, F; A, C, I; A, M, B; A, Y。現在請花幾分鐘時間來讀這串字母，然後遮住眼睛，試試看你能背出多少。一般說來，大部分人可以記得約七個字母。現在再試一次，但是把字母群重新組合成為：Y, NBC, BBC, E, FIFA, CIA, MBA, Y。你一定會記得更多，因為你是以有意義的群組來儲存這些字母。）

「較強的棋手的高超棋藝，來自他們有能力將棋子的位置編碼到更大的知覺組集裡，每一組集含有一種熟悉的棋子配置，」闕斯和西蒙結論道。

塗鴉實驗

大師也有好眼力，就像棒球員一樣，而且他們也同樣不知道該如何描述。（要是他們知道怎麼描述，很快就會被寫進程式，輸入電腦，然後機器就會掌控比賽了。）不過，很顯然，球員和大師都不只是在看，或是粗略分析。他們的眼睛，以及他們腦中的視覺系統，能從一大片視覺織錦中，抽取出成套最有價值的線索，而且是立刻做到。

我把這種能力想成好比紅外線攝影：你看到了熱點資訊，活生生的資訊，其他都是一片黑。所有專家，不論擅長的領域是在藝術、科學、人工智慧、機械、棒球、西洋棋、還是其他別的，最後都能發展出某種程度的這種紅外線似的透視能力。但是和西

洋棋大師或棒球天才不同，他們是經過一輩子的經驗、犯錯、培養直覺，才做到這一步。然而，我們一般人可沒有一輩子的時間來投入化學課或是音樂課。我們也可以擁有好眼光，但是需要用比較廉價、速成、取巧的手法。

　　我還是小孩子的時代，每個人的筆記和課本上的所有頁面空白處，都畫滿了塗鴉——亂寫的字母、諷刺漫畫、簽名、樂隊標誌、迷宮、3D方塊。每個人都會塗鴉，有時候甚至塗整節課，而最常見的就是彎曲線：

ℓℓℓℓ

　　那些塗鴉具有一項和雪花相同的特性：乍看長得都一樣，但是細看各有各的特色。只是並不會有很多人去細看。一般的塗鴉比無意義的音節還要無趣，無意義的音節至少包含了有意義的字母。因此，塗鴉幾乎等於是隱形的。在1940年代，有一名年輕的科學家看出這是一種很特殊的性質。經過一些好玩的或是深刻的思考，她認定這些看似不起眼的塗鴉，正是測驗一個偉大想法的好工具。

　　埃莉諾・吉布森（Eleanor Gibson）大約在二十世紀中期成為科學家，正逢心理學界所謂**刺激反應**（stimulus-response，簡稱S-R）的年代。當時的心理學家深受行為主義影響，而行為主義視學習為刺激與反應的組合——在著名的巴夫洛夫實驗中，餐前鈴聲響起，小狗就開始流口水。S-R理論根植於動物研究，包括

所謂的操作制約，也就是用點心來獎賞正確的行為（例如走出迷宮），用輕微電擊來處罰犯錯。

根據這套S-R學習理論，在感官中流動的影像、聲音和氣味，本身並不具備特殊意義。大腦在看見關聯時，自己會提供意義。譬如說，我們大部分人在很小的時候，就學會與人視線接觸能搏得讚許，尖叫則比較不能。我們學會：家裡的小狗以某種方式吠叫時，代表興奮；另一種方式吠叫，則代表警戒。在S-R世界裡，學習就只是做出那些連結──感官與行為的連結，因與果的連結。

吉布森並不屬於S-R成員。1931年，她從史密斯學院畢業之後，進入耶魯大學研究所，本來希望跟隨傳奇的靈長類專家葉克斯（Robert Yerkes）做研究。葉克斯拒絕了。「他的實驗室不想收女生，他很明白告訴我說，我不受歡迎，」吉布森多年後透露。她最後在赫爾（Clark Hull）的研究室找到空缺，赫爾是一名深具影響力的行為學家，以老鼠走迷宮的研究著稱。待在那兒，吉布森對實驗方法的理解增強了，而且開始相信，制約反射領域已經沒有太多東西可供研究了。赫爾等前輩已經做出一些指標性的實驗，但是S-R典範本身，限制了科學家提問的類型。如果你只是在研究刺激和反應，你看到的，就只是刺激和反應。

然而，吉布森相信，S-R領域全然忽略了一樣基礎的東西：辨識。大腦如何學會偵測影像、聲音或材質上的細微差別？譬如說，小孩子在連結不同的人與名字之前，必須先能區分那些名字的發音，像是Ron 和 Don，Fluffy 和 Scruffy。這是我們了解外界的第一步。現在回頭看，這個論點似乎再明白不過。但是吉布森

卻花了好多年，才找到願意聽這些論點的人。

　　1948年，她和她丈夫（也是一位傑出的心理學家）在康乃爾大學找到職缺，於是夫婦倆就搬到紐約州的綺色佳。吉布森很快就獲得一個機會研究小孩子的學習，而她也就是在那個時候，看出自己對辨識的直覺是對的。在她早期康乃爾生涯的研究中，她發現三歲到七歲的兒童可以學會分辨標準寫法的字母，例如D和V，與畸形的字母，像是：

DⱯ

　　這些孩子對於字母代表什麼，毫無概念；他們並沒有在刺激和反應之間，做出連結。但還是一樣，他們很快就對自己研讀的物件，發展出一套偵測微妙差異的本領。而這項研究導引出目前被認為是經典的**塗鴉實驗**（doodle experiment），它是吉布森和她先生在1949年一起執行的。吉布森稱塗鴉為「無意義的亂畫」，而這項研究的目的是，測驗人們在面對類似的塗鴉時，能多快分辨出來。他們帶了三十二個成年人與小孩進實驗室，一次帶一位，利用閃卡向他們顯示每一張塗鴉：

　　這項研究頗有牌戲的感覺。在展示那張「目標」塗鴉五秒鐘之後，實驗人員把它插回一疊三十四張圖案類似的閃卡中。「在這疊卡片裡，有一些是剛才那張卡片的複製品，請告訴我是哪一些，」他們問道，然後開始展示每一張卡片，一次秀一張，每張三秒鐘。事實上，整疊卡片裡有四張完全一樣的複製品，另外三十張則是非常接近：

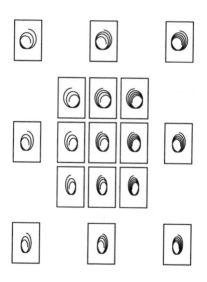

　　吉布森所測量的技巧，正是我們用來學習符號系統的技巧，不論什麼年紀，也不論學的是中文字、化學結構的簡式、還是音樂音符。即便只是讀一段很簡單的旋律，你也必須先有能力分辨A調和降B調的譜號。中文也是一樣，除非你能分辨幾百個看起來很相似的方塊字，否則中文字就像鬼畫符。

　　我們全都精通這樣的辨識，最明顯的莫過於童年用母語（英語）來學習英文字母。在那之後，我們開始讀英文單字和句子，那是在我們開始「組集」記憶之後，方式和西洋棋大師沒有兩樣。我們已經忘記剛開始學那些字母有多困難，更別提把字母和相對的發音連在一起，並將它們混入單字和想法中。

吉布森建立「知覺學習」新領域

　　在塗鴉實驗中，吉布森夫婦沒有給受測者任何回饋，沒有對他們說「你答對了」，或是「再試試看」。他們的興趣純粹在於受測者的眼睛是否會學習。果然有！在這個實驗中，成人平均需要大約看三遍，才能完全答對，無誤挑出四張複製品。年齡比較大、介於九歲到十一歲的孩子，需要五遍，才能接近完全答對；小一點的孩子，六到八歲，需要七遍。這些人都沒有進行刺激與反應的連結，不像心理學家所假設的，大部分學習都會發生這種連結。受測者的大腦，也不像十七世紀英國哲學家約翰・洛克知名的主張，是一個空的容器，只能被動累積感覺。不對，我們的腦袋天生就具備了會演進的模組，能進行重要、微妙的辨識，並將不同的符號予以分門別類。

　　「讓我們考量徹底推翻洛克假設的可能性，」吉布森夫婦寫道：「或許所有知識通過感官的方式，甚至比洛克所能想像的還要簡單。」

　　也就是說，大腦不只會藉由蒐集所見、所聽、所聞、以及所感覺到的細微差異，來學習如何感知。在這個實驗以及一系列的

後續實驗（針對老鼠、貓、小孩、以及成人）當中，吉布森也證明了，大腦還會**感知如何學習**。對於長相類似的音符、字母或圖形，大腦會偵測它們的差異，並利用這差異來幫忙辨識先前沒見過的新東西。一旦你定出高音譜號的中央C音，你就能把它當成鄰近其他音符的基準點；當你定出高八度的A音，你可以用它來讀取附近的音符。這種**辨別學習**（discrimination learning）能自我建立，而大腦會將它「最後用來讀取愈來愈大的資料組集的基準點或識別標誌」給儲存起來。

1969年，吉布森出版了《知覺學習與發展之原理》，這本書將她所有的研究成果集結起來，建立了一個心理學的新分支——**知覺學習**（perceptual learning）。她寫道，知覺學習「並非被動的吸收，而是主動的過程，也就是說，探索和搜尋知覺的本身是主動的。我們不只是看，我們還看見；我們不只是聽，我們聽見。知覺學習是自動調整的，也就是說，不需要來自外部的加強，就能進行修改。它是刺激導向，目標在於選取並減少資訊模擬。而達成這個目標的基礎，在於發現世間不同的特徵和結構。」

這段引言裡的資訊是這麼多，我們需要停下來，仔細讀，以了解它全部的含意。

知覺學習是主動的。我們的眼睛（或耳朵，或其他感官）都在搜尋正確的線索。很自動的，不需外來的強化或協助。當然，我們必須很注意，但是不需要刻意打開或調整感官。它會自動修正，它會調整它自己。整個系統會運作找出最關鍵的知覺信號，並將其他信號過濾掉。棒球選手只看到與判斷球路軌跡有關的投手瞬間動作，再沒別的。棋藝大師考量的步數比新手少，因為他

們發展出的眼光是這麼凌厲，能夠瞬間削減可能的選擇，使得他們更容易找出最有效的棋步。而這些都只是視覺的案例。吉布森的知覺學習，適用於所有感官，除了視覺，也包括聽覺、嗅覺和味覺。

　　科學家直到最近十年左右，才開始探索吉布森的發現。目的是為了造福我們這些世人。

飛行「知覺學習模組」

　　瑪莎葡萄園島上空的飛航狀況可說是瞬息萬變。即便在雲層稀疏的日子，夜色降臨之後，籠罩在該島上空的一層薄霧，往往會讓缺乏經驗的飛機駕駛員搞不清方向。1999年7月16日晚間9點40分過後，當小約翰甘迺迪駕著他的 Piper Saratoga 小飛機，在離岸七英里的海面墜毀時，正是這種狀況。結果害死了他自己、他老婆以及大姨子三個人。

　　「看不到地平線，也看不到亮光，」另一位當晚飛越瑪莎葡萄園島上空的駕駛這麼說。「我左轉飛向瑪莎葡萄園島，想知道是否能看見它，但是看不到任何光線，也沒有絲毫該島的影子。我想島上可能遇到停電還是什麼的。」調查墜機事件的官員發現，甘迺迪擁有五十五個小時的夜間飛行經驗，但是完全沒有儀器飛行認證。就飛行員的術語來說，代表他仍然處於學習階段，還沒有資格在能見度為零、只能靠飛機儀表指引的情況下飛行。

　　小型飛機上的儀表板通常包括六個主要刻度盤：一個追蹤高度，另一個是相對於空氣的速率。第三個是陀螺儀，就像一個羅

盤；第四個是垂直速率（爬升或下降）。另外兩個則以迷你小飛機的圖形，來呈現機身的轉彎側滑傾斜度、以及飛機在空中轉向的轉彎率。（較新型的飛機只有五個主要儀表，沒有轉彎側滑傾斜度標度盤。）

　　學會讀取以上任何一個標度盤，都很容易，就算你以前從未見過儀表板。但是，要在一瞥眼的瞬間讀取全部標度盤的數據，並根據這些數據綜合起來代表的意義，做出正確的決定，就困難多了。你在下降嗎？你在平飛嗎？對業餘飛行員來說，就算在晴朗的天氣都很困難，更別提在能見度為零的狀況下。加上還要用無線電與塔臺通話，判讀航空圖，檢查燃油量，準備起落架，以及其他攸關生死的任務。這是你不會想要碰上的多重任務冒險，除非經過完善的訓練。

　　1980年代，美國賓州布林莫爾學院的認知科學家凱爾曼（Philip Kellman）在學習開飛機時，就已注意到這一點。隨著訓練過程的進展（先在飛行模擬器上練習，然後在教練陪伴下進行空中飛行），他在讀書準備飛行考試時，突然想到，飛行這回事其實就是知覺和反射作用。飛上天空後，他的教練可以看出他看不出來的模式。「準備降落時，教練可能會對學生說，『你飛得太高了，』」凱爾曼告訴我：「教練是真的看見了飛機與跑道之間的角度，但學生卻完全看不到。在許多類似這樣的知覺情況下，專家只要一瞥眼就能看出的模式，新手基本上都是盲目的。」（凱爾曼現在已經換到加州大學洛磯山分校執教。）

　　那一瞥，能同時考量所有標度盤，外加駕駛艙外的景象。要鍛鍊出這等本領，需要累積幾百小時的飛行時數。有時候，某個

標度盤會卡住或來回擺盪，很令人困惑：你到底是平飛，像某個標度盤所顯示的，還是正在轉彎下降，像另一個標度盤的顯示？以下是凱爾曼描述他的個人經驗，他在教練指導下，學習同時判讀所有數據的經驗：「在雲裡飛行時，坐在左邊位置上的學生手忙腳亂，因為每個標度盤好像都各有各的主意。他很費力的一一注視每個標度盤。在盯著某個標度盤幾秒鐘之後，他才明白它是怎麼亂掉和校正的，也許猛拉一下就能導致下一回的擺盪。呵欠連天的教練坐在右邊位置上，瞥一眼儀表板，看出學生已偏離了預定高度兩百英尺，但是至少沒有把飛機開成上下顛倒。」

　　凱爾曼是*視知覺*（visual perception）專家。他開始好奇，是否有更快速的方法，能讓學生在一千英尺的空中同時應付所有標度盤之前，起碼對儀表板能培養出一些直覺。如果你能對儀表板發展出一股直覺，真正飛行時，可能就不會那麼緊張了。你已經知道儀表板在傳達什麼訊息，因此你可以專心做其他事，例如和塔臺溝通。

　　凱爾曼研發出來的飛行訓練捷徑，他稱之為*知覺學習模組*（perceptual learning module），簡稱PLM。這是一套儀表板教學的電腦程式，基本上就是電腦遊戲，只是有特定目的。學生會看到螢幕上出現六個標度盤，然後必須快速學會那些標度盤合起來代表的意義。下方共列出七個選項：直線下降（Straight Descent）、平直飛行（Straight & Level）、直線爬升（Straight Climb）、下降轉彎（Descending Turn）、水平轉彎（Level Turn）、爬升轉彎（Climbing Turn）以及當某個標度盤不會動的時候，令人擔憂的儀表衝突（Instrument Conflict）。

　　在1994年該模組的一次測試運作時，凱爾曼與美國航太總署艾姆斯研究中心的凱瑟（Mary K. Kaiser）找來十位從未受過飛行訓練的初學者，以及四位有經驗的飛行員（飛行時數介於五百到兩千五百小時）。

　　每位參加者都先聽一段儀表板簡介，然後開始訓練，共九節課。每種儀表板模組都顯示二十四次，每次之間有短暫的間隔。參加者會看到螢幕上出現一個儀表板，上頭有六個標度盤，下方共有七個選項。如果他選了錯的答案（新手剛開始總是容易選錯），螢幕就會打一個嗝，然後提供正確答案。如果答對了，就

會響起一個鐘聲。接著下一題又跳出來：另一組標度盤，同樣七
個選項。

　　經過一個小時，甚至連有經驗的飛行員都有進步，判讀愈來
愈快，而且也愈來愈正確。新手的分數更是神速起飛：一個小時
之後，他們判讀儀表板的能力，和接受傳統訓練一千飛行時數的
飛行員，不相上下。換言之，他們只花了千分之一的時間，就建
立起（至少在地面上是）同等的判讀能力。

練出知覺直觀能力

　　凱爾曼和凱瑟又進行了一個類似的實驗，這次的模組設計
是希望能改進利用航空圖的視覺導航能力，也得到類似的結果。
「兩個PLM實驗都得到的一項驚人結果是，毫無經驗的受測者在
PLM訓練後的表現，比PLM訓練前的飛行員更為正確和快速，」
他們寫道：「接受適度PLM訓練後的大幅進步，顯示這種訓練方
式有望加速學會飛航及其他訓練情境的技巧。」

　　那些訓練情境包括所有與下決定有關的判讀或專業領域。例
如，那是菱形還是梯形？是一棵橡樹還是楓樹？是中文字「家」
還是「房」？是正斜率還是負斜率？皮疹上凸起來的腫塊，顯現
它是帶狀疱疹、濕疹、還是牛皮癬？

　　凱爾曼和其他人所設計的電腦知覺學習模組，都是視覺的、
步調很快的，而且都聚焦於把影像或問題，加以分類，而不是直
接解決問題（例如那條斜線符合 $x - 3y = 8$ 還是 $x+12y = 32$）。這
些模組是為了磨練你的快速判斷（知覺技巧），好讓你能在不需

要解釋原因的情況下，就能「知道」面對的是什麼——至少不必馬上解釋你是怎麼知道的。

事實上，知覺學習模組發生作用時，它們建立的是**知覺直觀**（perceptual intuition）。在近年許多研究中，知覺學習模組大都確實發揮了作用。舉一個例子，在維吉尼亞大學，科學家利用一個知覺學習模組，來訓練醫學生熟練膽囊切除手術。在二十世紀大半時期，醫師切除膽囊的方式都是在病人腹部劃下長長的一刀，把腹部剖開。但是從1980年代起，許多醫師都採用腹腔鏡來做這種手術，也就是把一根細長的管子，透過一個很小的切口，伸進腹腔。內視鏡上附有一個微小的攝影機，然後外科醫師必須根據內視鏡傳回的影像，來導引管子通過腹腔。要是醫師在過程中對這些影像判讀錯誤，各種傷害都有可能發生，而通常需要觀察過幾百次手術，才能精通這門技術。

在這場實驗中，半數學生用電腦模組來練習，觀看許多摘自真實手術的錄影短片，然後必須快速決定每部短片呈現的是手術中哪一個階段。另外一半學生是對照組，研究同一組錄影帶，但是可以隨他們高興，隨時倒帶重看。練習時間都是三十分鐘。在最終測驗時，知覺學習組大勝，痛擊和他們經驗相同的對照組，分數是後者的四倍。

凱爾曼發現，他的知覺學習模組也能加速皮膚科學生鑑定皮膚病變和皮疹的能力，這些病變的樣貌千變萬化，在沒有受過訓練的眼睛看來，完全無法分辨。凱爾曼和加州大學洛杉磯分校醫學院的克拉絲內（Sally Krasne）也在放射線科以及心電圖的判讀上，發現類似結果。另外，凱爾曼還與同僚合作，開發出化學鍵

學習模組，幫助化學系學生替不同分子的化學鍵分類，結果很成功。

　　沒錯，這些知覺學習模組對於已經在學校表現優異的人，想進一步學習專門技術，非常有助益。但是，對那些在數學課堂上偷瞄時鐘，搞不懂斜率的意義或是怎樣畫出 3 (x+1) = y 的孩子，知覺學習模組也能發揮作用嗎？

　　可喜的是，知覺模組在這方面同樣顯示出大好的前景。凱爾曼曾經到聖塔莫尼卡的一所學校，測試一套類似儀表板受訓者使用的模組，只不過這套是訓練方程式和圖形。螢幕上會跳出一條斜線的圖形，它的下方則有三個方程式可供選擇；或是倒過來，上面出現一個方程式，下方有三個圖形選項。還是一樣，學生必須快速決定，做出選擇，然後換下一題；再做一個選擇，然後又換一題，總共幾十個畫面。經過足夠的訓練後，學生開始能夠感覺到正確的答案，「而且接著，他們還能想出為何那些是正確的答案，如果他們需要解釋的話，」和凱爾曼合作的高中老師外茲（Joe Wise）告訴我。

　　至於如何最有效率的利用知覺學習模組，以及它們適用於哪些主題，科學家還有很多研究要做，才能回答。

　　不過，你愛怎樣玩電腦遊戲都可以，但是你終究必須去飛真正的飛機，或是幫活生生的病人動手術。知覺學習模組只是經驗的補給品，不是替代品。知覺學習之所以始終停留在心理學和教育領域的邊陲地帶，這是其中一個原因。但這不是忽略它的好理由。畢竟，我們的知覺學習時時刻刻都在發生、自動發生；而且現在情況很清楚，知覺學習模組確實可用來加速學會特殊技能。

火速學會如何分辨美術作品的流派

本書承諾要描繪更有效率的學習技術，但是不需要我們投入更多力氣。目標在於增加更多的空閒，而不是減少空閒。現在，我恐怕得打破承諾了，但並不是徹底打破。

讓我們一起來看一段幻燈片。

好啦，好啦，我知道。但是請聽我說：我讀高中時，曾經用老式的紙張和二號鉛筆，自己動手製做閃卡。此時此地，製作一套知覺學習模組，其實同樣簡單，一來可證明它很容易製作，二來也可顯示它能做什麼以及不能做什麼。關於這個，我決定能偷多少懶，就偷多少懶。我把這份工作轉包出去。我雇用我那十六歲的女兒幫我設計一個模組，因為我是忙碌的職業作家，同時也因為她和現在許多小孩一樣，數位能力一把罩。說到製作數位幻燈片、PowerPoint簡報、錄影帶，或是從網路下載影像，她的能力綽綽有餘。而我要她做的正是這些。

另外我還盜用了題材，或說至少是盜用了想法。我決定要學康奈爾和畢約克的做法，也就是上一章描述過的，有關繪畫風格的交錯研習，我只稍微更動了一點。他們兩位利用交錯方式，來教導學生分辨不同風景畫家的個人風格。這一點我做了些修改，我的模組將把焦點擺在著名的藝術流派上，例如印象派。這並不是隨便選的，我有一個自私的動機：我曾經在參觀現代藝術博物館時出糗，因為對藝術史的了解太少。我能零星認出幾幅作品，但是對它們背後的藝術淵源及文化潮流，卻一無所知。就拿梵谷的《星夜》來說，那漩渦般的模糊星空，深深吸引眾人的目光，

但是它對於梵谷、對於他的同輩、對於現代藝術的演變，到底有什麼意義？我真的不知道。

　　好吧，我不需要馬上知道這一切。我只希望知道如何分辨各種繪畫流派之間的差異。我想要擁有一副好眼光。其他見識可以日後再慢慢補充。

　　我需要哪一種知覺學習模組？我花了一點時間思考，但沒有想太久。我要我女兒選出十二個藝術流派，然後每種流派各下載十幅畫作。這就是原始素材，一百二十幅畫。她選的流派如下（深呼吸，憋氣）：

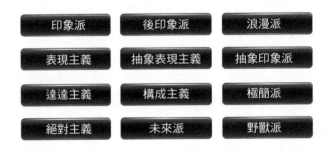

　　知道這些流派嗎？不知道也沒關係。重點在於它們有許多特徵可供區分，可是我幾乎一個也分辨不出來。我只曉得莫內和雷諾瓦屬於印象派，其他就沒了。我等於是帶著一副初學者的大目鏡上場。

　　康奈爾和畢約克以交錯方式展現風景畫作，當然我也叫我女兒這樣做。展示順序是隨機的，而非依照風格。於是她做出一

個知覺學習模組，設計得就像凱爾曼的一樣。一幅畫出現在螢幕
上，下方有十二個選項。如果我選對了，鈴聲就會響起，同時螢
幕上還會出現一個勾勾。如果我猜錯了，就會出現一個黑色的叉
叉，而且正確的答案會被凸顯出來。

　　我以我能忍受的最長連續練習時間為準：每節十分鐘，大約
六十個畫面。第一節幾乎全都是在亂猜。就像我說的，我只對印
象派稍微有點感覺，其他就沒了。在第二節的十分鐘裡，我開始
瞄準極簡派和未來派；算是小兒學步階段。到了第四節，我已經
能夠滿準確看出表現主義和達達主義。它們的差異特徵到底在哪
裡？我還說不出來。野獸派那種不自然的調性具有什麼意義？我
也沒有概念。我可不會停下來去找答案。每張片子我只給自己幾
秒鐘時間，然後就換下一張。這是知覺學習，不是學習藝術史。

　　最後我必須接受一次總測驗，而我又再次借用康奈爾和畢約
克的方法。還記得嗎，他們在受測者的繪畫研習結束時，所出的
考題是同一批畫家的其他畫作，是在研習階段沒出現過的。重點
就在這裡，如果你能辨識出布拉克的筆觸，那麼你應該也能看出
布拉克其他的作品。這也是我的目標。我想要達到一種境界，能
夠正確認出達達主義的作品，即使我從未在知覺學習模組中看過
那幅畫。

　　經過六節練習，我接受了一次不准思考的測驗，結果還算
不錯：三十六題當中，答對了三十題，百分之八十的答對率！我
只瞥一眼畫作，就快速的按下選項。沒錯，我完全沒有學到藝術
史，沒學到任何與這些作品有關的文化背景、它們的創作自述、
它們的用色或透視法。但是我可以這樣說：現在的我，能徹底分

辨野獸派和後印象派畫家的作品了。僅僅研究一小時，就有這樣
的結果，不錯了。

馬蒂斯（Henri Matisse）的作品《馬蒂斯夫人肖像》（1905 年）

　　我的做法和康奈爾、畢約克的做法最大的差異在於：交錯可
能涉及更多有意識的深思。知覺學習模組傾向於快節奏，不只使
用視知覺系統，也使用認知的思考系統。這兩種技巧是互補的，
可以互相砥礪。

　　不過，我最記得的是參與其中的樂趣，這和一般認定的刻苦學習剛好相反。當然，我並沒有活在考試的陰影下，沒有必須提高成績的壓力，也不需要與人競爭。我舉這個例子，只是為了說明，不用花很多力氣，就可以做到自我的知覺訓練。最重要的是我利用它證明了知覺學習模組針對的是某一類型的目標：分辨或分類一些在生手眼中很相似、但其實不同的東西。對我來說，如果能把某個讓你頭痛的知覺上的結給打開，多花一點時間絕對是值得的。像是怎樣分辨正弦、餘弦、正切、餘切，或是分辨音樂上的音程與節拍，分辨不同的化學鍵，分辨不同的理財策略或是年報數字，甚至是分辨很簡單的事物，像是兩個分數（例如3/5和1/3）之和比1大還是小。你只需要火速瀏覽一堆案例，讓你腦袋裡的感官區域達成任務，就行了。

　　這可不是雕蟲小技。未來，知覺學習將會改變許多專業領域的訓練。針對你想建立快速洞見的素材（譬如原生樹種、野花、水族館裡的魚類、不同形式的燃油噴嘴、巴洛克作曲家、甚至法國葡萄酒），設計專門的學習模組。別忘了，所有感官都能自我磨練，不是只有視覺——感官種類之多，遠超過你可能知道的，分類亦然。

　　正如吉布森所說的，最棒的部分在於知覺學習是自動的，而且是自我校正的。這是你可以不用思考的學習。

第 10 章

小睡一下，你就贏了

睡眠就是閉上眼睛的學習

　　我們生命裡的大黑洞，我們每天定期拜訪的黑暗王國，叫做
睡眠。睡眠對大部分人來說，神祕性十足。我們需要睡眠，想要
擁有更多睡眠，而且渴望睡眠具有更深沉、更豐富的品質。一方
面我們知道，在任何一個晚上，睡眠都可能背叛我們。但是另一
方面我們也知道，在那充滿夢境的無意識時段，有一些神奇的東
西在進行著，一些混合了事實、幻想和感覺的東西，將我們在白
晝為了專精某項新技能而做的努力，轉換成最寶貴的東西——理
解。

　　就算你不是新時代的夢療師，你也會相信大腦在入睡時做了
一些清醒時不會做的連結。誰沒有在半夜三點突然從床上坐直身
子，想道，哎呀，可不是麼！突然記起鑰匙放哪兒去了，或是悟
出該如何改變高爾夫的揮桿動作，或是換一種指法來彈奏阿爾班
尼士的一首吉他曲子。數不清多少次，我帶著自憐自艾的挫折感
上床睡覺——我被一篇我想不出好點子的報導給挾持了；卻在半
夜自動醒來，抓起床頭櫃上的筆，將半夢半醒時分的一些想法，
隨手寫下來。到了早晨，我醒來便會發現一堆零碎的句子，要是
筆跡沒有亂到認不出來，通常都能幫我如願完成那篇報導。

　　而且，不是只有我這樣。科學發明史上就有不少事跡，關
於睡眠能孕育深刻的知識躍進。例如，十九世紀德國化學家凱庫
勒（Friedrich A. Kekulé）聲稱，在夢到蛇咬著自己的尾巴之後，
他就發現了苯的化學結構——該分子圈成一個環狀。另外，據說
俄國科學家門得列夫（Dmitri Mendeleev）曾經連開幾天夜車，想
要拼湊出日後令他揚名立萬的元素週期表，沒有成功，但是他告
訴一名同事，在他打瞌睡之後，突然就看到一張「所有元素都安

置妥當的表」。像這一類故事，總是令我想起格林童話裡的《金鳥》，一名青年出發尋找長著金羽毛的神奇小鳥，結果愛上一位公主，公主的父王願意把女兒許配給他，可是有一個條件：這名青年必須在八天之內，把國王窗前阻擋了視野的小丘給挖掉。但是問題出在哪裡？這不是什麼小丘，是一座大山，青年拚命挖了七天之後，終於體力不支而累倒。這時，他的朋友狐狸悄悄對他說：「躺下來睡個覺吧，我來幫你挖。」到了早晨，果然整座山都不見了。

睡眠會成為傳奇和童話故事的材料，正因為它是這麼未知，是一塊空白的銀幕，讓我們投射自己的焦慮和希望。如果暗房鎖上了，我們只能猜測裡面在沖洗的影像是什麼樣子。那麼，睡眠中的腦袋到底在做什麼？

睡眠理論一：清醒太耗費能量

真相是，沒人知道。或是說得更精準一點，沒有一個大家都認同的科學解釋。我們每個人都花了三分之一的生命在無意識狀態，因此，任何關於睡眠的主要用途的理論，都必須是一個偉大的理論。我們的身體需要定期停工，是為了療癒？為了放鬆壓力？為了處理情緒，製造肌肉，讓頭腦恢復清楚？是的，以上皆是。我們知道**睡眠剝奪**（sleep deprivation）會令我們更魯莽，情緒更脆弱，更無法專心，甚至可能更容易遭病原感染。

然而，這些加起來也不能算是全面性的理論，因為它們都沒有解釋每個人睡眠時間（與睡眠時程）的巨大差異。只要想想看

不同的個人，睡眠差異可以有多大：有人每晚只睡三小時，一樣神采奕奕，有人沒睡到八小時，就受不了；有人整晚不睡，效率最高，到了白天卻老是昏昏沉沉；有些人需要每天午睡。因此，一個真正全面的理論，必須要能解釋這些差異，還必須能解釋動物的醒睡週期。（這方面的變異也是大得驚人：母殺人鯨在照顧新生兒的時候，可以連續活動、保持警戒達三星期以上，幾乎是一個月不用睡覺。候鳥可以連續飛行幾星期都不停下來休息。）

　　在這團混亂之中，浮現出兩個滿合理的新理論。

　　一個理論說，睡眠基本上是一個時間管理的適應。我們的身體演化出生理時鐘，是為了防止我們在沒什麼生意好做的時刻，例如半夜三點鐘，不要和別人攪和，有生意的時候則保持清醒。想想看棕蝠，牠們可能是世界上睡最多的哺乳動物。牠們每天睡二十個鐘頭，剩下四個鐘頭，在黃昏時分狩獵蚊子和蛾類。為什麼只在黃昏的四個鐘頭裡？一方面，因為那是牠們食物最多的時刻。但是，正如加州大學洛杉磯分校神經科學家席格爾（Jerome Siegel）所說，另一方面也是因為「增加清醒時間，對於這種動物來說，似乎是一種適應不良，因為那樣會消耗能量，而且又會被視力和飛行能力優於牠們的鳥類天敵看見。」席格爾認為，我們人類對於睡眠品質和長度的執迷，就某個角度來說，也是一種退步。「我們花了三分之一的人生在睡覺，看起來似乎非常適應不良——科學家經常稱之為『自然界犯下的最大錯誤』，」席格爾告訴我：「但從另一個角度看，沒有必要的清醒，才是一個更大的錯誤。」

　　有乾草需要打理，我們自會去打理，不論是否出太陽。等到

沒有乾草需要打理時（或是相對於到處走動所具有的風險，乾草
嫌太少時），我們就睡大覺。簡單來說：睡眠與清醒會按照我們
生活中的需求與風險來調整，而不是按照健康手冊的指示。

睡眠理論二：睡眠在鞏固記憶

　　另一個理論則說，睡眠主要目的在於鞏固我們的記憶，也就
是鞏固學習成果。近年來，腦科學的許多發現都暗示，睡眠在標
示並儲存重要的記憶上，包括智能及身體上的記憶，扮演了關鍵
角色。此外，睡眠時的大腦還會進行微妙的連結（譬如說，解決
一道數學難題的新方法，或是演奏某段困難的中提琴曲子），而
那些都是清醒時刻看不到的。

　　想想看我們在第1章〈左腦是編故事高手〉描述過的，我們
的腦袋在任何一天之內所做出的天量的神經元連結。到了某個時
點，我們必須決定哪些連結值得保留，哪些可以忽略。有時候這
類抉擇很簡單，我們可以立刻下決定：例如新同事的名字、日間
托兒的接小孩時間、這條街上哪戶人家養了一條惡犬。然而，有
些抉擇卻很不明顯。我們在白天記錄到的最重要的感知當中，有
一些含有微妙的線索，諸如一個聳肩、一瞥眼、一些暗示、以及
轉移注意力的煙幕彈。根據這個睡眠理論，我們在熄燈之後，各
種印象會在腦海裡波濤洶湧、激盪旋轉，這時大腦開始區分哪些
印象有意義，哪些微不足道。

　　在睡眠研究充滿爭論的領域中，這兩個理論通常被視為相反
的，其中一方壓過另一方。但事實上，它們幾乎不會相互排斥。

其實，只有把它們統合起來，我們才能開始了解睡眠如何幫助學習，以及我們該如何善用這份了解。

發現睡眠中突發的強烈腦波

　　小男孩的腦袋好像在捉狂，但是他很快就睡著了，不省人事。他的父親在一旁輕喚他的名字：阿蒙？阿蒙？沒有反應。他在假裝嗎？不，看起來一點都不像是裝的。

　　1951年12月某日，芝加哥大學研究生阿瑟林斯基（Eugene Aserinsky）把八歲的兒子阿蒙，帶到他位在地下室的實驗室裡進行睡眠實驗。當時阿瑟林斯基正在攻讀生理學博士，想累積資歷成為實驗科學家；他對專攻睡眠研究沒什麼興趣，他只是遵照指導教授克雷特曼（Nathaniel Kleitman）的吩咐，來這裡值夜班，而克雷特曼剛好是現代睡眠科學之父。阿瑟林斯基先是笨手笨腳的調整一臺叫做Offner Dynograph的機器，準備用來追蹤睡眠中的腦袋。這臺機器是腦電圖的前身，可透過貼在頭骨上的電極，記錄來自腦部的電流。阿瑟林斯基把兒子當做實驗對象，他在阿蒙的頭骨和眼皮上貼了幾個電極（貼在眼皮上是為了追蹤眼球動作），然後再到隔壁房間打開機器，叫兒子一下子看這邊，一下子看那邊，以便調整指針。

　　漸漸的，阿蒙開始打盹，阿瑟林斯基一邊喝著咖啡，一邊觀看這臺腦波機器的動向，機器的記錄筆畫出來的波愈來愈小、愈來愈平滑，一切都如預期。但是幾小時之後，波突然開始拔高，所有的波（來自阿蒙腦袋和眼皮的波）全都突然增強，彷彿這孩

子已經醒了，而且非常警覺。阿瑟林斯基連忙站起身，進入兒子躺臥的房間，察看兒子是否還在睡覺，是否安好無恙。（事後他描述，當時自己被那狂熱的腦波活動，嚇得目瞪口呆。）

阿蒙……？阿蒙？沒有回應。

阿瑟林斯基又回到隔壁房間，察看機器。當時的科學家認為入睡時，腦袋基本上是關機狀態，變成潛意識的遊樂場，變成一幅夢境的畫布。但是這臺機器所顯示的卻不是這個樣子。阿瑟林斯基在實驗室裡踱步，一邊看著阿蒙的腦波再度減弱，記錄筆也不再喋喋不休。那時夜已深，周圍沒有其他人在場。莫非他是見了鬼？如果是，把這個發現呈報出去可能會大大丟臉，被說成是一個沒經驗的研究生過度慌張的結果。但如果不是見鬼，他兒子睡眠中的腦袋可能對他透露了一些東西，是前人從未懷疑過的潛意識的東西。

幾星期後，他又把阿蒙帶進實驗室，再做一次實驗，想看看原先那次觀察是否僥倖。結果不是。那天夜裡有好幾段時期，阿蒙的腦袋都會突然變活潑，好像完全清醒似的。阿瑟林斯基現在很有信心了，他相信這個腦波模式不是他妄想出來的。「問題是，什麼東西觸發了這些眼球運動？」幾年後，阿瑟林斯基這樣問道：「它們代表什麼意思？」

他在這個領域裡的經驗還不夠，或者該說，他知道的實驗技術還不夠。他必須去找上面的人、去找克雷特曼，請教關於這種奇特的腦部活動，以前的睡眠實驗是否曾經報告過，還有是否值得花時間去追蹤研究。克雷特曼毫不猶豫：「去研究更多人，」他告訴阿瑟林斯基，「你可能找到了重要的東西。」

到了1952年底，阿瑟林斯基已經把裝備升級，並展開一場新研究，對象是二十四名成年人。他們的腦波模式看起來就像是阿蒙的：幾段緩慢波動期，中間不時被突然爆發的強烈活動給打斷。這類突發，在有關睡眠研究的文獻裡找不到前例，因此他甚至不知道該如何稱呼這種現象。他再度請教克雷特曼，兩人一起檢驗數據。如果他們當真打算報告此一不尋常的發現，並宣稱這是普遍現象，他們最好先確定自己的測量沒有錯。

快速動眼期

1953年9月，他們終於在《科學》期刊發表了研究結果。這篇論文只有兩頁，但是阿瑟林斯基和克雷特曼可沒有輕忽他們的研究可能具有的意涵。「關於這些眼球運動、腦電圖模式、以及自動的神經系統活動，全都高度相關，而且並非隨機出現，這些事實在在暗示了，這些生理現象（可能是在做夢）非常可能是通常發生在睡眠期間的某個特定皮質部位的活動的呈現，」他們結論道：「眼球運動期剛開始出現，大約是在入睡後三小時，然後在兩小時之後會復發，在快要醒來之前，會以比較接近的間隔再度出現第三次或第四次。」

他們最後想出一個聽起來更有科學性的名字，來稱呼這種現象：**快速動眼期**（rapid eye movement，簡稱REM）。

「這才是真正的現代睡眠研究的開端，雖然那時候你並不曉得，」當時在克雷特曼實驗室做研究的醫學生德蒙特（William Dement）告訴我：「花了大家好多年時間，才明白我們發現了什

麼。」德蒙特現在已是史丹佛大學睡眠醫學與心理學教授。

　　之所以會拖那麼久，其中一個原因在於對老理論殘存的迷戀。1950年代，許多腦科學家，尤其是在美國，依然迷戀佛洛伊德那一套說法，認為做夢是為了實踐期望，為了上演清醒時刻沒能擁有的幻想以及象徵性意象。經費是有投入睡眠研究，卻是用來調查快速動眼期夢境的內容，而不是快速動眼期本身的機制或目的，而且調查的成效不彰。在快速動眼期間被吵醒的人，描述了一堆充滿焦慮、幻想以及無意義事物的夢境，並沒能說出任何一致性的東西。「那些研究很令人興奮，但是到最後，我們還是得不出任何結論，」德蒙特告訴我。但還是一樣，那些夢境的研究以及其他研究證實了，快速動眼期是普遍存在的，而且會在夜間週期性出現，與其他無意識狀態交互出現。

　　事實上，一般人整晚通常會有四或五次突然爆發的快速動眼期，每次約二十到三十分鐘，那時腦袋浮升到接近意識狀態，隨後又再度潛下。到了1960年，睡眠科學家開始把睡眠說成起碼有兩個部分：快速動眼期、以及**非快速動眼期**（NREM）。

　　後來，科學家除了用腦電圖記錄之外，也採用更精確的眼球和眼皮電流記錄，結果發現在非快速動眼期裡頭，還包括好幾種不同的階段。這些階段的定義很武斷，主要是以腦波的形狀和頻率來區分。我們在剛開始打盹後的淺眠階段，稱做第I階段；這時有意識的鋸齒狀腦波開始變得比較和緩。到了第II階段，腦波變得更規律，類似正弦波，或類似一組在無風的日子拍向岸邊的捲浪。進入第III和第IV階段，腦波漸漸拉長，直到波動緩和得像是遼闊海面上的慢波模式，代表深層睡眠降臨了。

　　腦袋這五個睡眠階段（包含快速動眼期）會依序循環：從階段 I 降到階段 II，更深進入階段 III，跌到最低的階段 IV，過後又往上浮，從階段 III 到 II，進入快速動眼期。然後，這個循環整晚不斷重複，再度降到第 IV 階段，然後回升到快速動眼期。這四個階段加上快速動眼期（REM），勾勒出科學家所謂的**睡眠結構**（sleep architecture），可以簡略畫成以下的圖形：

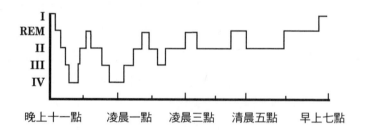

　　這項發現以及描述先前隱藏的結構，不只一舉清除了「人腦在夜晚純粹就是斷電狀態，化身為夢境的容器」這種想法，同時還引發了一個問題：如果腦袋在我們入睡時還這般活躍，意圖到底是什麼？大自然不會浪費到這種程度。快速動眼期的爆發，以及錯綜複雜的、交替出現的腦波模式，在在顯示，我們的腦袋在睡眠期間**絕對有所意圖**。但是它到底在圖什麼？

　　「要研究科學，你必須先有一個想法，然而多年來沒有任何人有想法，」哈佛大學精神病學教授霍布森（J. Allan Hobson）告訴我：「在他們眼中，睡眠只是意識的喪失，再沒別的。現在我們知道不是那麼回事。」

睡眠可增進記憶和理解

　　宮廷鬥爭之所以成為扣人心弦的小說或電視劇題材，其中一個原因就在心理學家所謂的嵌入階層（embedded hierarchy）。國王就是國王，王后就是王后，然後還有一堆不同階級的王子、繼承人、皇親國戚、宮女、窮攪和的長老、野心勃勃的新進人員以及軍師爺們，全都巴望著能往上爬。哪些結盟最重要？掌權階級為何？誰能控制誰？除非親眼看到某甲和某乙之間的互動，你是不會搞清楚的。但是如果你沒有辦法親眼目睹他們互槓，就只能從不同的場景去揣測，看看能否判斷這個小圈圈裡的相對權力：葛麗仙姐真能把索理安銬起來，丟進護城河裡嗎？畢竟她是國王的最愛。但是，索理安可能也有他的靠山……啊，等一下，他的親娘叫什麼來著？

　　學習科學家很喜歡嵌入階層問題，因為它們正是一般人天天都必須進行的推理模型，這些推理可能是為了要了解職場政治，也可能是為了做數學題。我們必須記得每個人的關係，但那些只是記憶力。我們還必須用那些關係來進行邏輯引申：假設 A ＞ B，而且 B ＞ C，那麼 A 必定 ＞ C。最後，我們還需要把這些邏輯步驟納入更大的框架，去推論關係很遠的人或象徵之間的關係。如果做得很成功，我們就會建立起像鳥眼般的俯瞰視野，利用這個系統來判斷這個特定的小世界裡任何兩個人之間的關係，是真正的關係還是象徵性的關係。但是對於沒有受過此等訓練的人來說，這一切都是隱形的。

　　在2002年的一場實驗裡，哈佛大學和麥吉爾大學找來一批

大學生，透過一個看起來很簡單的遊戲，來測驗他們分辨嵌入階層的能力。研究人員要求學生在電腦螢幕上研讀一對對的彩蛋，一次研究一對。這些蛋都是其中一個的階級比另一個高，譬如說：

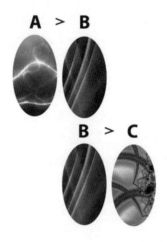

　　學生分成兩組：一組在上午研究彩蛋，一組在晚上研究彩蛋。兩組都很快記住每對彩蛋的相對階級，並在隨後舉行的測驗中拿到高分。但是十二個小時過後，兩個小組再度接受測驗，被要求判斷他們先前沒有直接比較過的彩蛋階級。這就是一個嵌入式的「葛麗仙姐－索理安」問題，而答案就沒有那麼明顯了。如果液體蛋勝過彩虹蛋，代表它也會勝過渦紋蛋嗎？珊瑚蛋呢？它是排第三，還是第四？學生在研究時，從沒看過所有彩蛋的階級排行，所以這些關係顯得很模糊。

的確很模糊，直到他們睡了一覺之後。

晚上研究彩蛋的小組，經過一晚的睡眠後，在第二天早晨接受測驗——他們被稱為「睡眠組」。對於關係最遙遠的彩蛋，也就是最難答的問題，睡眠組答對了百分之九十三。早上研究的小組則是在晚上接受測驗，中間沒有睡覺——他們是「清醒組」，只答對百分之六十九。然後在整整二十四小時過後，每位學生又再度接受測驗，而睡眠組在最困難的彩蛋對題目上，優勢增加的幅度又更大了。那已經是相當大的成績差距了：有百分之三十五的差距！但是在睡眠與學習研究領域，這樣的差距並非罕見。

「我們認為，在睡眠時發生的情況是，你把記憶的光圈打開了，於是能夠看得更全面，」主持這項實驗的資深研究人員沃克（Matthew Walker）告訴我：「有證據顯示，快速動眼期是你建立不同的關聯，以不同方式來結合事物的創意記憶區段。」

沃克和其他協同研究者指稱，在玩這樣的遊戲時，我們對於建立個別關聯的類別，非常在行，但是類別與類別之間的關係愈是不明顯，就愈難回答了；直到我們睡了一覺。

關於睡眠能鞏固學習的調查，目前仍屬於進行中的研究。自從1960年代，科學家追逐佛洛伊德碰了壁之後，睡眠研究便和那些夜間主題一樣，漸漸走火入魔，經費也逐漸減少。阿瑟林斯基先前打開的那扇窗戶，那扇揭露了快速動眼睡眠的窗戶，曾有一度看來似乎只是通向另一間暗房。「你得到了這麼一場大興奮，但隨後四十多年，基本上什麼都沒有變，真是太糟糕了，」哈佛大學神經科學家史提葛（Robert Stickgold）告訴我。

但是在過去這二十年來，幾十場像沃克那樣的研究終於照亮

了地平線，將睡眠變成「學習科學」當中，最有希望（也頗有爭議）的新疆域。到目前為止的證據發現，睡眠可以增進人們對前一天所研讀的內容的記憶和理解，不只是對彩蛋的階級問題，也包括對於字彙、字對、以及類似中學數學所教的邏輯推理，甚至包括你將要做的工作簡報，或是學校即將舉行的考試。

夜班理論

對於所有這些「學習科學」，你最好記得所有重點的細節，並發展出一張心理地圖，把它們兜攏在一起。具體的進步幅度通常很驚人，從百分之十到三十。然而科學家目前還不夠了解睡眠這種無意識狀態的動力學，所以沒有辦法解釋原因。

我個人的理論是，睡眠會放大許多我們在前面的章節討論過的技巧。譬如第4章〈留間隔〉描述的間隔效應，在隔了一天或兩天（加上睡眠）之後，效果更是強大。第2章〈遺忘的力量〉提到，巴拉德的學生對於〈金星號的殘骸〉這首詩的記憶，產生令人困惑的增強——在頭一、兩天達到頂點。令人無法立刻看出鉛筆問題解法的「固著」狀態，無疑會因一夜的好眠，而放鬆下來，這是我們在第6章〈分心的好處〉討論過的。

大腦在睡眠時，很可能會對資訊做許多工作，就像它在清醒時所做的。或者至少是執行**互補**功能。

然而，故事在這裡還沒完結，還早呢。

科學家已經開始研究，干擾特定睡眠階段（像是快速動眼期）所造成的影響，以便將那些階段對於學習特定技巧或主題所

具有的影響，分離出來。還記得嗎，我們已知睡眠有五個階段：
快速動眼期，以及其他四個階段。這五個階段，每個都擁有獨特
的腦波模式，暗示在每個階段都有不同的心智動力學在作用。會
不會是每個階段都能專門鞏固一類特定的技巧，不論是幾何證
明、寫作文、還是網球發球？

　　根據來自動物及人類的證據，許多科學家現在懷疑情況正是
如此。這些發現已合併成一個非常出色的理論，在1995年由一
群義大利科學家率先描述出來，領頭的是義大利皇家拿坡里大學
的祖帝達（Antonio Giuditta）。

　　從那以後，其他科學家紛紛幫這個想法添上更多血肉，其中
又以哈佛大學的史提葛，以及安大略川特大學的史密思（Carlyle
Smith）最為重要，他們貢獻了夠多的實驗，足以讓此一睡眠學
習模型成為一個成熟的理論，是截至目前為止，對於不同睡眠階
段如何固化記憶，最全面的解釋。

　　就貢獻度而言，我認為應該把這理論稱為**祖帝達—史密思—
史提葛學習固化模型**（Giuditta-Smith-Stickgold Model of Learning
Consolidation）。但是，我比較偏愛簡單的稱呼它為「夜班理論」
（Night Shift Theory）。當燈光熄滅，基本的維修便完成了。以下
就是夜班理論針對夜間每個階段，所提出的說法：

第 I 階段：

　　如果人們要開始睡覺的話，這是起跑線。第 I 階段的淺眠狀
態是不可能被剝奪的，它在固化記憶中扮演的角色，很難獨立出
來，雖說它經常摻雜了一些類似快速動眼期的特徵。

快速動眼期：

這些神經觸發風暴似乎有助於模式辨認（就像彩蛋實驗）、創意解題、以及察覺白天看起來不明顯的關聯，例如微積分題目中的困難點。而且它在協助滲透方面所扮演的角色，可能是所有睡眠階段中最吃重的一個。（雖然我們還是能從缺乏快速動眼期的睡眠中，獲得這些利益，但就是達不到這麼高的程度。）

此外，快速動眼期也和詮釋情緒記憶有關。「我們相信，就是在快速動眼期，大腦會將情緒記憶形成時的內在感情，給剔除掉，」主持彩蛋實驗的柏克萊腦科學專家沃克這樣告訴我：「只保留真實的資訊、細節、地點和時間，以及真正發生的事。」至於你上次攤開幾何試卷時所感覺到的恐慌之情？最好還是把它給「剝掉」，或至少是減低一點，好讓你能想起那引發恐慌的題目的真實面貌。沃克把快速動眼期描述成「一段夜間療程」。

第 II 階段：

這一階段是運動記憶專家。在一系列鮮為人知的研究中，史密思訓練了一些人來進行他所謂的「轉子任務」（rotor task）。這是一種手眼協調練習，受訓者必須用非寫字的那隻手來操縱搖桿，追逐電腦螢幕上的一個移動光點。這個動作很容易進步，一般人也都會進步；但是他們若被剝奪第 II 階段睡眠，進步就沒那麼快了。「第 II 階段睡眠似乎是影響動作學習唯一最關鍵的階段，」史密思告訴我：「當我們剝奪人們第 II 階段的睡眠，就看不到同樣程度的進步，我們相信這項發現可以延伸到所有類型的動作學習，不論是學音樂，還是學機械技術。」

第III和第IV階段：

這兩階段在學習研究中，通常被歸併在一起，稱為**慢波睡眠**（slow-wave sleep）或是**深層睡眠**（deep sleep）。這是最主要的記憶區段。剝奪人們的深層睡眠，不只會減損他們的美貌，也會讓他們無法充分獲得睡眠為記憶帶來的好處，像是幫助記憶新學到的事實、研讀過的字彙、名字、日期、以及公式等。「我們有很多證據證明，慢波睡眠對於陳述型記憶的固化非常重要，而這些固化在快速動眼期並沒有發生得這麼多，」史提葛告訴我。

且讓我們以回顧的角度，把這些都歸納起來，再看一次睡眠結構圖：

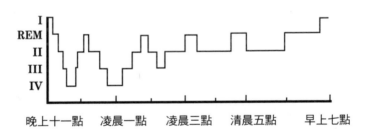

關於這張圖，第一點要注意的是，此圖所追蹤的人士作息時間為晚上十一點就寢，早上七點起床。不過，每個人的睡眠結構圖其實看起來都大同小異，不論他通常幾點睡覺和幾點起床。重點是，**一夜好眠的意義，在於獲得所有五個階段該有的劑量**。每個階段都會以某種方式補充其他階段的工作。真正有趣的是，我們應該如何改變平日的睡眠習慣，來準備某些演出，不論那是一

場演講、一場比賽、還是一場考試。

請注意，譬如說，最長的第 II 階段睡眠位在快要醒來之前。刪減了這一段，你錯失的將會是腦袋在固化一個滑板動作、或一種困難的鋼琴指法、或是跳投動作的時段。「那意味著，如果你在準備某項演出，好比說一場音樂獨奏會，最好還是賴一下床，勝過起大早，」史密思告訴我：「那些教練要求運動員或是其他演出者清晨五點就起床，簡直是瘋狂。」

同樣的邏輯也可適用於快速動眼期。它的最大劑量出現在大清早。如果你在準備一場數學或化學考試，一種需要盡力加強模式偵測能力的考試，最好晚一點起床，可以的話，鬧鐘要設定貪睡按鈕。讓公雞去喊破喉嚨吧！

從另一方面來看，深層睡眠集中在夜晚睡眠的前半段，你從睡眠結構圖可以看出來。那正是你在準備與記憶相關的考試時，像是新字彙或是背週期表，所需要的慢波睡眠。安排自己的讀書時間，好讓你能按照平常的作息上床睡覺，以取得最大劑量的深層睡眠。然後早早起床，在天亮之前，快速的復習一遍。

這一切要說的是，如果你想要燒蠟燭，這些觀點至少可以幫你了解，應該燒哪一頭。

小睡也是睡

現在，最棒的部分來了：你可能根本不用燒蠟燭。

小睡也是睡。在過去十年的一系列實驗裡，加州大學聖地牙哥分校的梅德尼克（Sara Mednick）發現，一小時到一個半小

時的小睡，通常包含了慢波深層睡眠以及快速動眼睡眠。因此，早上很用功的人，不論是猛K字彙或進行模式辨認遊戲，如果能午睡一個小時，晚上的考試成績會比沒有午睡高出百分之三十。「做這些研究，改變了我的工作方式，」梅德尼克告訴我：「它也改變了我的生活方式。我們發現，在某些實驗裡，午睡一小時到一個半小時，對於學習固化的益處，和你睡足整晚八小時是一樣的。」

學習很難，思考也很難。它們和體力勞動的方式雖然不同，累人的程度卻是一樣的，而且耗損我們的速度也很接近。沒錯，有些人能一天花十四個小時做很費腦力的工作，之後再用解謎或是去聽什麼東歐來的流亡者朗誦詩歌，做為消遣。

恭喜他們了。至於我呢，比較屬於葛詹尼加那一派的學習陣營。發現右腦與左腦各有特長（我們在第1章提過）的葛詹尼加，在加州理工學院的實驗室裡，日興夜寐，做出他那指標性的研究。

「我們加州理工學院多的是日後變成頂頂大名的人物，例如史培利（見第35頁）、物理大師費曼（Richard Feynman）、葛爾曼（Murray Gell-Mann）、柯爾曼（Sidney Coleman）。但是我們可不會整天工作，」葛詹尼加告訴我：「我們不是那種晚上還出去聽演講或是參與文化活動的人。那是馬丁尼時間。」

我們也差不多。

睡眠就是閉上眼睛的學習

　　現在，讓我們回來討論本章開頭談過的席格爾的睡眠理論。席格爾主張，睡眠被演化出來，是為了在狩獵和採食機會很小或是太過危險的時候，保護我們的安全。當尋糧時機大好，當群體社交很重要時，我們會醒來；當以上各項追尋都得不到益處，當代價過高時，我們就入睡。睡眠會占去這麼多的時間，是因為它對眼前的、每天的生存，是這麼的重要。

　　然而，我們如果說學習（無論是在學校、或在工作上）對於生存遊戲同等重要，應該也不算誇大。精通一門科目或技能，對於逃避尖牙利齒的大貓，或許算不得當務之急，但是就長遠一輩子而言，我們的知識與技能卻是愈來愈有價值，而且需要持續更新。學習，是一個管道，讓我們找出自己想做什麼，自己擅長什麼，以及長大後要怎樣謀生。那些也都是生存。然而，尤其在我們年輕時，我們會度過一段困頓迷惑的歲月，試圖區分什麼是重要的、什麼又是不重要的。生活裡充滿困惑，時間過得飛快，我們得處理各式各樣往往互相衝突的資訊與要求，它們來自父母、師長、來自朋友及對手。可是，白天沒有足夠的時間供我們深思這一切的意義。

　　光是這個理由，就足夠讓我們懷疑，腦袋在夜裡的作為，應該不只是著眼於安全。醒睡週期最初演化出來，可能是為了幫我們找東西吃，以及避免被吃掉，但是，如果這段停工期也能善加利用，那麼演化理論告訴我們，它當然不會白白放過。還有什麼比這更好的方法，可以篩檢白晝的感知，並將那些看似最重要的

東西標示出來？一項追蹤技巧、叢林裡的一種移動模式、一位鄰居的奇怪眼神、一則計算圓錐體體積的公式、棒球場上的揮棒打擊姿勢、卡夫卡小說中一個令人困惑的情節……要整理這麼多林林種種的東西，睡眠絕對有可能會演化出不同的階段，以便處理不同類型的學習，不論是記憶或理解，是要了解熱力學或古希臘哲學家修昔底德。

但我並不是在說，每個階段的睡眠都是特化了的，只有快速動眼期能處理數學，只有深層睡眠能幫助儲藏波斯文的動詞。任何開過三、兩次夜車的人都知道，我們完全不需要睡眠，也能學會一堆新東西；至少短期間不睡覺沒問題。但我要說的是，就目前為止，腦科學的研究顯示，這五個睡眠階段各有不同的方式，可協助我們鞏固學習成果。

席格爾的理論告訴我們，當清醒的代價超過它的益處時，疲憊就會降臨。夜班理論則告訴我們原因何在：因為睡眠也有好處，睡眠正好可以幫我們處理剛剛研究或練習的東西，把它們分類和固化。從這個角度來看，它就好比陰和陽。學習，在清醒的時刻達到頂點，然後在學習開始消退的時刻，清醒讓位給睡眠，因為在這個時候延長清醒時段，只是浪費時間。於是，便由睡眠接手完成工作。

我一向很喜歡睡覺，但是就學習而言，我總覺得它是一個妨礙。其實不然。最新研究的說法剛好相反：無意識的停工期，能讓我們的記憶更清楚，讓我們的技巧更鋒利——睡眠是鞏固以上兩者的必須步驟。也就是說，基本而言，**睡眠就是在學習**。

睡眠讓白天的收訊去蕪存菁

　　沒有人確知，就生物學而言，大腦如何應付一整天如此大量的感官輸入。睡眠科學目前還在嬰兒期。然而，其中一位領頭的理論學家，威斯康辛大學的托諾尼（Giulio Tononi）已經發現證據，證明睡眠能為前一天剛形成的神經元連結，帶來大規模的弱化作用。

　　還記得在我們醒著的時候，時時刻刻都在形成的神經元網路嗎？托諾尼認為，睡眠的基本功能在於：將白晝形成的不重要的連結給擺脫掉，並「協助我們將所得出的有價值的結論，給鞏固起來。」就生物學而言，大腦是藉由「讓雜訊消滅」的方式，去蕪存菁，來區隔信號和雜訊。

　　主動的固化可能也在進行。動物研究已經發現直接證據，顯示不同的記憶相關區域（我們在第1章討論過的海馬和新皮質）在睡眠期間，會進行「交叉對話」，彷彿大腦在復習並儲存當天最重要的事件細節，並將新材料整合進舊材料中。

　　關於睡眠的機制和含意，我當然不是什麼都知道。現在也沒有人能完全了解，而且可能永遠都沒有人能辦到。令睡眠成為如此不可靠的伴侶的那些特性，例如睡眠經常太淺、經常在我們最需要的時候不見蹤影、或是在我們最不需要的時候硬要來訪，也令它很難成為可控制的長期研究。

　　目前用腦波變化來界定睡眠階段的武斷方式，未來很有可能會被更精確的方法取代，例如在睡眠狀態下循環的化學混合物，或是不同類型的「交叉對話」。不過，我認為「利用睡眠來加深

學習」所具有的強大潛能，終將誘使某些人投入長期實驗，比較不同睡眠條件對特定主題的功效。那些功效，很可能會是高度個人化的，就像本書中許多人描述過的：有些夜貓子可能發現，大清早的研讀，只是白受苦，沒有功效，有些早起的鳥則是一到晚上十點，就「脈輪」低落到不行。好在我們現在至少還有夜班理論，提供了一點基礎，讓我們根據自身的最大利益，來調整自己的睡眠。

　　這麼說吧：我不再認為睡午覺或是提早上床是懶惰的明證，或是在浪費時間，或是更糟糕的意志力的挫敗。我現在認為，睡眠是我閉上眼睛的學習。

覓食的大腦

分心、受干擾，本來就是常態

　　我撰寫這本書，就從一個主張開始：我們對於學習的大部分直覺，若不是搞錯地方、不完善，就是完全錯誤。我們過去的學習理論，純屬虛構，那些想法根植於迷信的成分，遠大於根植在科學基礎上，而且我們還誤認了挫折的根源，於是長久以來，總是很不必要的妨礙自己的進步。所以，我在本書各章節中，盡可能描述這個「學習科學」領域的指標性實驗，提出嚴謹的科學證據，以及關於記憶、遺忘、理解、學習技巧的最新見解。這些見解其實都是環環相扣的。

　　然而，我還沒有試著去解釋，為什麼我們不是早就知道這些事實。

狩獵與追蹤，原是你的讀與寫

　　如果學習對生存這麼重要，對於它何時、何地、以及如何發生，為什麼我們直到現在還是這般無知？畢竟我們天生就在做它呀——我們會思索怎樣練習最好，我們勇於嘗試新方法，還會向我們認為比較聰明的人請益，而且精益求精的動力也從未止息。照理說，我們對於如何學習最為理想，應該早就發展出敏銳的直覺才對。但是我們卻沒有。我認識的人裡，沒有誰對此提出過讓人信服的解釋。事實上，我想根本沒有這樣的人。

　　然而，我倒是有一個自己想出來的理論，內容如下：學校是新近的產物。英文課、三角函數入門、自修教室、足球練習、鋼琴課、社會研究、藝術史、俄國小說、有機化學、芝諾的悖論、爵士喇叭、體育課、現代詩與古代文明……這一切的一切，我們

口中所謂的「教育」，從宏觀角度看，都是近代的發明。我們在中學讀的那些「古代」文明，其實沒有那麼古代。它們的年代大約在幾千年前，頂多就是這樣。

可是人類在地球上已經生存幾百萬年了，其間大部分時候，我們念茲在茲的，就只有食物、棲身之所，以及人身安全。我們一直在逃避天敵，閃躲惡劣的天候，靠著聰明才智存活，到處覓食尋糧。至於覓食者的生活如何，哈佛大學著名心理學教授平克（Steven Pinker）說得最簡潔，那是「一場永無休止的野營。」

如此漫長的覓食歷史對於我們的學習，具有一些不是那麼顯而易見的影響。讓我們好好思索一下，一輩子的野營會是什麼樣子：狩獵和追蹤就是你的讀與寫，勘察周遭環境地形（包括每一座峽谷、每一處空地、每一個祕密花園）就是你的幾何學；自然科學課程還包括植物學，你得知道哪些植物的莓果可以吃，哪些植物有療效；還有動物行為，你得搞清楚想吃你的動物的獵食特性，以及你想吃的動物的生活習性。

經過許多年之後，你也獲得了教育。有些教育固然來自長者和同儕，但大部分都是藉由經驗累積起來的。傾聽、觀看、探索這個世界，圈子不斷放大。那才是大腦逐漸成長的學習之道——永遠零零碎碎、疲於奔命、隨時隨地、不分晴雨。在我們於野外覓食的年代，大腦適應了以最大效率，去吸收最有價值的線索和生存教訓。結果大腦也變成了一個搜尋者，只不過它搜尋的是資訊，是策略，是打敗其他物種的聰明才智，以及如何靠農牧產品過活。大自然是我們的腦袋學習「如何去學習」的學院，它定義了我們的身分，以及我們如何成為人類。

　　人類填補了人類學家杜比（John Tooby）和德沃雷（Irven Devore）所謂演化史上的*認知區位*（cognitive niche）。物種會犧牲其他物種，來壯大興盛自己，物種會各自發展出防禦之道和武器，以嘗試主宰它所在的生態區位。啄木鳥演化出非凡的骨骼結構來敲擊堅硬的樹皮，吃食躲在樹幹裡的小蟲。棕蝠演化出稱為「回聲定位」的體內聲納系統，可以在黃昏時分獵食昆蟲。我們人類的演化，則是藉由觀察，藉由測試我們的直覺，藉由設計工具、布置陷阱、製作魚鉤、歸納出理論……以智取競爭者。

　　從那些退化的野外學習方式中，產生出來的現代教育機構，已經製造出一代又一代具有耀眼技能的人物，這些技能倘若被我們那群覓食者老祖宗瞧見，一定會尊奉為神奇的魔法。然而，現代教育的語言、習慣、以及時間表（將白天分成好幾塊上課或練習時段，課餘時間則歸入研讀和家庭作業時段），則是界定了我們對「大腦如何工作」或是「大腦應該如何工作」的想法。那個定義是這麼廣為人知，早已被視為理所當然，從未受到質疑。我們全都「知道」：我們必須要有條理，要發展出良好的、持續的研讀習慣，要一次專注一個主題，而且最重要的是*要專心工作*！這些有什麼好質疑的？

　　結果證明，可質疑的多著呢。就拿專心為例，那是現代教育最基本的必要條件，我們被告知，那股心流是學習之寶。當然，對於專心到底是什麼，專心到底是什麼意思，我們大抵都有個概念。當我們看見它時，我們都認得出來，而且我們希望它多多益善。然而，專心只是一種理想、一個妄想，一個把大腦在學習時真正的作為給模糊掉的字眼。

　　我還記得幾年前有個週末，我把小女兒帶到報社的辦公室，那年她十二歲。我去趕一篇必須交的稿子，因此我把她安置在我辦公桌附近的一張空桌前，打開電腦讓她使用。然後我就黏在書桌前，專心寫我的稿子，極為專心。我會偶爾抬頭看一眼，她總是在打字，而且也是一副全神貫注的樣子，很令我安心。經過幾小時的苦工，我總算寫好稿，送出去給編輯了。這時我才問我女兒，到底妳在忙什麼。她秀給我看。原來她一直在記錄我工作時每一時刻的行為。她在寫田野觀察筆記，就像珍‧古德在記錄她的黑猩猩一樣：

10：46 —— **打字**

10：46 —— **抓頭**

10：47 —— **從印表機拿出紙張**

10：47 —— **把椅子轉過去**

10：48 —— **把椅子轉回來**

10：49 —— **嘆氣**

10：49 —— **喝茶**

10：50 —— **瞪著電腦**

10：51 —— **戴上耳機**

10：51 —— **打電話給某人，開口就是「老兄」**

10：52 —— **掛電話**

10：52 —— **把手指放在嘴巴和下巴的中間位置，沉思中？**

10：53 —— **朋友走到書桌前，他大笑**

10：53 —— **一邊說話、一邊搔耳朵**

如此這般，寫了三大張。我馬上抗議。她這是在戲弄我！一定是的，但是那通電話不是真的，對吧？我有打電話嗎？難道我不是從頭到尾都很專心，全神貫注，眼光幾乎都沒有離開螢幕？

顯然不是，而且差得遠了。事實上，女兒不可能編造出這麼多條目，而且這麼詳細。我是在工作，沒錯，而且我也非常專心工作；只不過，對於旁觀者來說，我看起來很不安分，很容易分心——也就是不專心。

這裡的重點並不在於世上沒有專心這回事，或是它不重要；重點在於，它看起來或感覺起來，不見得像我們以為的那樣。事實上，專心可能包括了任何次數的暫停、消遣、隨想。這就是為什麼，本書所描述的諸多技巧，乍看起來可能不太尋常，或是和我們過去所認為的，並不合拍。

腦袋自會找到出路

事實上，我們仍然處在尋糧覓食的形式裡，程度遠超過我們所知。我們的腦袋，還沒有適應到「吻合」現代教育的語彙，而且建構在那語彙裡的假設，反而遮蔽了腦袋做為學習器官的真實特性。

確實，我們能夠通曉諸多現代發明，像是歐幾里得的幾何證明、債券和衍生性金融商品、弦樂器的指板等等，然而這些事實並不能代表那些遠古的本能不再相干，或退了流行。剛好相反，許多科學家懷疑，曾經協助我們找路回到野營地點的同一批神經元網路，已經被「改變用途」，變成協助我們在有如地下迷宮的

學術領域和運動技能領域中，尋找出路。那些曾經以追蹤實體空間地點為主旨的神經元網路，如今已調整適應了現代教育和訓練的需求。我們不再需要靠它們找路回家，我們知道自家的地址。很久很久以前演化出來的腦袋內部的GPS（全球定位系統），由所謂網格細胞和位置細胞所進行的內部溝通，以免我們落入迷路的死亡判決，當然又回來了，而它也適應了現代生活，即便還不完美。

科學家還在嘗試了解這些細胞如何幫助我們在現代的學習體系中，尋找出路。其中一個包含較廣的理論，叫做**意義維護模型**（meaning maintenance model），基本想法如下：迷失、困惑、或失去方向，都會創造出一種痛苦的感覺；要舒緩這種痛苦，大腦會開始高速運轉，企圖找出意義或是賦予意義，並尋找模式，走出困境。「我們對結構有一種需求，好讓事物合理，當事理說不通時，我們會因為太想要擺脫那種感覺，而做出具有生產力的反應，」荷蘭提堡大學心理學家普洛斯（Travis Proulx）告訴我：「我們開始渴望有意義的模式，而那有助於某些種類的學習。」

哪些種類？我們還不確知。普洛斯與英屬哥倫比亞大學的心理學家海納（Steven J. Heine）在實驗中發現，蓄意把受測的大學生搞糊塗，叫他們閱讀一篇卡夫卡所寫的荒謬短篇故事，能讓他們在「辨認隱藏的模式」的測驗（類似第10章的彩蛋實驗）中，成績進步高達百分之三十。這樣的進步是潛意識的，學生並未察覺自己學得更多。「卡夫卡的文章一開始還滿正常的，頭幾頁讓你以為那只是一篇標準的敘事，然而，它開始變得愈來愈怪異，」普洛斯告訴我：「心理學家沒辦法找到一個字眼，能貼切

描述他營造出來的這種感覺，但是對我來說，它可以回溯到老式的存在主義，對恆定性的懷念，一種怪誕的感覺。它令人緊張不安。你想找到一條路，回到有意義的地方。而我們認為，正是它協助你從這種人造的文法中，提取出這些非常複雜的模式，以及或許從我們被要求研習的更多東西中，提取出基本的模式。」

當我們描述自己「迷失」在某堂課或是某個主題裡，這種感傷可能是自我實現方面的，是一場通往失敗、或是允許徹底放棄、完全不再嘗試的前奏。然而，對於活生生的腦袋來說，真正迷失在荒原中，或是譬喻性的迷失在艾略特的《荒原》中，並不等於處在無助的狀態。剛剛相反，失去方向感，會讓腦袋迅速啟動 GPS 裝置，將它調到「超敏感」，然後開始幫諸多心智迴路加溫——這些心智迴路正是位於醞釀、滲透、甚至睡夢中的靈光乍現背後的心智迴路。要是學習者的動機夠強，這時他的精神就會展現出要找路回家的態勢。因此，迷失並不一定代表沒戲唱了，相反的，它通常是一個開端。

「如何學習」操之在己

我做科學記者已經二十八年，在我整個職業生涯中，大部分時候，我對於為成年人撰寫非小說書籍，都沒有興趣。因為那和我的例行工作太像了。當你每天花上八或九個小時來整理科學研究，訪問科學家，追逐相反的證據以及論點，到了晚上，你會很想停工，把插頭拔掉。你不想再多做同樣的工作；或者該說是，你不想再多做任何工作。所以啦，我就寫寫小說，寫了兩本以科

學為基礎的兒童推理故事，由虛構人物領銜主演，在虛構世界裡闖蕩的冒險故事。那是我能做到與報紙距離最遠的東西。

讓我回心轉意的是科學本身：學習科學、認知心理學、有關記憶的研究（隨你怎麼稱呼都行）。我對這些科學發現得愈多，去做一些超過單篇新聞報導的動力也就愈強。我開始明白，這些科學家在一片混沌中辛苦跋涉，所製造出來的一大堆研究成果，遠不只是有趣，或是讓人容易理解，或是具有突破性。它還很實用，而且證明了我念大學時的經歷，是歪打正著。當年我以違反任何良好讀書習慣的方式過日子，而我卻能與我試圖精通的學問一起過活。我的成績比高中時期略勝一籌，雖然大學課程困難得多。就某方面來說，我從那時起，便已經在實驗「學習科學」的方法了。

在「學習科學」裡的這些發現，使得我能將自身零零落落的非策略，轉化成戰術，成為一套行動策略。這些發現不只令人訝異，還真是具體又有用。而且最美妙的是，執行起來，不用投入更多時間與精力，也不用花大錢補習、請家教或是上預備班。

就這個角度，我把「學習科學」的研究成果，視為一個很重要的平衡器。畢竟在學習上，有太多我們無法掌控的因素——我們的基因、我們的老師、我們入學時居住的地方，我們無法選擇出生的家庭環境，不論老爸是「直升機父親」、還是擔任直升機駕駛，不論老媽在身邊照顧你、還是不在身邊。我們得到什麼，就是什麼。如果我們很幸運，意思是，我們就能獲得像詹姆士那樣的貴族家庭教育（見第100頁），加上周遊歐美各國；如果我不是如此幸運，那我們能怎樣呢？

　　我們唯一能掌控的，就只有「如何學習」這一項了。科學告訴我們，這裡學一點，那裡學一點，把我們的研讀融入每天的零碎時間，這並不是傳統文化擔心的會腐蝕「專心」的象徵。它叫**間隔學習**。如果你能按照這本書所描述的種種技巧來執行，反而會促成更有效率、更深入的學習，而非更少的學習。這門「學習科學」讓我們吸到一口戶外空氣，享有一種自由的感覺，我們不再只因為不能每小時都致力於像雷射般聚焦的練習，就被認為是叛逆的、無可救藥的。學習其實是一場不安定的練習，而「不安定」本身，不只適用於讀書時段的時機，也適用於研讀的內容，也就是在單節課裡混合交錯新舊材料的價值。

把種種學習技巧，內化到日常生活中

　　我已經開始將「學習科學」納入一個基礎更廣的理論，關於我對生命的看法。大意如下：正如現代人對於良好讀書習慣的假設已不合時宜，我們對於不良習慣的假設也是一樣。

　　我們再想一下。分心、消遣、小睡、干擾，這些不是生命裡的隨機偏差。這些是你那十歲的子女，或是你家小狗，或是你的老媽的生活要素。那股想要站起來的不安分，是因為飢餓或是口渴，或是想瞄一眼電視在播什麼。你去小睡片刻，因為你很累，而你暫停，是因為碰到障礙。這些東西就是維繫我們每日存在的縫線，它們代表了生命本身，而我們的讀書和練習時間，需要繞著它們來安排，而不是倒過來，反客為主。

　　這不是容易接受的概念，想想看我們從小聽來多少訓示。剛

開始，我對這些技巧都不信任，就算我對大學時期自己的表現覺得大致不差。但是，沾沾自喜太容易了，不足以做為改變生命的憑據。直到後來，在我仔細觀看「遺忘」的諸多面向之後，我的疑慮才消退。從前，我總是以為遺忘是件壞事，是心智衰敗的一種形式；誰不是這麼想呢？

　　然而當我深入挖掘「學習科學」，我得以將遺忘的定義徹底扭轉過來。我發現，遺忘對學習來說，重要性有如氧氣。接下來的調整則是經由嘗試錯誤來完成的。譬如說，我喜歡很快把工作做完，因此「在工作初期刻意干擾自己，以期獲得柴嘉尼效應的好處」這種做法，並不會出現在我腦裡。然而不幸的，或說很幸運的，我別無選擇。身為記者（更別提為人老公、老爸、兄弟、兒子、以及酒友），意味著我必須暫時放下比較大的計畫，而且是不斷放下，最後才終於有機會好好坐下來，把它完成。於是，滲透過程也變成真實的了。它發生在我身上，一向如此，而且要是沒有滲透過程，我永遠不可能寫成這本書。

　　實地應用這些技巧，並沒有讓我成為天才。才華只是一個偶像，是一個無意義的投射，不是真實目標。我還是不斷被逮到不夠了解「應該很了解的主題」，因為不知道某些東西，而覺得困窘。然而，即便連這種經驗，感覺起來都不像以前那麼令人洩氣了。想想看，流暢錯覺或是不當的自信所造成的危險，暴露出自己的無知，在我看來，似乎像是具有緩衝的墜落。沒錯，我栽了跟頭，但是感覺沒有以前那麼痛了。最重要的是，這種困窘經驗可以扮演提醒者，提醒我們去檢查、再檢查（也就是不停的自我測驗）我們自以為知道的東西。

　　「學習科學」對我來說，甚至已經不再是「科學」了。它是我的生活方式。它是我從自己不多的一些技能裡，獲取最佳結果的方法。就是這樣，不多也不少。

　　我會繼續追蹤這個領域。很難不這樣做，一旦你見識過這些工具的威力有多強、以及有多容易安排。

　　本書所展示的技巧，大都是能帶來大利益的小改變，所以我猜想，未來的「學習科學」研究可能會聚焦在應用上。沒錯，科學家還是會做更多基礎研究，可能還會發現其他更好的技巧，以及更完整的理論。然而，現有的技巧和理論所具有的明顯價值，還在那裡等待進一步的拓展。例如，間隔效應可能會是理解數學概念的最佳方法。老師可能會開始計畫，除了學期的最後一天，在開學第一天也要來一場期末考。夜間的交錯訓練課程，未來可能成為訓練音樂家和運動員的潮流。另外，我敢打賭的一項預測是：知覺學習工具將會在高階訓練中（像是外科醫師、醫事放射師、科學家、飛行員、犯罪現場調查人員等等），擔起愈來愈重要的角色，而且在基礎教育上頭，可能也一樣。

　　不過，歸根究柢，本書並非討論美好的未來展望。持續的、惱人的、有趣的、令人納悶的現在，才是我們想占據的地方。本書的工具都是很扎實的，在實際生活裡行得通，而且應用它們可以讓你和你腦中那具美妙但古怪的學習機器，更加合拍。扔掉那些你被訓示應該要做的，所有過度的安排、反覆操練、緊迫、專注的儀式吧。仔細觀察那些原本被認為是學習的敵人（無知、分心、干擾、不安定、甚至是中輟），能對你有什麼好處。

　　學習，畢竟就是做你所做的。

學生、家長、教師須知

關於學習的十一個問題

問：「釋放心中的懶骨頭」真能稱為一種正當的學習策略？

答：如果「釋放心中的懶骨頭」意思是坐在電視機前大吃大喝，
那麼答案是：不能。但是如果它的程度只在於，承認學習是
一種不安定的、零碎的、潛意識的、以及有些鬼祟的程序，
任何時間都會發生，不只限於坐在書桌前、埋首書本時，那
麼它確實是最佳的學習策略。而且它是目前唯一不需要你投
入更多時間和努力的學習策略，也因此，不會增添壓力就能
達成。本書列出的這些學習技巧，都能減輕你的求學壓力。

問：說到學習，「養成固定的習慣」有多重要？譬如說，擁有專屬的讀書地點是否很重要？

答：一點都不重要。大部分人若能變換研讀或練習的地點，就長
期而言，表現會更好。你在愈多不同的環境裡預習，你對學
習素材的記憶也會愈銳利和持久，而且比較不會和單單一個
「舒適圈」強烈連結在一起。也就是說，你的改變愈多（譬
如帶著你的手提電腦到門廊上、到咖啡廳裡，或是在飛機
上），那份知識會變得愈來愈不依賴環境。畢竟，你研習的
目的是要在任何條件下都能表現良好。
不過，改變地點，不是唯一能獲得所謂情境效應好處的方
法。改變你的練習時段也有幫助。另外，也可以改變你研讀

該素材的方式，像是用念的或是用討論的，用電腦打字或是用手寫，在鏡子前背誦或是邊聽音樂邊研讀。每一種變化，都算是一個不同的學習環境，能幫助你以不同的方式儲存資訊。

問：睡眠如何影響學習？

答：現在我們知道睡眠有很多階段，每個階段都能以不同的方式，鞏固並過濾資訊。譬如說，研究顯示，集中在夜裡前半段的「深層睡眠」，對於牢記很難記住的事實，像是名字、數據、公式、概念等，最有價值。如果你在準備一場偏重記憶力的考試（外語字彙、名字和數據、化學結構），最好照平常時間上床睡覺，以取得所有的深層睡眠，然後早一點起床，做一次快速復習。

但是，能幫助鞏固動作技巧和創意思考（不論是數學、科學或寫作）的睡眠階段，發生在大清早、快要睡醒前。因此，如果你在準備的是一場音樂演奏會或體育競賽，或是需要創意思考的測驗，你或許該考慮晚一點上床睡覺，第二天晚一點起床。就像我們在第10章〈小睡一下，你就贏了〉所說的：如果你要燃燒蠟燭，知道該燒哪一端，是很有用的。

問：有沒有所謂最適合的讀書時間或練習時間的長度？

答：比起讀多久，更重要的是你怎樣分配讀書時間。把讀書或練習時間拆開，分成兩節或三節，而不是集中起來、一口氣讀完或練完，會更有效率。譬如說，如果你分配了兩個小時來讀德文，要是你能今天讀一小時、明天一小時，或者今天讀一小時、後天再來一小時，效果甚至更好，你會記得更多更牢。拆開讀書時間，能迫使你每一次都得重新投入素材，提取你已經知道的東西，然後重新再儲存一次。這是一個主動的心智步驟，能可靠的改進記憶。如果你有足夠的時間，那麼拆成三段，每一次都能潛入該素材或技巧，會更為理想。第4章〈留間隔〉就在討論，為何就目前科學家已知，間隔研讀是加深並擴展記憶最有力和最可靠的方式。

問：填鴨式死背一定不好嗎？

答：不一定。如果已經無計可施，死背也有它的用處，如果考試就快到了，你還落後很多，臨時抱佛腳死背，可以讓你很快準備應付考試。畢竟死背是通過時代考驗的。死背的缺點是考完試之後，你不會記得很多你剛剛「學到」的東西。原因在於，大腦只有在遺忘過程發生之後，才會把一項記憶變得更銳利。在這方面，記憶有如肌肉：一點點組織「崩解」，能讓它後續發展出更大的強度。死背，按照定義，就不會讓

這個強化過程發生。

間隔復習或研讀（請參見前一題）或自我測驗（參見下一題），都是遠比死背更有效的準備考試方法。採用這兩種方式，你對於這些素材將會記得更長久，而且能輕鬆把記憶帶入下一門課或是下一學期。研究發現，人們以間隔方式或是測驗方式來復習素材，比起死背復習，前者記得的是後者的兩倍。如果你一定要死背，最好選擇並非你主要領域裡的重點課程。

問：自我測驗，例如用閃卡，幫助有多大？

答：事實上，幫助非常大。自我測驗是最強有力的技巧之一。老式的閃卡功效不錯，你可以找一位朋友、同事或同學協助你進行。最理想的自我測驗必須能做到兩件事：強迫你從好幾個可能的答案中，選出正確的答案；而且它還要立刻提供回饋，告訴你答對或答錯。正如在第5章〈突擊測驗的威力〉所說的，自我測驗對於記憶和理解的增強程度，遠超過時間長度相同的復習。

自我測驗的形式可以有好幾種。背誦記憶中的一段文字，不論是對著一位同事，還是對著鏡子，都算是一種測驗。同樣的，在廚房踱步時，一邊對自己解說，或是在午餐時對一名同事或朋友解說，也同樣算是自我測驗。就像做老師的經常說：「你不會真正了解某個主題，除非你必須去教它。」

問：復習課堂筆記的幫助有多大？

答：答案要看復習是怎樣進行的。逐字重複，對於你的學習深度，無法增加太多。只看標出的重點或公式，也是一樣。這兩種類型的練習都是被動的，而且可能導致學習科學家所稱的「流暢錯覺」：由於某件事在當時不證自明，因此造成一個印象，它在一天後或是一星期後，仍將保持原狀；事實上經常不是這樣。

　　你現在把某個資訊標出來，或是重新寫一次，不論是用電腦還是用手寫，這並不表示你的大腦就能更深投入該資料。研讀重點標示的筆記，然後試著把它們寫出來，不准偷看，讓提取記憶時更費力，其實才是更有效的復習方式。這樣做還有一項額外的好處：它能立刻讓你看出哪些是你不知道的，以及你需要再回頭去復習什麼。

問：社會上有很多人非常擔憂社交媒體、智慧手機以及各式各樣的電子小產品會干擾讀書，甚至改變人的思考方式。這樣的憂慮有依據嗎？分心一定只有壞處嗎？

答：不正確。如果你需要保持專心，像是正在聽演講，分心就慘了。但是短短暫停研讀，花個五分鐘、十分鐘，或是二十分鐘，去上臉書，回幾封電郵，或查看運動比賽結果……這是

學習科學家目前所知，最能幫助你走出難題困境的技巧。讓自己分分心，暫停手邊的任務，能使你放開錯誤的假設，以新方式檢視已有的線索，讓你再次回來時，能夠重新開始。譬如，如果你很想解開某個問題，不論是證明題、微積分，還是一段怎麼寫都不順的文章，你的腦袋在所謂下線休息時段裡，還是會繼續研究它，那是潛意識的，但是不會動用你先前給它的（固著的、徒勞的）指引。這方面的證據，在第6章〈分心的好處〉有詳細的討論。

問：有沒有什麼好策略，能改進長期的創意計畫的表現？

答：有的。簡單來說：盡早開動，然後准許你自己離開一下。蓄意干擾，並不等於放棄。剛剛相反，暫停演練某個大型且複雜的演出、暫停撰寫期末報告或作曲，能活化你心中的該項計畫，你將會開始在日常生活中，看到並聽到各式各樣與它相關的事物。此外，你的態度也會調整，使得你更加注意自己如何思考那些隨機出現的線索。凡此種種，都是能夠餵養那項計畫的糧草。因為干擾正在以對你有利的方式，產生作用。不過你在不久之後，還是得回到書桌前或是繪圖桌前。這場「滲透」過程中的主要因素，第7章〈前進之前，先暫停〉有詳盡的討論。

問：考砸一場自認精心準備過的測驗，最常見的原因是什麼？

答：自以為非常「了解」某些事物，結果那只是一種錯覺，只因
　　你在研讀的時候，覺得那是不需要證明的事實。學習科學家
　　稱之為「流暢」的錯覺，也就是你誤以為「現在很了解某件
　　事，將來必定還是很了解」。流暢錯覺會自動形成，而且是
　　潛意識的。要小心提防那些讀書的「輔助方法」，它們可能
　　會強化這種錯覺：畫重點或是重寫一次筆記，研讀某位老師
　　的綱要，重讀你剛剛讀過的東西。這些都是最被動的練習，
　　而且完全不能增進學習深度。要讓你的記憶做更多苦工，譬
　　如說自我測驗，或是隔開研讀時間，都能使你對所知的東西
　　產生更銳利的印象，順便還能揭露流暢錯覺對你的誤導。

問：我們是否最好一次只練習一項技巧，直到它變成自動反應，或是最好同時練很多樣？

答：一次專心練一項技巧（不論是音階、罰球、二次方程式），都能很快帶來顯著且明確的進步。但是經過一段時間，這類專注練習，事實上反而會限制我們發展每一項技巧。相反的，在一節練習時段裡，混合或是「交錯」多種技巧，能讓我們對所有這些技巧的理解，變得更為銳利。

這個原則適用的技能範圍很廣，而且可以納入每天的家庭作業或是練習中。譬如說，做一題在學期剛開始所教的數學證明題，然後彈奏你在多年前學會的琶音，或是將不同的藝術風格混在同一節藝術史課堂上。這類混合與交錯方法，不只能夠運用在復習上，還會讓你的辨識技巧更為銳利，就像第8章〈交錯練習〉描述的。對於像數學這類主題，這種做法幫助極大。

交錯練習時，只要添加一、兩項較早教過的東西即可，那不只能提醒你，先前學過什麼，還能訓練你，如何幫不同的問題類型，搭配最適用的解題策略。

誌 謝

　　寫成一本書，是一分的獨自努力，兩分的團體治療，而我將永遠感謝提供我後者的人。感謝我那精神抖擻、效率高超的經紀人 Kris Dahl，還有我的編輯 Andy Ward，他是一位很嚴謹的合作者，逼我更清楚、也更深入思考本書裡提到的想法。天底下再也找不到更理想的工作夥伴了。

　　另外，對於《紐約時報》的 Barbara Strauch，我虧欠良多，感謝她多年的支持與建議。還有我在「科學時報」部門的同仁。我要謝謝 Rick Flaste，謝謝他在幾十年前看出行為科學是值得報導的領域，並將我帶入一家持續深度報導科學研究的偉大報社。

　　因為工作的關係，我能接觸到許多提供本書骨幹和精髓的科學家。其中，我特別要感謝 Suzanne Corkin、Michael Gazzaniga、Daniel Willingham、Philip Kellman、Steven Smith、Doug Rohrer、Matt Walker、Henry Roediger III、Harry Bahrick、Ronda Leathers Dively，還有 Todd Sacktor，尤其是 Robert and Elizabeth Ligon Bjork 夫婦，他們看過本書大部分草稿，並協助我理解最困難的科學問題。另外，我還虧欠哥倫比亞大學的社會工作圖書館（Social Work Library）以及科羅拉多大學的研究助理圖書館（Library for Research Assistance）。

　　如果本書內文出現任何錯誤，純粹屬於我個人的失誤。

　　在寫書過程中的每一步，我都深深倚賴家人和朋友：我的父母James和Catherine，以及我的姐妹Rachel，提供我滿滿的愛，以及一處祕密基地，容許我窩在那裡，踱步、自言自語和寫作；我的兄弟Simon和 Noah；我的女兒Isabel和Flora，他們協助我穿越最艱難的點；以及我太太Victoria，她幾乎是每天都幫我編輯書稿和提供建言。

　　最後，要特別向幾位朋友致謝，感謝Mark Zaremba為本書繪圖，感謝Tom Hick和John Hastings，聽我那有如天書般的抱怨，一說就是幾個小時，連在酒吧攤帳單時，也不停嘴。

資料來源

第 1 章　左腦是編故事高手

Eric R. Kandel, M.D., *In Search of Memory* (New York: W.W. Norton & Company, 2006); and Larry R. Squire and Eric R. Kandel, *Memory from Mind to Molecules, second edition* (Greenwood Village, CO: Roberts & Company, 2009).

Paul Reber, "What Is the Memory Capacity of the Human Brain?" *Scientific American,* May/June 2010.

Gelbard- Sagiv, Roy Mukamel, Michal Harel, Ra-fael Malach, and Itzhak Fried, "Internally Generated Reactivation of Single Neurons in Human Hippocampus During Free Recall," *Science* 322, 2008, 96–100.

Interviews with Brenda Milner and Suzanne Corkin as well as Cor-kin's book *Permanent Present Tense* (New York: Basic Books, 2013).

Squire and Kandel, *Memory from Mind to Molecules, second edition.*

Interviews with Michael Gazzaniga and the following studies: M. S. Gazzaniga, "Forty-five years of split-brain research and still going strong," *Nature Reviews Neuroscience* 6, August 2005, 653–59; M. S. Gazzaniga, J. E. Bogen, and R. W. Sperry, "Dyspraxia following division of the cerebral commissures," *Archives of Neurology,* Vol. 16, No. 6, June 1967, 606–612; M. S. Gazzaniga, J. E. Bogen, and R. W. Sperry, "Observations on visual perception after disconnexion of the cerebral hemispheres in man," *Brain,* Vol. 88, Part 2, June 1965, 221–36; M. S. Gazzaniga, J. E. Bogen, and R. W. Sperry, "Some functional effects of sectioning the cerebral commissures in man," *Proceedings of the National Academy of Sciences of the United States of America*, Vol. 48, No. 10, Oct. 1962, 1765–69.

第 2 章　遺忘的力量

William James, *The Principles of Psychology, Volume I* (New York: Henry Holt and Company, 1890), 680.

Robert A. Bjork and Elizabeth Ligon Bjork, "A New Theory of Disuse and an Old Theory of Stimulus Fluctuation." In A. Healy, S. Kossly, and R. Shiffrin, eds., *From Learning Processes to Cognitive Processes: Essays in Honor of William K. Estes, Volume 2* (Hillsdale, NJ: Erlbaum, 1992), 35–67.

David Shakow, "Hermann Ebbinghaus," *The American Journal of Psychology* 42, No. 4, Oct. 1930, 511.

Matthew Hugh Erdelyi, *The Recovery of Unconscious Memories: Hypermnesia and Reminiscence* (Chicago: The University of Chicago Press, 1998), 11.

Philip Boswood Ballard, *Obliviscence and Reminiscence* (Cambridge, England: Cambridge University Press, 1913).

W. Brown, "To What Extent Is Memory Measured By a Single Recall?," *Journal of Experimental Psychology* 54, 1924, 345–52.

J. A. McGeoch, F. McKinney, and H. N. Peters, "Studies in retroactive inhibition IX: Retroactive inhibition, reproductive inhibition and reminiscence," *Journal of Experimental Psychology* 20, 1937, 131–43.

S. Gray, "The Influence of Methodology Upon the Measurement of Reminiscence," *Journal of Experimental Psychology* 27, 1940, 37–44.

C. E. Buxton, "The Status of Research in Reminiscence," *Psychological Bulletin* 40, 1943, 313–40.

Matthew Hugh Erdelyi and Jeff Kleinbard, "Has Ebbinghaus Decayed with Time?: The Growth of Recall (Hypermnesia) over Days," *Journal of Experimental Psychology: Human Learning and Memory,* Vol. 4, No. 4, July 1978, 275–89.

Robert A. Bjork and Elizabeth Ligon Bjork, "A New Theory of Disuse and an Old Theory of Stimulus Fluctuation." In A. Healy, S. Kossly, and R. Shiffrin, eds., *From Learning Processes to Cognitive Processes: Essays in Honor of William K. Estes, Vol. 2* (Hillsdale, NJ: Erlbaum, 1992), 35–67.

第 3 章　破除所謂的好習慣

Baylor University Academic Support Programs: Keeping Focused, www. baylor.edu/support_programs.

www.divesitedirectory.co.uk/uk_scotland_oban.html.

D. R. Godden and A. D. Baddeley, "Context-Dependent Memory in Two Natural Environments: On Land and Underwater," *British Journal of Psychology,* Vol. 66, No. 3, 1975, 325–31.

K. Dallett and S. G. Wilcox, "Contextual Stimuli and Proactive Inhibition," *Journal of Experimental Psychology* 78, 1968, 475–80.

G. Rand and S. Wapner, "Postural Status as a Factor in Memory," *Journal of Verbal Learning and Verbal Behavior* 6, 1967, 268–71.

K. Dallett and S. G. Wilcox, "Contextual Stimuli and Proactive Inhibition," *Journal of Experimental Psychology* 78, 1968, 475–80.

S. G. Dulsky, "The Effect of a Change of Background on Recall and Relearning," *Journal of Experimental Psychology* 18, 1935, 725–40.

E. G. Geiselman and R. A. Bjork, "Primary versus Secondary Rehearsal in Imagined Voices: Differential Effects on Recognition," *Cognitive Psychology* 12, 1980, 188–205.

Steven M. Smith, "Background Music and Context-Dependent Memory," *American Journal of Psychology*, Vol. 98, No. 4, Winter 1985, 591–603.

Kay Redfield Jamison, *An Unquiet Mind: A Memoir of Moods and Madness* (New York: Random House, 2009), 67.

Herbert Weingartner, Halbert Miller, and Dennis L. Murphy, "Mood-State-Dependent Retrieval of Verbal Associations," *Journal of Abnormal Psychology* 1977, Vol. 86, No. 3, 276–84. This research was originally presented at the meeting of the American Psychological Association, New Orleans, September 1974, as "State Dependent Recall in Manic Depressive Disorders."

James Eric Eich, et al, "State-Dependent Accessibility of Retrieval Cues in the Retention of a Categorized List," *Journal of Verbal Learning and Verbal Behavior* 14, 1975, 408–17.

Alexander Luria, *The Mind of a Mnemonist* (New York: Basic Books, 1968).

Steven M. Smith, Arthur Glenberg, and Robert A. Bjork, "Environmental Context and Human Memory," *Memory & Cognition*, Vol. 6, No. 4, 1978, 342–53.

Unpublished research by Steven M. Smith that he has presented at conferences and shared with me.

John Locke, *An Essay on Human Understanding and a Treatise on the Conduct of Understanding* (Philadelphia: Hayes & Zell Publishers, 1854), 263.

第4章　留間隔

Frank N. Dempster, "The Spacing Effect: A Case Study in the Failure to Apply the Results of Psychological Research," *American Psychologist*, Vol. 43, No. 8, Aug. 1988, 627–34.

Robert Jay Lifton, *The Nazi Doctors: Medical Killing and the Psychology of Genocide* (New York: Basic Books, 1986).

Harry P. Bahrick, Lorraine E. Bahrick, Audrey S. Bahrick, and Phyllis E. Bahrick, "Maintenance of Foreign Language Vocabulary and the Spacing Effect," *Psychological Science,* Vol. 4, No. 5, Sept. 1993, 316–21.

Gary Wolf, "Want to Remember Everything You'll Ever Learn? Surrender to This Algorithm," *Wired,* 16.05, http://www.wired.com/medtech/health/magazine/16-05/ff_wozniak.

SuperMemo website: http://www.supermemo.net/how_supermemo_aids_learning.

N. J. Cepeda, E. Vul, D. Rohrer, J. T. Wixted, and H. Pashler, "Spacing effects in learning: A temporal ridgeline of optimal retention," *Psychological Science,* 19, 2008, 1095–1102. Melody Wiseheart was formerly known as Nicholas Cepeda.

William James, *Talks to Teachers on Psychology: And to Students on Some of Life's Ideals* (New York: Henry Holt and Company, 1899), 129.

第5章　突擊測驗的威力

William Manchester, *The Last Lion: Winston Spencer Churchill, Visions of Glory 1874–1932* (Boston: Little, Brown and Company, 1983), 150–51.

Francis Bacon (L. Jardine & M. Silverthorne, translators), *Novum Organum* (Cambridge, England: Cambridge University Press, 2000; original work published 1620).

William James, *The Principles of Psychology* (New York: Holt, 1890).

John W. Leonard, ed., *Who's Who in America, Vol. 2* (Chicago: A.N. Marquis and Company, 1901).

Arthur I. Gates, *Recitation as a Factor in Memorizing* (New York: The Science Press, 1917).

Herbert F. Spitzer, "Studies in Retention," *The Journal of Educational Psychology,* Vol. 30, No. 9, Dec. 1939, 641–56.

Henry Roediger III, and Jeffrey D. Karpicke, "The Power of Testing Memory: Basic Research and Implications for Educational Practice," *Perspectives on Psychological Science,* Vol. 1, No. 3, 2006, 181–210.

Myles na Gopaleen (Flann O'Brien), *The Best of Myles* (New York: Penguin, 1983), 298–99.

Henry Roediger III, and Jeffrey D. Karpicke, "Test-Enhanced Learning: Taking Memory Tests Improves Long-Term Retention," *Psychological Science,* Vol. 17, No. 3, 2006, 249–55.

Roediger III and Karpicke, "The Power of Testing Memory." 181–210.

Elizabeth Ligon Bjork and Nicholas C. Soderstrom, unpublished continuing research.

Jose Luis Borges, from the preface to *The Garden of Forking Paths* (1942), included in *Collected Fictions* (New York: Penguin, 1998).

第6章　分心的好處

Graham Wallas, *The Art of Thought* (New York: Harcourt, Brace and Company, 1926).

Henri Poincaré, *Science and Method* (London: T. Nelson, 1914), 55.

Norman R. F. Maier, "Reasoning in Humans. II. The Solution of a Problem and its Appearance in Consciousness," *Journal of Comparative Psychology,* Vol. 12, No. 2, Aug. 1931, 181–94.

Karl Duncker, "On Problem-Solving," *Psychological Monographs,* Vol. 58, No. 5, 1945, 1–17.

Steven M. Smith and Steven E. Blankenship, "Incubation and the Persistence of Fixation in Problem Solving," *American Journal of Psychology,* Spring 1991, Vol. 104, No. 1, 61–87.

Ut Na Sio and Thomas C. Ormerod, "Does Incubation Enhance Problem Solving? A Meta-Analytic Review," *Psychological Bulletin,* Vol. 135, No. 1, 94–120.

第7章 前進之前，先暫停

Brewster Ghiselin, ed., *The Creative Process: Reflections of Invention in the Arts and Sciences* (Berkeley: University of California Press, 1985).

Joseph Heller's description of his writing process is taken from an interview he did with George Plimpton, "The Art of Fiction No. 51," *The Paris Review,* No. 60, Winter 1974.

Bluma Zeigarnik, "On Finished and Unfinished Tasks," from *A Source Book of Gestalt Psychology* (London: Kegan Paul, Trench, Trubner & Company, 1938), 300–14.

A. V. Zeigarnik, "Bluma Zeigarnik: A Memoir," *Gestalt Theory* 2007, Vol. 29, No. 3, 256–68.

Henk Aarts, Ap Dijksterhuis, and Peter Vries, "On the Psychology of Drinking: Being Thirsty and Perceptually Ready," *British Journal of Psychology* 92, 2001, 631–42.

Eudora Welty's interview with Linda Kuehl appears in "The Art of Fiction No. 47," *The Paris Review*, No. 55, Fall 1972.

Ronda Leathers Dively, *Preludes to Insight: Creativity, Incubation, and Expository Writing* (New York: Hampton Press, 2006).

第8章　交錯練習

R. Kerr and B. Booth, "Specific and Varied Practice of Motor Skill," *Perceptual and Motor Skills*, Vol. 46, No. 2, April 1978, 395–401.

Sinah Goode and Richard A. Magill, "Contextual Interference Effects in Learning Three Badminton Serves," *Research Quarterly for Exercise and Sport*, 1986, Vol. 57, No. 4, 308–14.

T. K. Landauer and R. A. Bjork, "Optimum Rehearsal Patterns and Name Learning," In M. M. Gruneberg, P. E. Morris, and R. N. Sykes, eds., *Practical Aspects of Memory* (London: Academic Press, 1978), 625–32.

Richard A. Schmidt and Robert A. Bjork, "New Conceptualizations of Practice: Common Principles in Three Paradigms Suggest New Concepts for Training," *Psychological Science*, Vol. 3, No. 4, July 1992, 207–17.

Nelson Goodman, "The Status of Style Author," *Critical Inquiry*, Vol. 1, No. 4, June 1975, 799–811.

Nate Kornell and Robert A. Bjork, "Learning Concepts and Categories: Is Spacing the 'Enemy of Induction'?" *Psychological Science*, Vol. 19, No. 6, 2008, 585–92.

Alice Crary and Stephen Wilson, "The Faulty Logic of the 'Math Wars,' " *New York Times*, June 16, 2013; John A. Van de Walle, "Reform Mathematics vs. The Basics: Understanding the Conflict and Dealing with It," presented at the 77th Annual Meeting of the National Council of Teachers of Mathematics, April 23, 1999, and reprinted on mathematicallysane.com on April 1, 2003, at www. mathematicallysane.com/reform-mathematics-vs-the-basics/.

Conversations with Doug Rohrer, Department of Psychology, University of South Florida, as well as information from an obituary written by a classmate at West Point (class of 1949), published on www.west-point.org, and biographical information provided by his publisher, Houghton Mifflin Harcourt.

Kelli Taylor and Doug Rohrer, "The Effects of Interleaved Practice," *Applied Cognitive Psychology* 24, 2010, 837–48.

第 9 章　不需思考的學習

Dave Baldwin, "Unraveling the Batter's Brain," baseballanalysts.com, September 17, 2009; Terry Bahill and David G. Baldwin, "The Rising Fastball and Other Perceptual Illusions of Batters," *Biomedical Engineering Principles in Sports.* G. K. Hung and J .M. Pallis, eds. (New York: Kluwer Academic, 2004), 257–87; A. Terry Bahill, David Baldwin, and Jayendran Venkateswaran, "Predicting a Baseball's Path," *Scientific American,* May–June 2005, Vol. 93, No. 3, 218–25.

Philip J. Kellman and Patrick Garrigan, "Perceptual Learning and Human Expertise," *Physics of Life Reviews* 6, 2009, 53–84.

William G. Chase and Herbert A. Simon, "Perception in Chess," *Cognitive Psychology* 4, 1973, 55–81.

Interview with Eleanor Gibson by Marion Eppler in Middlebury, VT, July 4–5, 1998, as part of Society for Research in Child Development Oral History Project; available at www.srcd.org.

James J. Gibson and Eleanor J. Gibson, "Perceptual Learning: Differentiation or Enrichment?" *Psychological Review,* Vol. 62, No. 1, 1955, 32–41.

Eleanor J. Gibson, *Principles of Perceptual Learning and Development* (New York: Meredith Corporation, 1969), 4.

National Transportation Safety Board's Probable Cause Report, NTSB identification number NYC99MA178, released on July 6, 2000. It is available at www.ntsb.gov.

Information from Philip J. Kellman, professor, cognitive psychology, UCLA, and flights in his small plane between Los Angeles and San Luis Obispo, CA.

Philip J. Kellman and Mary K. Kaiser, "Perceptual Learning Modules in Flight Training," *Proceedings of the Human Factors and Ergonomic Society Annual Meeting,* 1994 38, 1183–87.

Stephanie Guerlain, et al, "Improving Surgical Pattern Recognition Through Repetitive Viewing of Video Clips," *IEEE Transactions on Systems, Man, and Cybernetics—Part A: Systems and Humans,* Vol. 34, No. 6, Nov. 2004, 699–707.

第 10 章　小睡一下，你就贏了

Robert Stickgold and Jeffrey M. Ellenbogen, "Sleep On It: How Snoozing Makes You Smarter," *Scientific American,* August/September 2008.

Jerome M. Siegel, "Sleep Viewed as a State of Adaptive Inactivity," *Nature Reviews Neuroscience,* Vol. 10, Oct. 2009, 747–53.

Robert Stickgold, "Sleep-dependent Memory Consolidation," *Nature,* Vol. 437, Oct. 27, 2005, 1272–78.

Chip Brown, "The Stubborn Scientist Who Unraveled a Mystery of the Night," *Smithsonian,* Oct. 2003, www.smithsonianmag.com.

Eugene Aserinsky and Nathaniel Kleitman, "Regularly Occurring Periods of Eye Motility and Concomitant Phenomena, During Sleep," *Science,* Vol. 118, Sept. 4, 1953, 273–74.

Jeffrey M. Ellenbogen, Peter T. Hu, Jessica D. Payne, Debra Titone, and Matthew P. Walker, "Human Relational Memory Requires Time and Sleep," *Proceedings of the National Academy of Sciences of the United States of America,* May 1, 2007, Vol. 104, No. 18, 7723–28.

A. Giuditta, M. V. Ambrosini, P. Montagnese, P. Mandile, M. Cotugno, G. Grassi Zucconi, and S. Vescia, "The sequential hypothesis of the function of sleep," *Behavioural Brain Research,* Vol. 69, 1995, 157–66.

Sara Mednick, Ken Nakayama, and Robert Stickgold, "Sleep-dependent Learning: A Nap Is as Good as a Night," *Nature Neuroscience,* Vol. 6, No. 7, 2003, 697–98.

Giulio Tononi, Chiara Cirelli, "Sleep Function and Synaptic Homeostasis," *Sleep Medicine Reviews* 10, 2006, 49–62.

D. Ji and M. A. Wilson, "Coordinated memory replay in the visual cortex and hippocampus during sleep," *Nature Neuroscience,* Vol. 10, No. 1, Jan. 2007, 100–107.

結語　覓食的大腦

Steven Pinker, *How the Mind Works* (New York: W.W. Norton & Company, 1997), 188.

J. Tooby and I. DeVore, "The Reconstruction of Hominid Behavioral Evolution Through Strategic Modeling," from *The Evolution of Human Behavior,* Warren G. Kinzey, ed. (Albany, NY: SUNY Press, 1987), 209.

Annu Rev Neurosci. 2008;31:69–89. doi: 10.1146/annurev. neuro.31.061307.090723. *Trends Neurosci.* 2008 Sep;31(9):469-77. doi: 10.1016/j.tins.2008.06.008. Epub Aug 5, 2008.

Travis Proulx and Michael Inzlicht, "The Five 'A's of Meaning Maintenance: Finding Meaning in the Theories of Sense-Making," *Psychological Inquiry* 23, 2012, 317–35.

Travis Proulx and Steven J. Heine, "Connections from Kafka: Exposure to Meaning Threats Improves Implicit Learning of an Artificial Grammar," *Psychological Science,* Vol. 20, No. 9, 1125–31

圖片來源

第209頁左中圖：*Orange Zest*, original oil painting by Judy Hawkins (www.judyhawkinspaintings.com). Courtesy of the artist.

第209頁左下圖：*Spring Creek Prairie 3*, 2013, oil painting by Philip Juras. Courtesy of the artist.

第242頁：Henri Matisse, *Portrait of Madame Matisse (The Green Line)*, 1905, 2014 Succession H. Matisse/ Artists Rights Society (ARS), New York.

工作生活 083

最強大腦學習法
不專心，學更好
原書名：《記得牢，想得到，用得出來：記憶力、理解力、創造力的躍進術》

How We Learn
The Surprising Truth About When, Where, and Why It Happens

原著 —— 凱瑞（Benedict Carey）
譯者 —— 楊玉齡

總編輯 —— 吳佩穎
編輯顧問暨責任編輯 —— 林榮崧
特約編輯 —— 林韋萱
封面設計暨美術編輯 —— 江儀玲

出版者 —— 遠見天下文化出版股份有限公司
創辦人 —— 高希均、王力行
遠見 · 天下文化 事業群榮譽董事長 —— 高希均
遠見 · 天下文化 事業群董事長 —— 王力行
天下文化社長 —— 林天來
國際事務開發部兼版權中心總監 —— 潘欣
法律顧問 —— 理律法律事務所陳長文律師
著作權顧問 —— 魏啟翔律師
社址 —— 台北市 104 松江路 93 巷 1 號 2 樓
讀者服務專線 —— 02-2662-0012 ｜ 傳真 —— 02-2662-0007, 02-2662-0009
電子郵件信箱 —— cwpc@cwgv.com.tw
直接郵撥帳號 —— 1326703-6 號 遠見天下文化出版股份有限公司

製版廠 —— 東豪印刷事業有限公司
印刷廠 —— 中原造像股份有限公司
裝訂廠 —— 中原造像股份有限公司
登記證 —— 局版台業字第 2517 號
總經銷 —— 大和書報圖書股份有限公司 電話／02-8990-2588
出版日期 —— 2020 年 8 月 31 日第二版第 1 次印行
　　　　　　2023 年 9 月 15 日第二版第 5 次印行

定價 —— NT400 元
書號 —— BWL083
ISBN —— 978-986-5535-50-6
天下文化官網 —— bookzone.cwgv.com.tw

天下文化
BELIEVE IN READING